*l*ibretto

A
danner

L'ODYSSÉE DE L'« ENDURANCE »

SIR ERNEST SHACKLETON

L'ODYSSÉE
DE L'« ENDURANCE »

Traduit de l'anglais par
MARIE-LOUISE LANDEL

Préface de
PAUL-ÉMILE VICTOR

Avec des photographies de
FRANK HURLEY

I.S.B.N. : 978-2-7529-0578-9

Né à Kilkee en Irlande le 15 février 1874, dans une famille de dix enfants dont le père est médecin, Ernest Shackleton arrive à Londres à l'âge de dix ans. Après des études au collège de Dulwich, il s'engage à dix-sept ans dans la marine marchande et devient sous-lieutenant de la Royal Naval Reserve en 1901. Cette même année, il connaît sa première expérience en Antarctique, sous les ordres de Robert Falcon Scott, en tant que troisième lieutenant à bord du *Discovery*. Atteint de scorbut lors de cette expédition, il est contraint de rentrer chez lui où il s'essaie à plusieurs métiers : journaliste, secrétaire de la Royal Scottish Geographical Society, homme d'affaires, et il se porte même candidat à des élections parlementaires. Mais l'Antarctique demeure son obsession et la rencontre avec un jeune officier de la Navy l'incite à tenter une nouvelle expédition en direction du pôle. Ses conditions sont clairement posées : «C'est seulement dans le rôle du chef que je puis donner le meilleur de moi-même.» Reparti en 1907 avec trois compagnons à bord du *Nimrod*, un ancien phoquier norvégien, il atteindra le pôle magnétique, et rebroussera chemin à moins de cent quatre-vingts kilomètres du pôle géographique! Ce record lui vaut d'être anobli par le roi Édouard VII et, si la conquête du pôle Sud en 1912 par Roald Amundsen fait quelque peu oublier cette gloire, la mort de Scott incite les Britanniques à tenter un nouveau coup d'éclat avec la traversée du continent antarctique. Shackleton sera l'homme de ce défi. Rien cependant ne se passera comme prévu. C'est pourtant avec cet exploit que Shackleton, qui parviendra à ramener miraculeusement son équipe au complet, assoira son mythe. Il meurt le 5 janvier 1922 d'une crise cardiaque, à bord de son bateau. Ainsi disparaît celui qui proclamait : « Jamais je ne consentirai à abaisser mon pavillon ! » Son corps, rapatrié à Montevideo, est enterré en Géorgie du Sud selon les souhaits de son épouse.

PRÉFACE

SHACKLETON LE GRAND

Rien dans l'histoire de l'Homme, dans l'histoire des hommes, jamais ne se pourra comparer avec ce que l'homme a réalisé, avec ce que les hommes ont enduré pour la « conquête des Pôles ». Je mets cette expression entre guillemets parce qu'il ne s'agit pas à proprement parler d'une conquête. Mais d'abord d'une merveilleuse adaptation de l'être humain aux conditions les plus inhumaines qui soient – l'exploration est ici seconde, qui aboutira, plus tard, à la domestication (relative) de l'une des zones géographiques les plus inhospitalières de notre planète. Enfin, parce qu'il ne s'agit pas tant ici d'accéder aux Pôles que de reconnaître ce qu'il est convenu d'appeler, plus vastement, les « Régions Polaires » – les Pôles n'étant jamais que des entités abstraites (deux points situés l'un à 90° de latitude N, l'autre à 90° de latitude S), alors que les Régions Polaires constituent un territoire immense, qui inclut à lui seul un sixième de la totalité de la surface des terres émergées de notre globe.

J'ajouterai que rien dans l'histoire des hommes ne me paraît aussi extraordinaire que l'épopée quotidienne des populations boréales. Venues d'Asie, elles avaient à l'origine organisé leur errance en fonction de ce seul objectif : la capture du gibier, base de leur survie. Les animaux qu'elles

poursuivaient se déplaçaient eux-mêmes au gré des saisons
– et selon l'état des pâturages dont ils dépendaient... lequel
variait en fonction des changements de climat. Ces populations – pour ne prendre l'exemple que des Eskimos – se
retrouvèrent ainsi, il y a une dizaine de milliers d'années,
coincées entre la mer Arctique complètement gelée (au
nord) et d'énormes dômes de glace de plusieurs milliers de
mètres d'altitude (au sud). C'est là, et dans les conditions
les plus adverses, confrontés à une nature quasi morte et
totalement hostile, que ces peuples développèrent ce qu'il
faut bien appeler une civilisation, qui devait leur permettre
de survivre jusqu'à nos jours. Une civilisation qui, mieux
que toute technologie moderne, répondait exactement
aux questions qui se posaient à eux dans ces circonstances
limites : quelle nourriture (et comment se la procurer), quels
vêtements, quel type d'habitat, quels moyens de locomo-
tion ? Pour résoudre ces problèmes fondamentaux, la nature
ne leur proposait pratiquement rien : un animal (phoque
ou caribou), guère plus, sur quoi exercer leur ingéniosité
de chasseurs, de la glace et de la neige à l'infini, quelques
rochers, quelques cailloux, pas d'arbres, pas de bois... Tels
sont ceux qui réalisèrent la première «conquête des Pôles»,
avec les seuls moyens que l'on vient de dire.

L'autre conquête nous est à peu de choses près contem-
poraine. Ses plus lointaines origines ne remontent guère à
plus d'un siècle. Elle se confond avec la découverte de ces
terres inhumaines (et des humains qui les habitaient malgré
tout) par les représentants du monde «civilisé». Ou, pour
être plus précis, par les représentants du monde occidental,
technologique et rationnel, dont le berceau se trouve sis en
des climats aussi tempérés qu'il se peut.

Cette conquête a donc été menée par ces hommes blancs
que leur curiosité a conduits au cours des derniers siècles
dans tous les coins et recoins du globe. Nombreux sont
ceux qui y ont laissé leur peau. D'abord par ignorance et par

courage irraisonné. Puis par ignorance et inadaptation. Pour aboutir, après bien des tribulations, à la difficile découverte (en soi une épopée) de ce monde terriblement «étranger» : découverte progressivement fondée sur la *connaissance*, c'est-à-dire sur une sage adaptation des mentalités et des techniques aux conditions de survie imposées par la réalité des lieux.

Parmi les pionniers de ce mouvement – et ils sont nombreux –, deux personnages restent selon moi à jamais inoubliables : Fridtjof Nansen pour l'Arctique, et Ernest Shackleton pour l'Antarctique. Parce que l'un et l'autre, malgré les différences qui les séparent, sont toujours restés d'abord des hommes, qui plaçaient au second rang leur ambition d'être les premiers dans ces fameuses «courses» qui tant fascinaient leurs contemporains. Ni l'un ni l'autre n'atteignirent jamais le but ultime : le Pôle. Pourtant ils furent et demeurent à mes yeux les plus grands.

Nansen parce qu'il sut se plier comme aucun autre à l'incontournable loi du climat. Et parce que sa carrière polaire une fois terminée, il s'ingénia à rester au service des causes difficiles – il est le père du «passeport international Nansen» qui assura, en l'une des périodes les plus sinistrement troublées de ce siècle, une existence légale à des centaines de milliers d'apatrides et les sauva bien souvent du désespoir.

Shackleton parce qu'au cours de ses quatre expéditions, toutes plus ou moins couronnées par l'échec, il ne perdit aucune vie humaine et paya pour cela de sa personne au-delà des limites concevables.

C'est lui qui nous intéresse ici, puisqu'on s'avise enfin de rééditer son livre à tous égards exemplaire, cette *Odyssée de l'«Endurance»* en quoi je persiste à voir le plus beau et le plus fort récit d'aventures vécues que nous ait livré ce siècle. Livre qui révèle un homme d'une trempe, d'une perspicacité et d'un cœur comme il n'en est guère – lors même qu'il s'efface, singulièrement, dans la relation des faits qu'il rapporte ici, sans fioritures inutiles, dans leur imparable et sèche vérité.

Aucun chef d'expédition à ma connaissance (si j'en crois les journaux de route, comptes rendus, livres et correspondances qu'il m'est arrivé de dépouiller) n'a fait à ce point l'unanimité parmi ses compagnons de route, qui tous parlent avec autant d'admiration que de nostalgie de leur « boss », cet homme qui toujours refusa de s'avouer vaincu, même au fond de la pire adversité.

Citons plutôt : « Ce succès est dû aux qualités admirables et à l'efficacité de Sir Ernest qui, pas un seul instant, ne laissa l'un des trois bateaux hors de vue ; qui fit tout ce qu'il était possible pour nous faire oublier nos privations ; et qui ne prit aucun risque inutile » (Frank Hurley, photographe à bord de l'*Endurance*). Et Worsley, capitaine du navire : « Son idée était que nous avions mis notre confiance en lui, que nous nous étions placés entre ses mains, et si quoi que ce fût devait nous arriver, il en était moralement responsable. »

Psychologue instinctif, Shackleton a toujours le geste juste, qui rappelle au bon moment à ses hommes que l'esprit de corps ne doit pas être un vain mot. De même il ne perd jamais de vue ce point essentiel : que dans une perspective de survie, le moral de la troupe est une affaire non moins essentielle que la nourriture ou la lutte contre le froid. Pendant les jours d'errance qui voient les trois canots où l'expédition a trouvé refuge ballottés au milieu des glaces, dans les terribles parages de la mer de Weddell, Hurley perdit ses gants. Shackleton « retira aussitôt les siens, et bien qu'il fût dans la situation la plus exposée (à l'avant du canot de tête, en plein vent et trempé par les embruns), insista pour que Hurley les mît à ses mains ». Sur les protestations de ce dernier, il l'avertit qu'il préférerait les jeter par-dessus bord plutôt que de les porter quand l'un de ses hommes s'en trouvait privé.

Après que l'équipage avait dû évacuer l'*Endurance* déjà à demi broyé par les glaces, Hussey, marin à bord du navire, avait cru bon de laisser derrière lui sa guitare. Shackleton insista pour la récupérer : «– Elle est plutôt encombrante, s'excusa Hussey, croyez-vous vraiment que nous devions l'emporter? – Certainement, fut la réponse immédiate du chef. Il s'agit là d'une médecine mentale, vitale pour nous.» Quelques semaines plus tard, alors que tous avaient été contraints à planter la tente sur la banquise, il note dans son journal : «Tous joyeux (*cheerful*) grâce au banjo dont on joue toute la nuit.» Et Worsley de renchérir : «Je crois que nous n'avons pas un seul vrai pessimiste parmi nous. Notre bon moral tient pour une large part à l'emploi du temps minutieusement ordonné par Sir E. Partout où il se trouve il inspire la confiance, et son état d'esprit influe naturellement sur celui du reste de la troupe.»

Avec la perte de l'*Endurance* disparaissait aux yeux de Shackleton la dernière chance de réaliser la traversée de l'Antarctique, but de l'expédition pour lequel il avait dépensé toute son énergie, tout son temps, tout l'argent qu'il possédait. Pour lui, il n'y avait rien d'autre à faire que d'accepter ce naufrage… et de décider en fonction des nouvelles circonstances. Sans montrer d'émotion, sans dramatiser le moins du monde, il réunit ses hommes et leur dit : «Le navire a disparu… *So now we'll go home!*» On rentre à la maison!… Ce qui était pour l'heure plus facile à dire qu'à faire. Comme le souligne Macklin, médecin-chef à bord, «nous étions entourés, aussi loin que la vue portait, par une immense banquise en mouvement, épuisés par les efforts fournis pour tenter de sauver le navire, et surtout sans la moindre idée de ce qui nous attendait […] Rentrer à la maison!…» Shackleton ne cherchait pourtant à cet instant ni à se leurrer sur les difficultés ni à cacher la vérité à ses hommes. Ce n'était pas son genre. Simplement il savait qu'en de telles circonstances, le seul moyen de permettre aux siens de s'en tirer était de leur inculquer la volonté de survivre. Et il avait la capacité de mettre au service de ce programme, outre ses talents d'organisateur, outre ses qualités psychologiques personnelles, un charisme étonnant.

En définitive, Shackleton était un chef, un meneur d'hommes – si tant est que nous soyons encore capables de donner à ces mots le sens généreux qu'ils n'auraient jamais dû cesser d'avoir. Mais surtout, à mon sens, c'était un aventurier. J'entends par là qu'il avait non seulement le goût du risque, voire du risque extrême (et son projet d'expédition à bord de l'*Endurance* l'atteste suffisamment), mais qu'une fois lancé dans l'aventure, il ne vivait plus que pour elle. Ce qui signifie : ne jamais baisser les bras... mais aussi ne jamais prendre de risques inutiles, de risques qui ne servent pas directement le but visé – et, accessoirement, être le premier à en assumer les dangers. Certes, mettre toutes les chances de son côté ne garantit en aucune façon le succès – et d'ailleurs la frontière qui sépare le succès de l'échec est si incertaine... La chance ne se laisse pas apprivoiser facilement. Disons tout de même qu'elle aidera de préférence celui qui aura eu le bon esprit de commencer par l'aider. Aide-toi, le hasard t'aidera. Ainsi raisonnent ceux dont on dit ensuite qu'ils ont eu de la chance.

Mais s'il savait se donner les moyens de braver l'impossible, c'était sans doute que l'impossible était, pour Shackleton, un besoin essentiel. Le fait est qu'une fois de retour de l'Antarctique, c'est toujours l'aventure qui le sollicite : on le voit se lancer dans l'exploitation de mines d'or en Hongrie, rêver d'un projet d'entreprise en Russie du Nord, tirer des plans pour retrouver le trésor du capitaine Kidd, partir à la recherche d'un lagon perdu dans le Pacifique Sud. On sait qu'il songea aussi à percer «une fois pour toutes le mystère de l'histoire des indigènes du Pacifique, et le secret de leurs méthodes de navigation, eux qui entreprirent d'affronter l'immensité du Grand Océan plusieurs centaines d'années avant que Christophe Colomb ne traversât l'Atlantique». Bref, si l'Antarctique est dans les faits son territoire de prédilection, sa seule patrie demeurera toujours l'Aventure – qui, elle, ne connaît pas de frontières.

De telles figures sont plus rares qu'on ne croit. Et elles révèlent presque toujours des âmes de haute volée. Sans doute Shackleton ne possédait-il pas que des qualités. Il y avait en lui un goût certain pour l'excès, un côté un peu «dingue», qui en font tout le contraire d'un sage. On l'a dit quelque peu porté à la vantardise, à la témérité inconsidérée (on a vu ce qu'il en était), quelque peu coureur de jupons aussi... Seuls les esprits tièdes, qu'effraie le vent du large, sont à l'abri de ce genre de reproches... qui pèsent pour rien, empressons-nous de le dire, dès lors qu'il s'agit de jauger *au fond* la valeur d'un homme. Lui-même, non sans malice, invitait ses contemporains à s'en tenir à ce propos à la leçon des faits : «L'effort le plus surhumain, aimait-il à dire, ne vaut rien s'il ne donne des résultats.» Et l'échec apparent d'une entreprise, on s'en rendra compte à la lecture des pages qui vont suivre, peut générer plus de *résultats* que bien des prétendus succès. Car telle est la vertu première de l'aventurier digne de ce beau nom : faire que l'aventure soit déjà en elle-même, par-delà les aléas du meilleur et du pire, du succès et de l'échec, un accomplissement. À quoi réussit ici, mieux qu'aucun autre que je sache, Shackleton le Grand !

PAUL-ÉMILE VICTOR
août 1988

NOTE DE L'AUTEUR

Après la conquête du pôle Sud par Amundsen, précédant de quelques jours seulement l'expédition britannique conduite par Scott, il ne restait plus qu'une grande entreprise à tenter dans l'Antarctique : la traversée de mer à mer du continent polaire sud.

Stimulé par les succès norvégiens, j'en entrepris l'étude et l'organisation. Ainsi c'est à une expédition britannique que reviendrait l'honneur de la première traversée du continent extrême.

Nous avons échoué.

L'histoire de notre tentative est le sujet de ces pages.

Du fait de la perte de l'*Endurance* et du désastre de l'*Aurora*, plusieurs documents relatant les préparatifs ont disparu. Il est pourtant nécessaire d'exposer brièvement la genèse de l'expédition et son organisation.

J'insère ici la copie du programme que j'avais élaboré pour appeler sur mon projet l'intérêt du public.

L'EXPÉDITION TRANSCONTINENTALE

La première traversée du continent antarctique de mer à mer en passant par le pôle, en plus de sa valeur historique, aura une grande importance scientifique.

On peut évaluer approximativement la distance à parcourir à dix-huit cents milles. La première moitié du trajet, de la mer de Weddell au pôle, s'accomplira sur une terre inconnue. Chaque pas sera un progrès pour la science géographique. On saura si la grande chaîne des monts Victoria, qui s'étend de la mer de Ross au pôle, traverse tout le continent et s'enchaîne, l'interruption de l'Océan mise à part, aux Andes de l'Amérique du Sud, et si le grand plateau polaire descend graduellement vers la mer de Weddell.

Des observations magnétiques seront continuellement faites pendant le voyage. La route suivie se dirigeant vers le pôle magnétique, la mesure de la déviation de l'aiguille aimantée intéressera le magnétisme pratique. On notera avec soin les conditions météorologiques. Ces observations seront d'une grande utilité pour la solution de nos problèmes atmosphériques.

Le glaciologue et le géologue étudieront la formation de la glace et la nature des montagnes. Leurs rapports seront d'un grand intérêt scientifique.

Travaux scientifiques des autres détachements.

Pendant que l'équipe transcontinentale entreprendra, pour l'honneur du drapeau britannique, le plus grand voyage polaire qui ait jamais été tenté, d'autres détachements se livreront à d'importants travaux scientifiques.

Deux groupes, ayant pour base la mer de Weddell, partiront avec des traîneaux, l'un à l'ouest vers le Graham Land, l'autre à l'est vers l'Enderby Land, tous deux faisant des observations, collectionnant des spécimens minéraux, étudiant la géologie des montagnes de ces régions et leurs rapports avec celles découvertes de l'autre côté du pôle.

Un troisième détachement restera à la base, étudiant la faune du continent et de la mer ainsi que les variations météorologiques.

De l'autre côté du pôle, avec la mer de Ross comme base,

un autre groupe poussera au sud et attendra en haut de Beardmore Glacier l'arrivée de l'équipe transcontinentale.

Beardmore Glacier est près du mont Buckley, où le premier vestige de charbon fut découvert dans l'Antarctique. Cette région est d'un grand intérêt pour le géologue, à qui les roches et les terrains révéleront l'historique du continent.

Les deux bateaux de l'expédition seront équipés pour des dragages, des sondages et pour tous les divers travaux hydrographiques. Le navire à destination de la mer de Weddell s'efforcera notamment de relever le tracé encore indéterminé des côtes du Graham Land.

Pareils travaux et recherches scientifiques n'ont encore jamais été effectués sur ces terres polaires. C'est la première fois qu'un voyage de ce type sera entrepris à partir de la mer de Weddell, et les différents groupes découvriront de vastes étendues de terres inconnues. Il est enfin juste que le voyage se fasse sous le drapeau britannique, puisque tout le pays connu au sud est déjà territoire britannique.

En juillet 1908, des lettres patentes sous le grand Sceau nommèrent le gouverneur des îles Falkland gouverneur du Graham Land qui forme la côte ouest de la mer de Weddell ; ces mêmes lettres déterminent que la surface du territoire britannique située dans le sud de l'océan Atlantique s'étend au sud du 50ᵉ parallèle et entre les 20ᵉ et 80ᵉ degrés de latitude O.

Comment le continent sera traversé.

Le bateau opérant dans la mer de Weddell quittera Buenos Aires en octobre 1914 et tentera d'atterrir en novembre à la latitude 78° S.

Ensuite le groupe transcontinental entreprendra immédiatement son voyage de dix-huit milles avec l'espoir d'atteindre en cinq mois la mer de Ross. Si le débarquement se fait trop tard dans la saison, l'expédition prendra ses quartiers d'hiver, puis pendant l'automne et le printemps installera des dépôts de vivres, et le plus tôt possible en 1915 entreprendra son voyage.

Le détachement transcontinental, conduit par Sir Ernest Shackleton, comptera six hommes. Il emploiera cent chiens pour les traîneaux et deux traîneaux à moteur avec hélice aérienne. Le chef d'équipe et ses conseillers régleront les détails de l'équipement.

Une fois au pôle, après avoir couvert huit cents milles de terres inconnues, ce détachement se dirigera au nord, et il compte retrouver celui parti de la mer de Ross en haut de Beardmore Glacier. Ensuite de quoi ils rallieront ensemble la base de la mer de Ross.

L'*Endurance* déposera en tout quatorze hommes sur la côte de la mer de Weddell. Six feront le voyage transcontinental, trois exploreront l'ouest, trois l'est et deux resteront à la base.

L'*Aurora* transportera six hommes sur la côte de la mer de Ross. Ils installeront des dépôts de vivres sur la route suivie par le détachement transcontinental et, marchant vers le sud à sa rencontre, feront en cours de route des observations géologiques et autres.

Si le voyage transcontinental réussit comme on l'espère dès la première saison, on peut compter sur le retour des explorateurs dans le monde civilisé pour avril 1915. Les autres groupes les rejoindront en avril 1916.

Les navires de l'expédition.

Les deux bateaux sont maintenant choisis : l'*Endurance*, qui portera l'expédition de la mer de Weddell et ensuite explorera les côtes inconnues de cette mer, est un bateau neuf, spécialement bâti pour la navigation polaire sous la haute surveillance d'un comité d'explorateurs du pôle. Il a été construit à Sandefjord par Cristensen, le fameux constructeur norvégien de bâtiments pour la chasse aux phoques. C'est un trois-mâts assisté par des machines à triple détente lui donnant une vitesse de neuf à dix nœuds. Pour rester longtemps en mer, il devra faire le plein d'huile et de charbon. Il est bâti en bois de sapin choisi, de chêne et de greenheart, et jauge trois cent cinquante tonnes. Ce beau vaisseau et son équipement ont coûté quatorze mille livres.

L'*Aurora*, qui traversera la mer de Ross, a été acheté au Dr Mawson. Il est semblable sous tous les rapports au *Terra-Nova* de la dernière expédition du capitaine Scott. Les autorités du gouvernement australien l'avaient fait remanier pour l'expédition du Dr Mawson. Il est maintenant à Hobart en Tasmanie, où le groupe de la mer de Ross le rejoindra en octobre prochain.

Le 1ᵉʳ janvier 1914, ayant reçu la promesse d'une avance financière suffisante pour assurer le succès de l'expédition, je rendis le projet public. Il en résulta d'abord une inondation de lettres de gens de toutes les classes de la société, qui demandaient à prendre part à l'aventure. J'en reçus près de cinq mille. Sur ce nombre, je choisis cinquante-six hommes.

En mars, à mon grand désappointement, l'avance financière promise me fut refusée. J'avais équipé un bateau, engagé un équipage et je n'étais pas en possession des fonds nécessaires pour tenir mes engagements. Immédiatement je fis un appel, et de tous côtés m'arrivèrent de généreuses réponses. Je ne peux pas donner ici les noms de tous ceux qui ont répondu à ma demande ; mais je profite de l'occasion pour les remercier. Des secours m'arrivèrent des pays les plus lointains : de l'intérieur de la Chine, du Japon, de la Nouvelle-Zélande, de l'Australie. Je dois des remerciements particuliers pour le don magnifique de ving-quatre mille livres de feu Sir James Caird, et pour celui de dix mille livres consenti par le gouvernement britannique.

Je remercie aussi Mr Dudley Docker, qui me permit de compléter l'équipement de l'*Endurance*, et Miss Elisabeth Dawson-Lambton qui, depuis 1901, a toujours été une amie fidèle de l'exploration antarctique et qui, en cette circonstance, nous assista largement. La Société royale de géographie fit un don de mille livres. Enfin, j'offre mes remerciements reconnaissants à Mrs Janet Stancomb Wills, dont la générosité me permit d'achever l'équipement des canots de l'*Endurance* (canots qui assurèrent notre salut), et qui nous apporta son aide financière non seulement au commencement de l'expédition, mais aussi dans les jours sombres où, notre retard s'étant prolongé, les fonds manquaient pour répondre aux besoins.

Le privilège d'un explorateur et son seul moyen de prouver sa reconnaissance est de pouvoir donner les noms de ses bienfaiteurs aux terres qu'il découvre. J'ai donné le nom de *Caird Coast* à deux cents milles de nouvelles côtes. Puis, note plus personnelle, j'ai donné aux trois canots grâce auxquels nous avons échappé aux griffes de la banquise les noms des trois principaux donateurs de l'expédition : le *James Caird*, le *Stancomb Wills* et le *Dudley Docker*. Les deux derniers nommés sont encore sur la petite presqu'île sablonneuse et désolée de l'île de l'Éléphant, où sous leur abri vingt-deux de mes camarades vécurent d'une existence primitive pendant quatre mois et demi.

À la fin de juillet, tout était prêt, quand soudain les nuages de la guerre assombrirent l'Europe. L'*Endurance* devait partir de Cowes [1], où Sa Majesté le passerait en revue le lundi de la «semaine de Cowes»; mais le vendredi un message m'annonçait que le roi ne pourrait pas se rendre sur place. Mes lecteurs se souviennent combien soudaines furent les menaces de guerre. Naturellement mes compa-

---

1. Port du sud de l'Angleterre, au nord de l'île de Wight. *(Toutes les notes sont de l'éditeur.)*

gnons et moi étions tout à fait bouleversés par l'éventualité de ce cataclysme.

Après avoir quitté Londres le vendredi, nous restâmes ancrés à Southend toute la journée du samedi 1er août 1914. Le dimanche après-midi, j'emmenai le bateau à Margate. Mon anxiété croissait d'heure en heure aux rumeurs toujours grandissantes.

Le lundi matin, je me rendis à terre et lus dans le journal l'ordre de mobilisation générale.

Je rentrai à bord immédiatement. Réunissant tous les hommes, je leur fis savoir que j'allais envoyer un télégramme à l'Amirauté, pour offrir le bateau, les provisions et, s'ils y consentaient, nos propres services, dès que la guerre serait déclarée. Tous approuvèrent immédiatement. J'expédiai le télégramme. Nous demandions seulement que l'expédition, considérée comme une unité, ne fût pas dispersée. Il y avait parmi nous assez d'hommes entraînés et expérimentés pour équiper un destroyer. Moins d'une heure après je recevais de l'Amirauté cette laconique réponse : « Continuez. »

Deux heures plus tard arrivait un télégramme de Mr Winston Churchill. Il nous remerciait de notre offre mais nous faisait savoir que les autorités désiraient nous voir partir, l'expédition étant soutenue et organisée par des sociétés scientifiques et géographiques.

D'accord avec ces instructions définies, l'*Endurance* mit à la voile sur Plymouth. Le mardi, le roi me fit venir et me remit l'Union Jack au titre de l'expédition.

Cette nuit-là, à minuit, la guerre éclatait. Le samedi suivant, 8 août, obéissant aux ordres exprès de l'Amirauté, l'*Endurance* mettait à la voile et quittait Plymouth. J'attire ici l'attention du lecteur : je sais que notre départ a soulevé certaines critiques, dans la mesure où nous quittions le pays à ce moment tragique. Il faut que l'on sache que la préparation de cette expédition avait pris toute une année et que de grandes sommes d'argent avaient été dépensées. Sans

même consulter les donateurs, nous avions offert d'abandonner l'entreprise. Nul ne pensait alors que la guerre
durerait cinq ans et s'étendrait au monde entier. J'ajouterai
que nous ne nous lancions pas dans une pacifique croisière
vers les îles du Sud, mais dans une entreprise dangereuse,
difficile, exténuante, qui impliquait vraisemblablement un
certain pourcentage de morts d'hommes. Au reste, après le
retour de l'expédition, ceux d'entre nous qui étaient sortis
sains et saufs des périls de l'Antarctique prirent, presque
au complet, place sur les champs de bataille, et beaucoup y
laissèrent la vie.

Le voyage de Plymouth à Buenos Aires fut dénué d'événements. Le 26 octobre, nous quittions cette ville pour
la Géorgie du Sud, poste le plus méridional de l'Empire
britannique, où pendant un mois nous fîmes les derniers
préparatifs. Ce fut à Buenos Aires que nous arrivèrent les
premiers échos de la guerre. Nous partions, non sans regret
de ne pouvoir y prendre notre place, mais certains que nous
commencions une rude campagne pour l'honneur de notre
pays.

J'exprime ma gratitude au gouvernement du dominion
de Nouvelle-Zélande et au gouvernement républicain de
l'Australie pour leur aide au départ de l'expédition de la
mer de Ross. Et j'offre mes remerciements les plus sincères
au peuple de la Nouvelle-Zélande et au gouvernement du
dominion pour leur assistance inappréciable pendant les
sombres jours qui précédèrent la délivrance du groupe de
la mer de Ross. J'ai contracté une immense dette de gratitude envers Mr James Allen, alors Premier Ministre, feu
Mr McNab, ministre de la Marine, Mr Leonard Tripp,
Mr Mabin, Mr Toogood et beaucoup d'autres encore.

C'est aussi l'occasion pour moi de remercier le gouvernement de l'Uruguay de sa généreuse assistance lorsqu'il
prêta le chalutier *Instituto de Pesca* à la seconde tentative
pour secourir mes hommes sur l'île de l'Éléphant.

Finalement c'est au gouvernement chilien que mes camarades doivent d'avoir été secourus. Cette république du Sud fut inlassable dans ses efforts de secours, et la gratitude de tous les membres de l'expédition lui est acquise. Je mentionne d'une manière spéciale la sympathique attitude de l'amiral Munoz Hurtado, tête de la marine chilienne, et du capitaine Luis Pardo, qui commanda le *Yelcho* à notre dernière et victorieuse tentative.

Sir Daniel Gooch nous accompagna jusqu'à la Géorgie du Sud. Je lui offre mes remerciements spéciaux pour l'aide qu'il nous apporta à propos des chiens. Nous regrettâmes tous sa joyeuse société quand nous mîmes à la voile sur le Sud.

ERNEST SHACKLETON
Londres, septembre 1921

DANS LA MER DE WEDDELL

J'avais décidé de quitter la Géorgie du Sud vers le 5 décembre. Pendant les derniers préparatifs, je révisai l'itinéraire de la route qui devait nous conduire au lieu d'hivernage. La glace était descendue très au nord, cette saison-là; d'après les conseils des capitaines baleiniers, je décidai de cingler sur le groupe des Sandwich du Sud en contournant Ultima Thulē, de faire route vers l'est jusqu'au 15ᵉ méridien et ensuite seulement de me diriger au sud. Les baleiniers insistaient sur la difficulté de traverser les glaces dans le voisinage des Sandwich. Ils avaient vu souvent les glaces arriver jusqu'aux îles pendant l'été et ils prévoyaient que l'expédition devrait traverser de grands packs[1] avant d'atteindre la mer de Weddell. Le meilleur moment pour y arriver serait probablement la fin de février ou le commencement de mars. Les baleiniers étaient familiarisés avec les conditions atmosphériques de cette région. Leurs prévisions m'incitèrent à faire le plein de charbon : s'il nous fallait frayer un chemin dans la glace jusqu'à la côte du continent, nous aurions besoin de tout le combustible que le bateau pouvait porter.

---

1. Étendues de glaces flottantes plus ou moins fermement soudées.

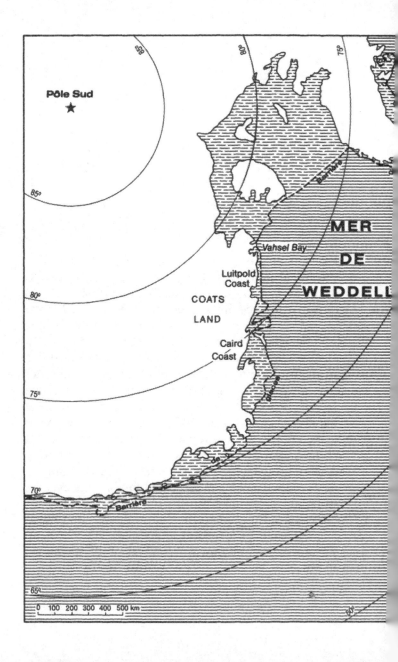

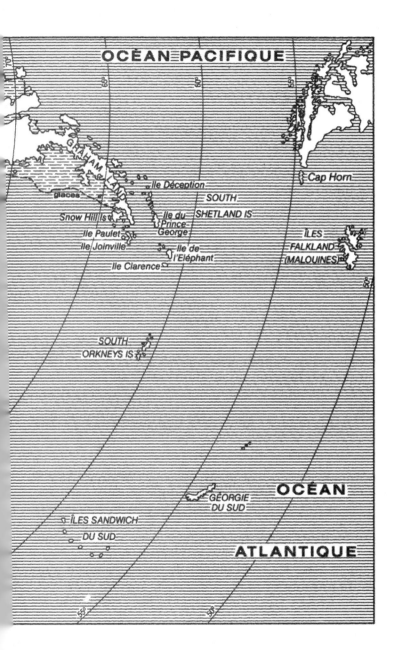

J'espérais qu'en nous dirigeant d'abord vers l'est jusqu'au 15ᵉ méridien nous pourrions ensuite avancer vers le sud à travers des glaces flottantes, gagner le Coats Land et atteindre Vahsel Bay, où Filchner essaya d'atterrir en 1912.

Ensuite, si nous pouvions établir sur le continent une base vraiment solide, je maintiendrais le programme primitif. Ce programme consistait à envoyer un groupe au sud, un à l'ouest vers le Graham Land, en contournant la mer de Weddell, un autre à l'est vers l'Enderby Land.

Le jour du départ arriva. Le 5 décembre 1914, à 8 h 45 du matin, je donnai l'ordre de lever l'ancre. Le cliquetis du cabestan fut pour nous le dernier écho du monde civilisé. La matinée brumeuse et couverte, avec averses de neige et de grésil, n'empêchait pas les cœurs d'être légers à bord de l'*Endurance*. Finis, les longs jours de préparatifs et d'attente : maintenant commençait l'aventure.

J'étais très satisfait des chiens, grands animaux hardis, choisis pour l'endurance et l'effort ; bien installés dans le bateau, ils étaient dans d'excellentes conditions. Si plus tard ils devaient se montrer aussi ardents à tirer nos traîneaux qu'ils l'étaient alors à se battre, tout irait bien. Les hommes chargés des chiens s'acquittaient de leur tâche avec enthousiasme ; ils étudiaient avec ardeur la nature et les habitudes de leurs bêtes ; on pouvait donc espérer qu'ils les auraient bien en main et que, le moment venu, la meute serait apte à fournir du bon travail.

Le 6 décembre, l'*Endurance* avança direction sud-est par brise du nord, mer assez grosse, temps brumeux. Il dépassa deux icebergs et de nombreuses glaces flottantes, grandes et petites. Sa course était dirigée vers le passage situé entre l'île Sander et le volcan Candlemans. Le 7 décembre surgit le premier obstacle. Le matin à 6 heures, la mer, d'une couleur verte les jours précédents, devint soudain d'un indigo profond. À l'ouest s'élevaient de nombreux icebergs, généralement en forme de table, plusieurs couverts d'algues jaunes, l'un taché à la base de terre rouge-brun. Mauvais augure que la présence de tant d'icebergs. En effet, à peine les îles dépassées, nous rencontrâmes des glaces flottantes. Les voiles furent carguées et, à la vapeur, le bateau avança lentement. Deux heures plus tard, à quinze milles au nord-est de l'île Sander, il se trouva en face d'un énorme amas de masses flottantes s'étendant du nord au sud sur une largeur d'un demi-mille. L'eau libre miroitait au-delà, mais une forte houle sud-ouest rendait le barrage impénétrable : c'était déconcertant. La méridienne donna la latitude 57° 26' S. Je ne pensais pas trouver de glace si au nord, malgré l'affirmation des baleiniers.

La nuit suivante, la situation devint dangereuse. Nous étions engagés dans les glaces avec l'espoir de retrouver la pleine eau. L'aube naissante nous trouva dans un lac dont les bords de glace se resserraient autour de nous. Près du bateau, dans la grande houle, les glaçons s'entrechoquaient bruyamment. J'épiais avec anxiété l'indice d'un changement de vent : une brise d'est nous aurait ramenés vers les îles. Je passai toute la nuit sur le pont avec Worsley à épier les mouvements de la glace. À 3 heures, profitant d'une ouverture, la barre fut mise direction sud ; mais bientôt un immense pack d'une glace visiblement ancienne nous barra la route et nous obligea à naviguer nord-ouest ; nous apercevions l'eau libre dans cette direction. La proue de l'*Endurance*, lancée à toute vapeur contre la glace, nous fraya un chemin ; bientôt nous tournâmes à l'est, espérant trouver une glace moins épaisse. Cinq heures plus tard, après quelques détours, nous sortions des glaces et pouvions enfin remettre à la voile. Cette première bataille avec la glace n'avait pas manqué d'intérêt. La grande houle du sud-ouest soulevait des blocs et des icebergs de toutes dimensions, qui se ruaient les uns contre les autres, et malgré toute notre vigilance l'*Endurance* en avait touché quelques-uns ; heureusement les machines, arrêtées à temps, ne subirent aucun dommage.

Nous longeâmes ensuite le bord nord du pack, par temps clair, légère brise sud-ouest, ciel couvert. Nombreux icebergs en vue. Dans la matinée du 9 décembre, la brise d'est amena un temps couvert avec neige. À 4 h 30 après midi, nous rencontrions un autre pack (latitude 58° 27' S, longitude 22° 08' O). Il était formé de glace d'un an entremêlée de blocs plus anciens, le tout recouvert de neige, et s'étendait de l'ouest-sud-ouest à l'est-nord-est. À 5 heures du soir, l'*Endurance* s'y engagea ; mais, ne pouvant avancer, il se dégagea à 7 h 40. La barre fut alors mise est-nord-est, et le reste de la nuit se passa à contourner la glace. Un brillant reflet à l'ouest indiquait la présence d'un autre pack.

Puis notre course fut dirigée au sud 40° E, et le 10, à midi, nous étions à 58° 28' de latitude S, 20° 28' de longitude O. À minuit, l'*Endurance* entra dans une région de glaces flottantes à environ quatre-vingt-dix milles au sud-est de sa position de midi. Ces glaces indiquaient la proximité du pack ; notre avance se ralentit. Longue houle d'est, légère brise du nord ; temps clair et beau ; nombreux icebergs en vue.

L'*Endurance* avance parmi ces glaces et, à 8 heures du matin, le 11 décembre, pénètre dans le pack.

Dans la matinée du 12 décembre, nous manœuvrons parmi les glaces disloquées ; ciel couvert, neige légère.

Le soir quelques bons passages s'ouvrirent vers le sud, nous continuâmes à frayer un chemin toute la nuit et le jour suivant. La glace s'étendait à perte de vue dans toutes les directions. La méridienne indiquait que le chemin parcouru depuis vingt-quatre heures était de cinquante-quatre milles, résultat satisfaisant dans de telles conditions.

Le 14 décembre, la situation s'aggrava. Nous affrontions à présent un brouillard obscur et des chutes de neige intermittentes. Durant l'après-midi, la brise du sud fit place à une tempête sud-ouest. À 8 heures du soir, nous fûmes arrêtés par un banc de glace. Il était impossible de continuer sans risques sérieux pour le gouvernail et l'hélice.

Pendant vingt-quatre heures, l'*Endurance* resta immobilisé. La masse glacée s'étendait à l'horizon dans toutes les directions, coupée d'innombrables petits canaux. Beaucoup d'icebergs étaient en vue, qui semblaient se diriger vers le sud-ouest, suivant l'influence du courant. Il est probable que le pack lui-même avançait vers le nord-est avec le vent.

Le jour suivant, la marche en avant recommença. De longs chemins d'eau libre couraient vers le sud-ouest, quelquefois obstrués par de la glace nouvelle. Alors, à toute vapeur, le bateau se frayait un chemin à travers cette glace, jusqu'à ce qu'un grand heurt indiquât qu'il se trouvait devant un bloc de vieille glace. Nous avançâmes de cette manière jusqu'au 27 décembre à 4 heures du matin, heure à laquelle surgirent de nouvelles difficultés. De larges bancs d'une glace de six mois se pressaient les uns contre les autres, quelques-uns d'une surface d'un mille carré sans une brisure ; entremêlés de *patche*s (masses circulaires de glace), de glace mince et de blocs de vieille glace épaisse. Toujours beaucoup d'icebergs en vue. Un glaçon taillé en coin vint nous barrer le passage ; avec l'ancre à glace, nous le halâmes vers l'arrière et le bateau continua sa route.

Le matin du 18 trouva l'*Endurance* avançant à travers de larges îlots flottants, entre lesquels s'était formée de la jeune glace. La brise du nord soufflait avec rafales de neige. Un peu avant midi, un énorme pack nous obligea à jeter l'ancre à glace et à éteindre les feux. Je m'attendais à trouver des difficultés terribles dans la mer de Weddell ; mais sans compter sur une eau parfaitement libre, j'avais espéré qu'en décembre et janvier, le pack serait au moins morcelé. Or celui qui se dressait en face de nous était dense et tenace.

On peut comparer un pack à un jeu de puzzle gigantesque imaginé par la nature. Les fragments du puzzle flottent d'abord séparément et sans ordre ; puis ils se rapprochent et se soudent les uns aux autres jusqu'à ne former qu'un seul bloc que l'on pourrait si l'on voulait (encore qu'avec peine) arpenter à pied. Quand les morceaux ne s'emboîtent pas bien, il reste entre eux des espaces d'eau qui mettent plusieurs heures à geler, après avoir laissé échapper des nuages de vapeur glacée. Sous la pression renouvelée, la jeune glace ainsi formée se plisse et prend la consistance du caramel, et les bords des morceaux du puzzle se dressent les uns contre les autres dans un lent et presque silencieux conflit; autour de chaque fragment se forment ainsi de hautes haies de glace. À la jonction de plusieurs bancs, c'est un amas chaotique de blocs empilés. Parfois des blocs de glace de cinq à six pieds sont taillés et posés si également qu'il semble impossible que ce soit là l'œuvre de la nature; ou bien un chemin sinueux court entre des murs glacés de six à dix pieds de haut; ou bien encore un dôme se forme qui, sous des pressions renouvelées, éclate comme un volcan.

Tout l'hiver, le pack dérivant se transforme : la gelée l'augmente, le flottement l'amincit, la pression le plisse. Si, en dérivant, le jeu de puzzle se heurte à une côte (la côte ouest de la mer de Weddell, par exemple), sous la terrible pression qui s'établit alors, un chaos de blocs, d'arêtes, de haies peut s'étendre sur cent cinquante ou deux cents milles. Puis de ce pack se détachent des morceaux qui dérivent et se soudent à des glaces nouvelles.

Je donne ces brèves précisions afin que le lecteur se représente la nature des glaces que nous devions traverser sur des centaines de milles.

Un autre point à expliquer est le retard que nous causait le vent quand nous étions dans le pack : lorsqu'il y a grande brise ou tempête, le bateau ne peut travailler avec sûreté que dans une glace épaisse de deux pieds au plus; et comme cette jeune glace ne s'étend jamais sur plus d'un mille, nous étions souvent obligés d'arrêter.

Le 19 décembre, les conditions ne s'amélioraient toujours pas; une forte brise du nord avait amené grésil et neige. Après deux heures de marche, l'*Endurance* fut arrêté par de grandes masses flottantes où il était impossible de manœuvrer ; un vent violent les faisait mouvoir, et des chenaux s'ouvraient et se fermaient autour de nous avec une dangereuse rapidité. À midi, nous constatâmes que nous n'avions avancé que de six milles au sud-est en vingt-quatre heures. Le vent ne s'étant pas modéré, nous restâmes amarrés tout le jour suivant. L'état-major et l'équipage en profitèrent pour faire, sur une surface de glace unie, auprès du bateau, une partie de football vigoureuse et disputée. À midi nous étions à la latitude 62° 42' S, longitude 17° 54' O. Nous avions dérivé de six milles au nord-est. Douze icebergs étaient en vue.

Lundi 21 décembre, temps très beau, douce brise ouest-nord-ouest. À 3 heures du matin, nous mettions la barre direction sud-ouest. À midi nous avions gagné sept milles à l'est ; le bateau semblait avancer vers le sud, mais la banquise, dérivant au nord, annulait ce mouvement. Nous vîmes des quantités de pétrels de différentes espèces, des pingouins, des phoques, et quatre petites baleines bleues. À midi, l'*Endurance* s'engagea dans un long canal courant au sud et dépassa neuf splendides icebergs. L'un de ces puissants blocs était taillé comme le rocher de Gibraltar, mais avec des falaises plus escarpées encore ; un autre offrait un bassin naturel qui aurait pu contenir le paquebot *Aquitania*. L'après-midi, le bateau suivit de longs chenaux courant à l'est et au sud-est, toujours parmi des icebergs ; à minuit il fut arrêté par de petits glaçons flottants accumulés au bord d'une plaine de glace sans fêlure ; la vue depuis la tête du mât n'avait rien d'encourageant. Ce pack mesurait au moins quinze milles sur dix ; il semblait formé de glace de l'année, assez peu épaisse, et sa surface était relativement unie ; il est probable qu'il s'était constitué en mer par temps calme et dérivait du sud-est. Je n'avais jamais vu, dans mes voyages en mer de Ross, une si grande surface de glace compacte.

Nous attendîmes, les feux baissés, que la brise d'est se modérât, ou que le pack s'entrouvrît.

Le 22 décembre, à 6 h 30 du soir, quelques chenaux nous permirent d'avancer vers le sud. Le matin qui suivit, le bateau progressa lentement, en brisant la glace. La méridienne indiqua que nous avions avancé de dix-neuf milles au sud 41° O en dix-sept heures trente. L'après-midi nous comptâmes quinze icebergs ; trois étaient en forme de table, et l'un mesurait soixante-dix pieds de haut et cinq milles de long ; ils provenaient à l'évidence d'une proche banquise. La glace autour de nous se faisait plus épaisse mais moins compacte. Toute la nuit l'*Endurance* suivit de longs canaux. La mer était si calme que la glace se formait sous nos yeux.

Le 24 décembre à midi, nous avions parcouru soixante-dix milles.

Le 25 décembre, à minuit, deux grands bancs de glace nous arrêtèrent ; puis, à 6 heures, s'écartèrent un peu, nous permettant d'avancer. À 11 h 30, le chemin se referma. Pendant la première partie de la nuit, nous avions trouvé de bonnes passes et de la glace légère. Le point fait démontra que notre avance pendant les dernières vingt-quatre heures était la meilleure depuis notre entrée dans le pack : nous avions parcouru soixante et onze milles au sud 4° O. Après une marche de deux heures dans la soirée, la glace et le vent nous contraignirent à un arrêt.

Noël ne fut pas oublié. Lees avait décoré le carré de drapeaux et distribué à chacun un petit présent. Quelques hommes avaient apporté de petits paquets de chez eux à ouvrir ce jour-là. Le dîner fut vraiment splendide.

Les 26 et 27 décembre, le temps étant toujours mauvais, l'*Endurance* resta à l'ancre.

Le dimanche 27 fut jour de repos. La tempête du sud soulevait des nuages de neige et la température tomba à cinq degrés sous zéro [1]. Les pauvres chiens n'étaient pas

---

1. Pour la commodité de la lecture, les degrés Fahrenheit ont été convertis en degrés centigrades.

à leur aise sur le pont. Le matin suivant, le vent se modéra ; mais le temps était orageux avec rafales de neige. Je ne donnai l'ordre du départ qu'à 11 heures du soir. Le pack était encore compact, mais la glace moins dure à briser. Pendant la halte, le charpentier avait érigé une petite tribune à l'avant : un homme s'y installa pour surveiller l'hélice, et cette organisation préserva le gouvernail en même temps que l'hélice de beaucoup de chocs.

Le soir du 29, le grand vent qui avait prévalu pendant quatre jours et demi fit place à une légère brise du sud. La dérive nous avait entraînés à onze milles au nord du point où nous étions le 25 décembre !

Le 31 décembre, grâce au beau temps clair et à un long canal vers le sud, l'avance fut bonne. À 11 heures du soir, nous passions le cercle antarctique. Un examen de l'horizon révéla de grandes brisures dans le vaste cercle de glace et de nombreux icebergs, mais aucun indice d'eau libre. Le soleil ne se coucha pas cette nuit-là et, tamisés par les nuages, ses rayons envoyèrent des reflets cramoisis et or au sud, et d'un délicat vert pâle dans l'eau des canaux, vers le sud-ouest.

Le matin du 31 décembre, l'*Endurance* eut une sérieuse rencontre avec la glace. D'abord arrêté par des glaçons resserrés autour de lui, vers midi, il fut pris entre deux blocs ; la pression l'inclina de 6°. Nous jetâmes l'ancre à glace pour soulever l'arrière du bateau et secourir ainsi les machines, qui marchaient à toute vapeur. La manœuvre réussit. L'*Endurance* était à peine dégagé que, à la place où il avait été coincé, des dalles de glace de cinquante pieds sur quinze et quatre d'épaisseur furent refoulées à dix ou douze pieds en l'air, formant un angle de 45°. La pression avait été rude et nous étions heureux d'être hors de son atteinte.

Depuis son entrée dans le pack, le 11 décembre, le bâtiment avait parcouru quatre cent quatre-vingts milles et il avait bien soutenu l'épreuve. Cependant, pour se frayer un chemin, il fallait le lancer contre la glace, si fort qu'il montait presque dessus, après quoi, il glissait en arrière en roulant lourdement. Ce roulis se faisait sentir surtout quand l'opération se pratiquait dans de la glace déjà épaisse ; alors la fissure suivait une course sinueuse et, dans ses détours, le bateau heurtait un flanc, puis l'autre, ce qui provoquait un roulis de 6 ou 7°. L'hélice en ces occasions essuyait de rudes coups. Au bout du compte, nous avions avancé de 10° au sud-est depuis notre entrée dans les glaces, et j'estimais que la distance totale parcourue à la vapeur dépassait sept cents milles.

En résumé, pour les cent premiers milles accomplis à travers les glaces disloquées, les plus grands obstacles étaient venus des tempêtes, dont deux avaient duré chacune trois jours, une autre quatre jours et demi. Quant aux deux cent cinquante derniers milles, nous les avions parcourus tant bien que mal, à travers un pack très dense coupé de longs canaux.

Pendant ces semaines de manœuvre vers le sud, à travers les dédales tortueux de la banquise, il fallait souvent briser la glace à coup de bateau, pour ainsi dire. Le procédé est assez intéressant pour être brièvement décrit : quand la route était barrée par des glaces d'épaisseur moyenne – pas plus de trois pieds –, nous lancions le bateau à mi-vitesse, et les machines étaient arrêtées juste avant le choc. Au premier coup, il taillait dans la glace une entaille en forme de V. L'avant s'élevait presque hors de l'eau, puis le navire glissait en arrière tout en roulant. Ensuite, veillant soigneusement à ce que les glaçons flottants n'endommagent pas l'hélice, nous faisions machine arrière à deux ou trois cents yards. Alors, à toute vitesse, le bateau était de nouveau précipité dans le centre du V. Une échancrure se découpait, dans laquelle le bâtiment, comme un grand coin, venait s'enfoncer à plusieurs reprises. Au quatrième essai, généralement, la glace cédait. Une ligne noire et sinueuse comme un trait de plume sur un papier blanc apparaissait, plus large près du bateau… lequel s'y engageait sans attendre. Sous les coups de l'éperon, des blocs se détachaient et glissaient sur la glace ou sous l'étrave. Par ce moyen, l'*Endurance* pouvait briser un banc de glace de deux ou trois pieds d'épaisseur sur une étendue d'un mille. Parfois la glace, quoique brisée, refusait de s'écarter – un autre banc la retenait – et obligeait le bateau à s'arrêter. Alors nous reculions et revenions à la charge à toute vapeur, jusqu'à ce que la glace cédât à nos assauts répétés.

NOUVELLE TERRE

Le 1ᵉʳ janvier 1915, temps nuageux avec douce brise du nord et quelques rafales de neige. Dans la soirée nous avançons rapidement au milieu d'une glace jeune et peu résistante.

Après midi, l'immense pack nous barrait la route du sud. Il était presque impossible d'y engager le bateau; de plus, le vent aurait rendu la chose très dangereuse. Aussi fîmes-nous des détours à l'ouest et au nord, quêtant un passage praticable. Tard dans la journée, il s'en présenta un qui nous permit d'avancer de neuf milles vers le sud-ouest; mais le chenal se terminait devant une impénétrable masse semée de hummocks (protubérances de glace). Il était alors 2 heures du matin. Une tempête soufflant de l'est amenait des rafales de neige qui nous empêchaient de rien distinguer. La glace en cet endroit n'étant pas propre au mouillage, nous fûmes contraints d'aller et venir pendant dix heures avant de pouvoir accoster un petit bloc près d'un iceberg haut de cent vingt pieds. L'iceberg nous abritait du vent et nous empêchait ainsi de dériver.

Le 3, à minuit, nous avions fait onze milles au sud. Le temps, si chargé de neige que nous ne pouvions reconnaître aucun passage, nous obligea à un arrêt. La glace était encore

parsemée de hummocks ; heureusement la tempête décrois-
sait. Après avoir scruté toutes les fissures et flaques d'eau
à notre portée, nous tournâmes au nord-est. Au matin, le
temps plus clair découvrit un pack compact et impraticable
tendu du sud-ouest au sud-est, et le 4 janvier, à 10 heures
du matin, nous repassions à cinq yards d'un petit iceberg
croisé trois fois le jour précédent ! Pendant quarante heures,
nous avions zigzagué sur une surface de vingt milles carrés,
en quête d'un passage vers le sud, sud-ouest ou sud-est.
Mais tous les chemins couraient vers le nord, nord-est ou
nord-ouest. Comme si les génies de l'Antarctique s'ingé-
niaient à nous montrer du doigt la route du retour, route
que nous étions déterminés à ne pas suivre.

Le 6 janvier au matin, le pack barrait toujours la route du
sud. Des passages s'ouvraient vers le nord ; mais comme le
temps était calme et que je ne voulais pas user le charbon
en recherches peut-être vaines, le bateau resta à l'ancre.
Cette pause fut l'occasion d'exercer les chiens ; portés
sur la banquise par leurs gardiens, ils étaient très excités ;
plusieurs se jetèrent à l'eau et les muselières n'empêchèrent
pas quelques chaudes batailles. Le matin suivant, de bonne
heure, le vent tourna à l'ouest et, les voiles établies, le
bateau longea le bord du pack direction est. À midi nous en
sortions, mais la vue sur le sud était peu encourageante, et
j'avais hâte maintenant de marcher sur l'est. Après trente-
neuf milles d'avance à la voile direction nord-est, nous
dépassions un singulier iceberg qui avait été de front avec
nous soixante heures auparavant. Les baleines s'agitaient
autour de nous. Je dus, par précaution, ne permettre à
personne de quitter le bateau. Ces grosses bêtes repèrent
un phoque au repos en regardant par-dessus le bord des
glaçons, puis elles arrivent par-dessous et percent la glace
pour attraper leur proie. Elles n'auraient pas distingué un
homme d'un phoque.

Le 8 janvier à midi, nous étions à la latitude 70° S,

longitude 19° 09' O. Nous avions fait en vingt-quatre heures soixante-six milles direction nord-est. La course de l'après-midi fut dirigée est-sud-est à travers un pack disloqué. Au sud, la glace était couverte de grands hummocks. Malgré plusieurs amorces de passages vers le sud, nous continuâmes la course à l'est. Dans cette direction, les glaçons s'espaçaient, ce qui indiquait la proximité de l'eau libre. Ce jour-là le bateau ne dépassa pas moins de cinq cents icebergs, quelques-uns très grands. Le matin suivant, un ciel sombre chargé d'eau s'étendait à l'est et au sud-sud-est. L'*Endurance* atteignit l'eau libre peu avant midi. Un iceberg, haut de cent cinquante pieds, long d'un quart de mille, se dressait comme un rempart au bout du pack.

Les voiles établies, la proue dirigée sur l'horizon du sud, le bateau vogua sur l'océan houleux. Pendant cent milles, nous naviguâmes en eau libre, croisant beaucoup d'icebergs, mais aucun pack. Cette course sur l'eau bleue, les milles se dévidant rapidement derrière nous, fut un joyeux moment après nos longs efforts dans les glaces. Mais, comme toutes les bonnes choses, ce beau temps passa. Le 10, à une heure du matin, l'*Endurance* rencontrait de nouveau la glace : un pack s'étendait à l'est et au sud ; des glaçons hérissés de grands hummocks, résultat d'une violente pression, alternaient avec d'autres, minces et unis, visiblement formés dans quelque baie abritée. L'observation de midi indiqua 72° 02' latitude S, 16° 07' longitude O. En vingt-quatre heures, nous avions parcouru cent trente-six milles au sud, 6° E.

Nous étions maintenant à proximité du pays découvert par le Dr W. S. Bruce, chef de l'expédition Scotia, en 1904, et nommé par lui Coats Land. Le Dr Bruce avait rencontré une barrière de glace à la latitude 72° 18' S, longitude 10° O, s'étendant nord-est – sud-ouest. Il l'avait suivie direction sud-ouest sur cent cinquante milles et avait atteint 74° 01' de latitude S, 22° de longitude O. Bien qu'il n'eût vu aucune roche dénudée, les pentes de neige et de glace qu'il aperçut et l'eau moins profonde près du mur de glace indiquaient clairement la présence de la terre. C'était par ces pentes que je projetais de commencer notre marche à travers le continent antarctique. Tous les hommes guettaient maintenant les côtes décrites par le Dr Bruce. À 5 heures du soir, la vigie annonça une apparence de terre au sud-sud-est. On distinguait en effet une pente douce couverte de neige s'élevant à environ mille pieds. On pouvait évaluer son extrémité nord à 72° 34' S, 16° 40' O. L'*Endurance*, se frayant un chemin dans le pack disloqué, entra peu avant minuit dans un chenal d'eau libre qui longeait le bord d'une barrière de glace. À une encablure de cette barrière, une sonde de deux cent dix brasses ne toucha pas le fond. Le *Scotia* devait avoir passé là quand Bruce poussa plus au sud, le 6 mars 1904. D'après les descriptions de ce dernier, aussi bien que d'après mes propres observations, je savais que la côte se dirigeait au sud-ouest. L'eau étant toujours libre en bordure de la barrière, nous poussâmes en avant sans délai.

Le matin du 11 janvier, la brise d'est amena nuages et chutes de neige. La barrière courait sud-ouest-sud : nous la longeâmes sur quarante milles jusqu'à 11 heures du matin. Des falaises de vingt pieds la bordaient qui, l'après-midi, s'élevèrent à cent dix et cent quinze pieds. Puis une ligne de pack nous obligea à nous éloigner de la barrière pendant trois heures. À midi, nous étions à la latitude 73° 13' S, longitude 20° 43' O. À un mille de la barrière, un sondage indiqua cent cinquante-cinq brasses et ramena des cailloux de nature ignée. Le temps se brouillait et je dirigeai la course sur l'ouest, où le ciel indiquait l'eau libre. À 7 heures du soir, le bateau fut rangé le long d'un glaçon. Une neige lourde tombait. Je craignais que le vent d'ouest ne poussât le pack contre la barrière ; le bateau eût alors risqué d'être coincé entre les deux. En 1908, dans la mer de Ross, une mésaventure semblable avait failli écraser le *Nimrod*.

Le matin suivant, 12 janvier, à 5 heures, l'ancre fut levée par brouillard et neige. Quatre heures plus tard, nous trouvions l'eau libre, et à midi nous avions fait vingt-quatre milles vers le sud-est. Trois sondages à la latitude 74° 4' S, longitude 22° 48' O donnèrent quatre-vingt-quinze, cent vingt-huit et cent trois brasses avec fond de sable, de cailloux et de boue. L'*Endurance* était maintenant proche de ce qui semblait être la grande barrière. Cette barrière était précédée d'un immense pack parsemé d'icebergs emprisonnés et très probablement échoués. Le bord de la glace s'éloignait vers le nord-ouest. Nous le suivîmes sur quarante-huit milles jusqu'au nord 60° O.

Maintenant nous avions dépassé le point extrême atteint par le *Scotia* : le pays qui s'étendait devant nous sous sa nappe de glace était inconnu. Je ne m'attendais guère à cette direction nord de la banquise et je commençais à me demander si nous ne contournions pas une énorme langue de glace rattachée à la vraie barrière. Les événements confirmèrent mes prévisions. Toute la nuit nous longeâmes le pack direction nord-ouest, puis ouest, et, à 4 heures du matin, sud-ouest. À minuit, la barrière était pour nous lointaine et basse. Le 13, à 8 heures, nous courions sud-sud-ouest. Nous n'étions alors séparés de la barrière que par un pack large de deux cents yards, et, à midi, il n'en restait plus que quelques fragments. En un endroit même, la barrière descendait en pente douce dans la mer et nous aurions pu sans difficulté accoster là avec notre matériel. Un coup de sonde de six cent soixante-seize brasses ne trouva pas le fond à quatre cents pieds au large de la barrière ; en la côtoyant direction sud-ouest, nous arrivions, à 4 heures du soir, à un brusque tournant sur le sud-est. Un pack épais nous barrait le chemin. Après deux heures de vaines recherches pour trouver un passage, l'*Endurance* fut amarré et les feux baissés. Ce jour-là, nous avions croisé deux troupes de phoques nageant rapidement vers le nord-ouest et le nord-nord-est. Ils avançaient en ordre pressé, se soulevant et soufflant comme des marsouins. Cet exode vers le nord à ce moment de l'année avait-il quelque signification ?

Le 14, l'ancre ne fut pas levée. Sous l'influence de la brise d'est, le pack commença à s'éloigner de la côte un peu avant minuit. La glace qui nous barrait le chemin s'entrouvrit, laissant un chenal étroit en bordure de la barrière. Je décidai d'attendre le matin ; il ne fallait pas risquer d'être coincé entre la barrière et le pack si le vent changeait. Le 15 à 6 heures du matin, par temps brumeux, brise nord-est, nous démarrions et avancions sud-est sur seize milles, puis sud-sud-est. Nous étions sous le vent d'un large pack. À 3 heures après midi, nous dépassions une crique profonde de dix milles environ qui s'enfonçait vers le nord-est ; une autre apparut à 6 heures du soir. Ces profondes découpures corroboraient nos prévisions : pendant plusieurs jours nous avions contourné une langue de glace large d'au moins cinquante milles, probablement destinée à dériver quelque jour. Un sondage à l'extrémité nord de cette langue avait donné treize cents brasses ; un autre au sud, près de la terre, deux cents brasses. De la différence de profondeur, nous pouvions déduire que cette avancée était composée de glace flottante et n'appartenait pas à la terre ferme.

Des quantités de phoques s'ébattaient sur cette glace et sur les parties accessibles de la barrière. De grandes bandes de ces animaux, nageant de la barrière au pack, croisaient le bateau.

La côte recommença à courir au sud-ouest. Un petit chenal nous permit d'avancer à toute vapeur et, à 8 heures du soir, l'*Endurance* faisait voile vers le sud sur une belle étendue d'eau libre. En longeant la barrière par temps clair, je cherchais des yeux les places propres à accoster, bien que je n'eusse pas l'intention de le faire au nord de Vahsel Bay ; chaque mille gagné vers le sud serait un mille de moins à tirer les traîneaux.

Le 15, peu avant minuit, nous arrivions en face d'un grand glacier qui débordait des terres. Il s'élevait de quatre à cinq cents pieds et se terminait dans la mer par une façade de glace unie très épaisse.

L'*Endurance* longea ce glacier sur dix-sept milles. Coupé d'énormes crevasses et de hautes arêtes, il semblait descendre des montagnes glacées qui s'élevaient à mille et deux mille pieds. À sa base se découpaient plusieurs baies peuplées de phoques et de pingouins. Le 16, à 4 heures du matin, nous arrivions au bord d'un autre énorme débordement glaciaire. La nappe de glace de l'intérieur s'y déployait, ondulant légèrement sur des hauteurs qui s'élevaient à deux mille pieds environ. La hauteur des falaises en bordure variait de deux cent cinquante à trois cent cinquante pieds. Ces falaises portaient l'empreinte des marées à six pieds environ, preuve évidente que la masse ne flottait pas. Sur quarante milles, notre bâtiment longea le front de ce puissant glacier, puis, à 8 h 30 du matin, fut bloqué par un grand pack, probablement arrêté lui-même par des icebergs échoués. À deux encablures de la falaise, la profondeur était de cent trente-quatre brasses. Il ne fut pas possible d'avancer ce jour-là ; mais le point fait indiqua que nous avions gagné cent vingt-quatre milles vers le sud-ouest en vingt-quatre heures.

Le jour suivant, dimanche 17 janvier, un blizzard est-nord-est nous obligea à rester à l'abri de l'iceberg. Le temps était clair ; mais la tempête soulevait de terre des nuages de neige qui nous voilaient la vue des côtes. La terre, vue par temps clair, semblait plus haute que la veille ; elle s'élevait probablement à trois mille pieds au-dessus du glacier. Caird Coast, ainsi que je nommai ce pays, unit Coats Land, découvert par Bruce en 1904, à Luitpold Land, découvert par Filchner en 1912. La partie nord a les mêmes caractères que Coats Land. Elle est bordée d'une barrière ondulante, front d'une puissante nappe de glace. Cette nappe, poussée de l'intérieur du continent, glisse sur des collines basses, des plaines et des lacs peu profonds, de la même manière que la grande nappe de glace du cercle arctique est poussée sur le nord de l'Europe. Vue de la mer, cette barrière de glace est d'une faible couleur jaune-brun. Elle se termine par des falaises hautes de dix à trois cents pieds, très rarement par une pente douce. Les falaises sont d'une blancheur éblouissante avec de merveilleuses ombres bleues. Loin à l'intérieur, de hautes pentes ressemblent à des nuages moutonneux, bleus ou jaune pâle. Au fur et à mesure que nous approchons, vers le sud-ouest, ces pentes deviennent plus nettes et les falaises plus hautes. Sur la côte sud de Caird Coast, la nappe de glace ondule sur la terre emprisonnée et, par des pentes rapides, se précipite en un glacier terrible hérissé d'arêtes et de pointes, parsemé de milliers de crevasses. Sur toute la longueur de la côte, pas un coin de terre, pas un rocher découvert, pas même un solitaire nunatak ne rompt la monotonie de cette surface de glace et de neige.

Malgré ce linceul, les courbes et les pentes à l'horizon et, plus près, les arêtes, les terrasses, les crevasses laissent deviner des montagnes et des vallées.

Jusqu'au 18 janvier à 7 heures du matin, l'*Endurance* resta à l'abri de l'iceberg échoué. Après quoi la tempête, se modérant, nous permit de mettre à la voile, et nous longeâmes le glacier par un chenal ouvert.

Le matin du 19, nous étions à la latitude 76° 34' S, longitude 31° 30' O. Malgré le beau temps, impossible d'avancer : pendant la nuit, la glace s'était resserrée autour du bateau et aucune eau libre n'apparaissait. La nuit suivante, un vent nord-est se leva. Le 20, le bateau était solidement bloqué. À perte de vue, dans toutes les directions : la glace. Rien à faire, sinon attendre que les conditions changent. Ce que nous fîmes ce jour-là et les suivants, avec une anxiété croissante. La tempête est-nord-est qui, le 16 janvier, nous avait forcés à chercher un abri derrière l'iceberg échoué tourna au nord-est, et souffla jusqu'au 22 avec plus ou moins d'intensité. Évidemment cette tempête avait accumulé les glaces dans le sud de la mer de Weddell, et maintenant le bateau emprisonné dérivait au sud-ouest. Le 21, le gouvernail fut dangereusement comprimé ; il nous fallut employer les ciseaux à glace, lourdes pièces de fer à manches de bois. On tint le bateau prêt à un mouvement si l'occasion s'en présentait, et la pression fut montée pour aider à dégager le gouvernail. Le 22, à seize milles environ, la terre était en vue à l'est et au sud. Le pays glacé semblait bordé de falaises, sauf en quelques rares endroits, où des pentes descendaient doucement dans la mer. À l'intérieur, la glace ondulait, unie en apparence ; mais il est probable que de nombreuses crevasses nous étaient dissimulées par la neige ou l'absence d'ombre. J'estimai que, à quarante ou cinquante milles à l'intérieur, le pays s'élevait à une hauteur de cinq mille pieds ; mais, dans l'Antarctique, l'estimation exacte des hauteurs et des distances est toujours difficile à cause de la clarté de l'air, de la monotonie confuse des couleurs, de l'effet décevant du mirage ou de la réfraction. La terre semblait s'élever vers le sud ; dans cette direction, la ligne d'horizon – terre ou barrière – pouvait être à soixante-dix milles, peut-être plus.

Aucun événement ne marqua les jours suivants. Des brises modérées de l'est et du sud-ouest n'eurent pas d'effet apparent sur la glace, et le bateau resta solidement empri-sonné. Le 7, dixième jour d'inaction, je décidai d'éteindre les feux. Nous brûlions une demi-tonne de charbon par jour pour entretenir la vapeur dans les bouilleurs ; il en restait soixante-sept tonnes, ce qui représentait trente-trois jours de marche. Nous ne pouvions donc pas continuer cette dépense de combustible. Quand l'horizon était clair, la terre se dessinait toujours à l'est et au sud.

Le 9, à 11 heures du matin, une longue fissure est-ouest se développa dans la glace aussi loin que le brouillard nous permettait de voir. J'ordonnai l'allumage des feux avec l'espoir de nous frayer un chemin jusqu'à cette brèche. L'essai échoua. Le 11, il fut renouvelé par beau temps clair et ciel bleu, mais, après avoir brisé un peu de jeune glace, l'*Endurance* fut de nouveau arrêté. La température était toujours basse : −18° à minuit.

La seconde moitié de février n'apporta pas de changement important dans notre situation. Le 14, de bonne heure, je donnai l'ordre d'allumer les feux, et j'envoyai tous les hommes sur la banquise avec des ciseaux à glace, des pics, des scies, des pioches. Nous travaillâmes toute la journée et presque tout le jour suivant. Il s'agissait de faire au bateau un chemin jusqu'à la fissure. Les hommes coupaient la glace et la jetaient de côté. Après vingt-quatre heures d'efforts exténuants, nous avions amené le bateau à un tiers du chemin, mais quatre cents yards de glace épaisse le séparaient encore du chenal. À contrecœur, je dus reconnaître que nos efforts seraient inutiles. Chaque brèche ouverte gelait rapidement, la température étant exceptionnellement basse pour la saison. La glace nouvelle, parce qu'elle était élastique, empêchait en même temps le bateau de donner des coups forts et nets, et la glace ancienne ne pouvait plus s'écarter. L'abandon de la lutte fut une grande déception pour tous les hommes. Leurs longues heures de travail énergique méritaient le succès ; mais la tâche était au-dessus de nos forces. Je n'avais pas abandonné l'espoir de nous en tirer quelque jour ; mais je comptais maintenant avec la possibilité de passer l'hiver dans les bras inhospitaliers du pack. Le soleil, qui depuis deux mois se tenait au-dessus de l'horizon, s'enfonça le 17, à minuit. Bien qu'il ne dût pas disparaître complètement avant avril, ses rayons obliques annonçaient l'approche de l'hiver. Quelques étangs ou chenaux s'ouvraient de temps en temps, mais gelaient immédiatement.

Le 22, l'*Endurance* atteignit le 77ᵉ parallèle et le 35ᵉ

méridien, point le plus au sud de sa dérive. L'été était fini et nous en avions à peine profité. La température était basse nuit et jour, la glace nous enserrait toujours solidement. À 2 heures du matin, le thermomètre indiqua 23° sous zéro. Quelques heures auparavant, un merveilleux brouillard d'or nous était apparu au sud, là où les rayons du soleil déclinant brillaient à travers les vapeurs qui s'élevaient des glaces. Dans de telles conditions, toutes les perspectives habituelles se transforment ; les ondulations de la banquise, avec la brume qui les sépare, donnent l'illusion d'un amas d'immenses pics montagneux qui rappellent l'Oberland bernois. L'*Endurance* était confiné là pour tout l'hiver ; impossible d'en douter maintenant. De légères brises d'est, du sud et du sud-est ne modifièrent pas le pack inflexible. Les phoques se faisaient moins nombreux ; les oiseaux nous abandonnaient. À l'horizon lointain, la terre se silhouettait encore par beau temps, mais hors de notre atteinte, et vains étaient maintenant les regrets du paradis perdu.

Le 24 février, nous cessâmes nos observations de route ; l'*Endurance* devint une station d'hiver. Le jour, les hommes faisaient leur service ; la nuit tous dormaient, sauf un qui surveillait les chiens et guettait si quelque mouvement ne se produisait pas dans la glace. Autour du gouvernail et de l'hélice, nous nettoyâmes un espace de dix pieds sur vingt, piochant la glace à deux pieds de profondeur et soulevant les blocs à l'aide d'une grande pince faite par le charpentier. Crean bâtit une niche de glace à la chienne Salie, qui venait d'enrichir les forces de l'expédition d'une portée de chiots. Le jour suivant, on installa d'autres niches sur la banquise. Les chiens quittèrent le bateau ; ils en semblaient enchantés et aboyèrent joyeusement pendant le transport vers leurs nouveaux quartiers.

Rien de plus simple que de les attacher : le bout de leur laisse enfoncé à huit pouces dans la neige, quelques fragments de glace pressés par-dessus, un peu d'eau et le souffle glacial de l'Antarctique cimentaient le tout en un instant. Tous les chiens capables furent exercés au traîneau et se mirent au travail avec fougue. Quelquefois leur ardeur à s'élancer au loin produisait des résultats qui déchaînaient la gaieté de l'équipage, et leurs conducteurs apprenaient à être alertes.

MOIS D'HIVER

Les trois premiers jours de mars, une rude tempête du nord-est souffla, qui fit dériver notre pack, plus consolidé que jamais.

Un temps clair y succéda. Il y eut alors une série de *mock-suns* et de parhélies [1].

Le 6, le thermomètre atteignit 29° sous zéro.

Les chiens souffraient du froid ; la chaleur de leurs corps fondait la neige, qui regelait en glace dure. Des paillasses faites de sacs remplis de paille et de chiffons les soulagèrent un peu.

À ce moment, les membres scientifiques de l'expédition étaient tous très occupés. Le météorologue ne quittait pas son poste d'observation, installé à la proue, avec anémomètre, barographe, thermographe ; le géologue faisait de son mieux dans sa malheureuse situation ; il n'était cependant pas complètement dénué de matériaux : les cailloux trouvés dans l'estomac des pingouins, quelques fragments de roches ramenés par la drague offraient un intérêt considérable. Le 7, Wordie et Worsley rapportèrent avec orgueil un trésor : quelques cailloux, un brin de mousse, un coquillage bivalve

---

1. Phénomènes lumineux produits par la réflexion de la lumière sur des cristaux de glace en suspension dans l'atmosphère.

et un peu de poussière trouvés sur un fragment d'iceberg.
Clark, le biologiste, employait la drague dans les chenaux
et ramenait des quantités de plancton, et parfois des spécimens du plus haut intérêt.

Bien que nous vissions peu de phoques, notre magasin
s'enrichissait peu à peu en viande et en graisse. Tous les
hommes mangeaient du phoque avec beaucoup plus de
plaisir que la viande conservée. Nous préférions l'espèce
«mangeurs de crabes», bêtes très paresseuses qui semblent
plus propres et plus saines que l'espèce dite «de Weddell».
Nous examinâmes un jour un endroit où la glace avait été
brisée de bas en haut, probablement par une grosse baleine
qui voulait respirer. Des dalles de trois pieds d'épaisseur,
pesant des tonnes, avaient été soulevées sur une surface
circulaire d'un diamètre de vingt-cinq pieds ; des fissures
rayonnaient à plus de vingt pieds. Il avait fallu une force
vraiment extraordinaire.

Le 15, je fis renverser les bouilleurs afin d'économiser
les deux quintaux [1] de charbon nécessaires chaque jour
pour les empêcher de geler. Le magasin contenait encore
cinquante-deux tonnes de charbon ; les poêles en absor-
baient deux quintaux et demi par jour. Il n'en resterait plus
beaucoup pour l'avance du printemps ; je projetais déjà de
le remplacer par de la graisse.

Le 17, une légère tempête du nord-est amena une neige
fine et pénétrante. Dans la soirée, le temps s'éclaircit, et il
y eut un magnifique coucher de soleil cramoisi. En même
temps, un mirage reproduisait les falaises de glace de la
terre, renversées au ciel et réfléchies dans l'eau libre, bien
que nous ne pussions pas voir la terre.

Le jour suivant, l'effet se répéta plus largement encore :
les falaises de glace apparurent au-dessus de l'horizon en
doubles et triples lignes parallèles, quelques-unes renversées.

---

1. Un quintal anglais, soit environ 51 kilos.

Il est probable que le mirage était dû à la présence de canaux d'eau libre en bordure de la terre; la température de l'eau, de 30° environ plus chaude que celle de l'air, favorise l'ascension de couches d'air successives. La sonde indiquait six cent six brasses, avec fond de boue glaciale. Six jours plus tard, le 24, la profondeur était de quatre cent dix-neuf brasses : nous dérivions sans arrêt.

Cette dérive constante et l'apparition de chenaux le long de la terre me convainquirent de ne pas quitter le bateau avant sa libération. J'avais envisagé la possibilité d'atterrir au printemps en traversant la glace avec les traîneaux; mais une telle entreprise était trop hasardée. À la fin du mois, je fis donc transporter à bord la provision de viande et de graisse de phoque.

Le dernier jour de mars, un sondage indiqua deux cent cinquante-six brasses. Cette continuelle diminution de profondeur dans une dérive de trente-neuf milles au nord 26° O en trente jours était intéressante à noter; elle prouvait que la côte ne courait pas uniformément est-ouest.

Du 19 janvier au 31 mars, en soixante et onze jours par conséquent, nous avions parcouru quatre-vingt-quinze milles direction nord 80° O. La position des icebergs en vue n'avait pas changé relativement à nous.

Le soleil s'enfonçait de plus en plus bas à l'horizon, la température ne cessait de s'abaisser. L'emprise de l'hiver se faisait déjà sentir.

Dans la première partie d'avril, deux tempêtes du nord-est contribuèrent à consolider notre pack. La glace nouvelle s'épaississait rapidement, et quoique çà et là quelques chenaux s'ouvrissent, aucune fissure un peu large n'apparaissait autour de nous.

Le 1ᵉʳ avril, de bonne heure, nous cherchions à entendre les signaux sans fil de Port-Stanley [1]. Pour augmenter la

---

1. Dans les îles Falkland.

surface réceptrice, les hommes avaient attaché vingt pieds de fil à la tête du mât; mais nous n'entendîmes rien. L'appareil était impuissant à porter le poids du givre accumulé.

Le mois ne fut pas dépourvu d'événements : la nuit du 3, nous entendions à l'est le broiement de la glace, et le lendemain nous constatons que la glace nouvelle était soulevée par places jusqu'à huit et dix pieds. C'était la première manifestation du danger qui nous menaçait, et qui devait atteindre des proportions menaçantes les mois suivants.

Le 4, on entendait encore la glace craquer et broyer, et le bateau vibrait légèrement. Le mouvement du pack était assez prononcé pour contrarier le travail magnétique. J'ordonnai que toutes les accumulations de neige et de glace fussent enlevées le long de l'*Endurance*, afin que le bateau pût monter sur la glace si la pression se faisait sentir. Ce jour-là, tous les hommes travaillèrent à la pelle et à la pioche au déblaiement.

Le 9, nouveaux signes de pression à l'arrière du bateau; des entassements de glace nouvelle s'élèvent à onze pieds, et la glace ancienne apparaît craquelée par endroits. L'alerte en resta là; mais je compris que c'était le commencement de graves difficultés. Des provisions furent embarquées, et une place pour les chiens préparée sur le pont pour le cas où il faudrait les remonter rapidement.

Le 11 apparut au nord-est un nouvel iceberg qui devait nous causer quelque anxiété; il était énorme et semblait bossué et crevassé à son extrémité est. Dans la journée, son aspect se modifia et son altitude augmenta : il était échoué et changeait de position par rapport au pack dérivant. À 11 heures du matin, un coup de sonde trouva un fond rocheux à cent quatre-vingt-dix-sept brasses.

Pendant les vingt-quatre heures suivantes, l'*Endurance* avança régulièrement vers l'iceberg, dont l'altitude doubla. Depuis la tête du mât, nous pouvions voir le pack heurter la masse de glace et s'amonceler en se brisant à ses pieds.

Il était facile d'imaginer le sort du bateau s'il entrait dans la surface bouleversée : il serait écrasé comme une coquille d'œuf.

Le soir du 15, Worsley était dans le nid-de-pie, cherchant la terre à l'ouest, quand il observa un intéressant phénomène. Le soleil, dans un reflet des couleurs du prisme, disparut derrière une bande de nuages à l'horizon ; une minute plus tard, Worsley vit un rayonnement d'or, puis le soleil apparut de nouveau et éleva son disque au-dessus de l'horizon ouest. Il héla Crean qui, sur la glace, quatre-vingt-dix pieds plus bas, vit aussi le soleil ressuscité. Un quart d'heure plus tard, Worsley, descendu sur le pont, put voir le soleil disparaître une seconde fois. Cet étrange phénomène était nécessairement dû au mirage ou à la réfraction. Nous l'attribuâmes à la présence d'une fissure de la glace à l'ouest, où une étendue d'eau libre devait réchauffer les couches d'air.

Les jours suivants, la dérive ne fut pas régulière, et l'iceberg semblait approcher et s'éloigner alternativement selon les mouvements du pack. Le dimanche 18 avril, sept milles seulement nous en séparaient. Durant la nuit, une forte dérive vers l'ouest mit fin à notre anxiété en entraînant l'*Endurance* loin du monstre de glace, qui fut perdu de vue avant la fin du mois.

Le 1ᵉʳ mai, nous disions adieu au soleil. La période du crépuscule commençait, précédant celle de l'obscurité. Grâce à la réfraction, le soleil éclairait encore l'horizon à midi, mais sa lueur disparaissait avant 2 heures. Une belle aurore boréale, dans la soirée, fut éclipsée par la pleine lune : celle-ci s'était levée le 27 avril et ne devait pas disparaître avant le 6 mai.

Dans les régions polaires, la disparition du soleil amène souvent, dans le cœur des voyageurs, une grande dépression morale, l'obscurité contraignant les hommes à une longue inaction. Mais la gaieté habituelle n'abandonna pas l'équipage de l'*Endurance* et, le soir, un concert faisait du «Ritz» – ainsi était baptisé l'entrepont – la scène de joyeux amusements.

On sent son impuissance devant ce long hiver. Si la fortune avait souri à l'expédition, nous aurions été installés confortablement sur le rivage du sud, dressant des plans pour la longue marche du printemps et de l'été. Où atterririons-nous maintenant? Ce n'était pas facile à prévoir. La glace nous libérerait au printemps; mais peut-être serions-nous alors loin au nord-ouest. Je ne croyais pas pouvoir gagner Vahsel Bay. Pourrions-nous atteindre la côte ouest de la mer de Weddell et trouver quelque bonne place d'atterrissage assez tôt pour entreprendre le voyage sur terre? Le temps nous le dirait.

Je ne crois pas qu'un seul membre de l'expédition se trouvât pour autant découragé par la situation; tous les hommes, joyeux et occupés, sauraient agir quand le moment viendrait. Pour l'instant, il fallait attendre.

Le dimanche 2 mai, la méridienne donna la latitude 75° 23' S, longitude 42° 14' O. À midi, le thermomètre Fahrenheit indiquait 20° sous zéro, par ciel couvert.

Le 8 mai à 11 heures le soleil, qui avait fait sa dernière apparition sept jours auparavant, nous fit la surprise d'élever plus de la moitié de son disque au-dessus de l'horizon. Un quart d'heure plus tard, ce visiteur hors de saison disparaissait, pour se lever de nouveau à 11 h 40, se coucher à 1 heure après midi, reparaître à 1 h 10 et enfin disparaître à 1 h 20, ces curieux phénomènes étant toujours dus à la réfraction. Le thermomètre indiquait 26° sous zéro, et nous calculâmes que la réfraction était de 2° au-dessus de la normale. En d'autres termes, le soleil était visible à cent vingt milles plus loin au sud que la table de réfraction ne lui en donnait le droit.

L'officier des montres était désolé : le 1er mai, il avait annoncé à tout l'équipage qu'on ne reverrait pas le soleil avant soixante-dix jours. Il eut à endurer les plaisanteries de ses amis, qui affectaient de croire que ses observations étaient inexactes.

Sous l'influence d'une succession de brises ouest et sud-sud-ouest, l'*Endurance* dérivait nord-nord-est. À ce moment, la proue virait peu à peu vers la gauche : preuve que la banquise tournait elle aussi. Dans la nuit du 14, le mouvement s'accentua, et quand le 15, à midi, le jour parut, nous observions qu'une large fissure venait de l'horizon nord-ouest vers le bateau, le contournait à l'avant et se prolongeait au sud-sud-est. Une autre fissure à l'arrière rejoignait celle-ci de chaque côté du bâtiment, nous séparant complètement du corps central du pack. Le 16, un blizzard souffla du sud-est. À 1 heure après midi, après cinq minutes d'arrêt, il sauta à l'opposé et le baromètre monta soudain. Nous étions au centre d'un mouvement cyclonique. La boussole indiqua que le pack avait tourné avec une rapidité extraordinaire. Je ne pouvais rien distinguer à travers le brouillard et la neige. Il était possible qu'un orage ou un courant magnétique eût fait tourner la boussole et que la glace fût restée immobile. Notre pack mesurait maintenant environ deux milles et demi du nord au sud et trois milles de l'est à l'ouest.

Le mois de mai s'écoula sans autres événements importants. Le 24 mai, fête de l'Empire, fut célébré au « Ritz » par des chants patriotiques, et tous les hommes s'unirent pour souhaiter une rapide victoire aux armes britanniques. Pendant la seconde partie du mois, la lune glissa continuellement en grands cercles dans le ciel étoilé. Le temps fut généralement beau, avec des températures minimales à peu près constantes.

Parfois Crean promenait les petits chiens. Rien n'était plus amusant que de les voir, de leur galop roulant, essayer de se maintenir de front avec le traîneau ; ils jetaient de temps à autre un coup d'œil suppliant vers le pont du bateau, où ils aimaient à faire un tour. En plus de Crean, leur père nourricier, les petits avaient adopté «Amundsen» : ils le tyrannisaient sans merci, et on pouvait le voir, lui le plus gros des chiens de la banquise, assis dehors au froid avec un air de philosophie résignée, pendant qu'un petit chien bien gras occupait l'entrée de sa niche. L'envahisseur était ordinairement Nelson ; on n'apercevait que son museau et le bout de ses pattes, et on était sûr de trouver derrière lui Nelly, Roger et Toby confortablement installés. Quelquefois Crean défendait la nourriture d'Amundsen, qui aurait tout abandonné à ses petits camarades. De temps à autre, leur conscience leur faisant des reproches, ils traînaient auprès de la niche d'Amundsen une tête de phoque, la moitié d'un pingouin, un grand morceau de viande gelée ou de graisse. Il était amusant de voir les gros chiens jouer avec les petits. Ils les prenaient à la gorge, mais avec une violence qui n'était qu'apparente, leur enseignaient comment se conduire dans le monde et tous les jours nécessaires à la vie d'un chien.

En juin, la dérive de notre banquise continua sans rien de remarquable à signaler. Parfois on observait des traces de pression ; mais la glace à proximité du bateau restait solide. La lumière était presque nulle maintenant, sauf quand notre amie la lune montait au-dessus de l'horizon. Chaque jour, vers midi, un faible crépuscule nous rappelait l'existence du soleil. Nous en profitions pour exercer les chiens aux traîneaux. En ces jours-là, tous nos soins se reportaient sur les attelages. Les mouvements de la banquise échappaient à tout contrôle ; et qu'aurait-on gagné à laisser son esprit se tourmenter sur le problème du lendemain, bien que l'anxiété nous tenaillât parfois ? D'autre part, il était essentiel que les chiens fussent en bonne condition et entraînés à tirer. Aussi leurs gardiens les sortaient-ils chaque fois que le temps le permettait.

Le 22, nous célébrâmes le Midwinter Day. Ce jour-là, le crépuscule se prolongea près de six heures. À midi apparut une belle lumière lunaire, puis, à l'horizon nord, un splendide reflet rose parmi des traînées de nuages. Un coup de sonde indiqua deux cent soixante-deux brasses avec fond boueux. De la tête du mât, aucune terre en vue, quoique notre champ de vision s'étendît à près d'un degré vers l'est. Ce jour-là fut férié. Après le meilleur des dîners que le cuisinier pût inventer, tous les hommes se réunirent au « Ritz » où speechs, chants et toasts occupèrent la soirée. Après souper, à minuit, nous chantâmes *God save the King*, et des souhaits furent échangés pour la réussite de notre entreprise. À ce moment l'*Endurance*, sous l'influence d'une brise changeant de l'ouest au sud-ouest, subissait une dérive vers le nord extraordinairement rapide. En cinq jours nous avions parcouru trente-neuf milles malgré une brise qui ne fut forte que pendant une heure. En comparaison des blizzards d'hiver, presque incessants dans la mer de Ross, l'absence de vents violents dans la mer de Weddell à cette saison ne laissa pas de m'étonner.

Au début de juillet, de beaux rayons lumineux à l'horizon annoncèrent l'approche du soleil. Le 10, le crépuscule dura neuf heures, et pendant sept heures le ciel eut une belle teinte d'or. À trois cents yards du bateau, de nombreuses fissures partaient dans toutes les directions. De minces lignes noires ondulantes s'allongeaient à l'horizon nord : probablement de lointains canaux réfléchis dans le ciel. Nous percevions parfois des bruits de pression.

Le 11, à minuit, une fissure s'ouvrit rapidement dans la glace à la poupe de l'*Endurance*; mais bientôt elle gela de nouveau. La température était tombée à 30° sous zéro.

Le 13 au soir souffla le plus sévère blizzard que nous ayons enduré dans la mer de Weddell. Le matin suivant, les niches des chiens, au sud du bateau, étaient ensevelies sous cinq pieds de neige. Je ne permis à aucun homme de s'aventurer au-delà des niches; il était impossible de se diriger dans le vent furieux et la neige suffocante qui rendait le bateau invisible à cinquante pas. Marcher contre le vent, il n'y fallait pas penser ; en deux minutes, on était couvert de neige, y compris le visage et les yeux, et les morsures de la gelée auraient puni l'obstiné. Les chiens restaient dans leurs niches, les «vieux malins» se bornant à sortir une patte de temps en temps pour garder une ouverture. Vers le soir, la tempête atteignait une vitesse de soixante à soixante-dix milles à l'heure ; le bateau tremblait sous l'attaque, mais nous étions chaudement installés dans nos quartiers.

Le matin du 14, les hommes déblayèrent le pont et les niches. Le baromètre indiquait 34° sous zéro. Le vent était vif et pénétrant, et il nous fallait prendre de grandes précautions contre le gel. Des monceaux de neige – au moins cent tonnes – étaient accumulés à l'avant contre les flancs du bateau. Leur poids enfonçait la glace. Puis la tempête décrut, et à l'horizon nord apparut le rouge quartier de la lune à son troisième jour. Pendant le blizzard, la température avait sauté de 29° à 36° sous zéro. Ce vent ininterrompu impliquait l'absence de terres hautes à deux cents milles au moins au sud et au sud-ouest.

Le temps ne s'éclaircit que le 16. Nous pûmes constater que l'aspect de la glace environnante avait été complètement altéré par le blizzard. L'îlot qui portait l'*Endurance* était encore solide, mais on voyait dans toutes les directions des fissures et des blocs de glace nouvellement soulevés. À l'horizon nord apparaissait une étendue d'eau libre.

De lointains grondements et l'apparition de formidables arêtes, indices d'une grande pression, me causaient une anxiété grandissante. Le bateau se rapprochait peu à peu de la zone de bouleversement. Le 21 juillet, nous entendions les glaces moudre et craquer au sud-ouest et à l'est ; nous pouvions voir des fissures s'ouvrir et se refermer. «Par endroits, des blocs étaient soulevés à des hauteurs de dix à quinze pieds. Les bancs flottants se heurtaient à une vitesse de deux cents yards à l'heure. On croyait entendre le grondement d'une grande marée lointaine. On avait aussi l'impression qu'un puissant géant respirait et s'agitait sous la glace.» Une fissure courant sud-ouest – nord-est sur une distance d'environ deux milles arrivait à trente-cinq yards de bâbord. Je fis embarquer les traîneaux et préparer une place sur le pont pour le cas où il faudrait remonter les chiens en hâte. Cette fêlure résultait d'une pression à quelque trois cents yards de là, et cette pression devait être formidable : d'énormes blocs de glace s'empilaient dans une confusion sauvage et menaçante; quelques-uns, de plusieurs tonnes, étaient poussés à quinze pieds en l'air. Worsley, Wild et moi partageâmes la veille. De grandes secousses ébranlaient le bâtiment; nous étions sans cesse en alerte, par crainte de voir l'un de nos chiens tomber dans une crevasse. La lumière du matin montra que notre îlot avait été considérablement réduit pendant la nuit. Les longs mois de repos et de sûreté touchaient à leur fin; une période de détresse s'ouvrait.

Le jour suivant, je fis embarquer un monceau de provisions, huile, allumettes et autres objets essentiels. Le canot de tribord fut tenu tout prêt à descendre. Au sud, la glace broyait et travaillait obstinément. Le soir quelques larges déchirures apparurent à bâbord pendant qu'une fente s'ouvrait à quinze pas du bateau. Le blizzard avait donné à la banquise un élan vers le nord, et les vents sud-ouest et ouest-sud-ouest, qui prévalaient deux jours sur trois, maintenaient cette direction. C'est ce qui pouvait nous arriver de mieux, puisque notre chance de sortir du pack tôt dans le printemps dépendait de notre avance vers le nord. Des coups de sonde révélèrent des profondeurs de cent quatre-vingt-six à cent quatre-vingt-dix brasses avec fond de boue glaciale. Aucune terre en vue. La lumière renaissait. Le 25, des bruits de pression nous parvenaient de toutes les directions, surtout de bâbord. À tribord, des blocs de glace de plusieurs tonnes, épais de cinq pieds, s'élevaient en monceaux de quinze à vingt pieds de haut. L'îlot qui portait l'*Endurance* fut ballotté en tous sens jusqu'à minuit. Le 26 juillet, un peu avant midi, le haut du soleil nous apparut par réfraction pendant une minute : soixante-dix-neuf jours après notre dernière entrevue !

Le dimanche 1er août, le glaçon qui nous portait se brisa soudain. Il y avait un an jour pour jour que l'*Endurance* avait quitté les docks de Londres pour s'enfoncer vers le sud lointain. La méridienne indiqua 72° 26' de latitude S, 48° 10' longitude O. Le matin, une tempête sud-ouest amena une lourde neige. À 8 heures, après quelques mouvements avertisseurs, la glace craqua à quarante pas à tribord. Deux heures plus tard, elle commençait à se disloquer tout autour de nous ; le bateau s'inclina de 10° sur tribord. J'ordonnai que chiens et traîneaux fussent embarqués tout de suite et que la passerelle fût hissée. Les animaux montèrent à bord avec empressement, comme s'ils comprenaient le danger et se préparaient à la bataille. La pression disloquait rapidement notre îlot, soulevant d'énormes blocs et les poussant contre la quille. Bientôt l'*Endurance* s'inclina fortement, sur bâbord cette fois, et subit plusieurs poussées en même temps à l'avant, à l'arrière et par côtés ; quelques rudes coups firent gémir la charpente. Il semblait que le bateau fût le jouet des glaces. Quel soulagement quand enfin le calme se rétablit ! Les canots remplis de quelques provisions supplémentaires furent tenus prêts à abaisser ; les hommes revêtirent leurs plus chauds vêtements ; je doublai la sentinelle. Autour du bateau, il ne restait que ruines de la cité des chiens : quelques niches avaient été écrasées entre deux blocs, d'autres avalées et pulvérisées littéralement. C'était une triste vision. La sécurité du gouvernail, attaqué sournoisement par la glace, causait ma plus vive inquiétude. Un grand glaçon coincé contre lui put être éloigné ; mais, bien qu'un examen minutieux fût impossible, je vis qu'il avait causé quelque dommage.

Autour de nous, les effets de la pression étaient terrifiants. De puissants blocs de glace étreints entre deux bancs s'élevaient doucement, puis sautaient comme des noyaux de cerise pressés entre le pouce et l'index. Cette pression exercée par des milliers de tonnes de glaces mouvantes broyait inexorablement tout ce qui se trouvait à portée. Si jamais le bateau était coincé, son sort serait clair.

La tempête du sud-ouest souffla toute la nuit et se modéra dans l'après-midi du 2 ; la pression cessa relativement. Cette tempête avait poussé sur nous les glaces du sud – d'où congestion dans nos parages. Lorsque le pack entier entra en mouvement, la pression cessa. Le vent nous avait donné un bon élan vers le nord ; mais l'*Endurance* avait subi un rude choc, et le gouvernail avait souffert. Des masses de glace se pressaient encore contre la proue, et il était impossible d'évaluer le dommage. En tout cas, il ne fallait penser à aucune réparation en ce moment. Pendant la nuit, la pression continua ; mais nous ne sentîmes que de légers chocs. Les chiens furent installés à bord dans de nouvelles niches construites à la hâte.

Le 3 août, temps couvert et brumeux. Le crépuscule se prolongea neuf heures de temps, avec une bonne clarté à midi. Depuis le haut du mât, aucune terre en vue à dix milles à la ronde. Aussi loin que la vue s'étendait, le pack était un chaos. À 9 heures, le point fait d'après Canopus, nous étions à la latitude 71° 55' 17" S. En trois jours nous avions dérivé d'environ trente-sept milles vers le nord.

Le 4, le soleil se montra pendant une heure à travers les nuages. De la tête du mât, on ne voyait aucune eau libre ; mais à l'ouest-sud-ouest, à vingt milles de nous environ, s'estompa une silhouette : terre, iceberg ou barrière ? L'horizon s'embruma avant que nous eussions pu l'identifier. Ce jour-là, trois essais de sondage ne donnèrent aucun résultat. La machine de Kelvin ne trouva pas le fond à trois cent soixante-dix brasses. Avec beaucoup de peine, les hommes firent un trou dans la glace à la proue, assez large pour mettre en place notre machine de Lucas. Mais malgré un plomb de trente-deux livres, celle-ci s'arrêta à quatre cent cinquante-deux brasses sans que nous puissions savoir si le fond était atteint. Pour finir, le câble, pendant qu'on le relevait, se brisa sous le frottement de la glace et se perdit.

Pendant la fin d'août, pas grand-chose à signaler. La glace redevenait ferme et assez tranquille dans notre voisinage. L'entraînement des chiens, y compris les petits, continuait activement ; c'était pour les hommes un bon exercice en même temps qu'une occupation. La dérive vers le nord-ouest continuait. Nous eûmes peu de chance pour nos sondages ; le temps les empêchait ou bien l'appareil se brisait. La grande augmentation de la profondeur indiquait que nous avions passé le plateau de la mer de Weddell. Le 10 août un sondage – mille sept cents brasses – concordait assez bien avec celui fait par Filchner – mille neuf cent vingt-quatre brasses – cent trente milles à l'est de notre position actuelle. Le 8 à midi, nous étions à la latitude 71° 23' S, longitude 49° 13' O. La température ne se réchauffait guère, mais la lumière augmentait. Nous capturâmes quelques pingouins empereurs qui se dirigeaient au sud-ouest. Ils étaient tous en misérable condition et leurs estomacs ne contenaient que des pierres et quelques becs de sèches. Le 17, à dix milles à l'ouest de la position sur la carte de la terre de Morell, un coup de sonde trouva mille six cent soixante-seize brasses. Depuis le mât, on ne distinguait aucune apparence de terre, et je crois que la terre de Morell peut être ajoutée à la longue liste des îles et des côtes antarctiques qui, après investigations, se sont changées simplement en icebergs. Par temps clair, nous avions une vue très étendue dans toutes les directions, et la ligne du pack n'était interrompue que par des icebergs familiers. Nous pouvions en apercevoir une centaine, et ils semblaient être les mêmes qui avaient commencé leur dérive avec nous presque sept mois auparavant.

Le 24 août, nous étions à deux milles au nord de la latitude sud du point le plus au sud atteint par Morell et à 10° de longitude, soit plus de deux cents milles à l'ouest de sa position. De la tête du mât, aucun pays en vue à vingt milles à la ronde ; or aucune terre de cinq cents pieds d'altitude n'aurait pu nous échapper.

Le 25 août, un sondage de mille neuf cents brasses confirma à l'évidence la non-existence de New South Greenland. Pendant les derniers jours du mois, quelques mouvements se firent sentir parmi les glaces.

Dans la nuit du 26, nous fûmes mis en alerte par des bruits de pression et des craquements le long du bateau.

Le 31, tard dans la nuit, la glace commença à travailler devant le bateau et à bâbord. Les craquements et les plaintes de la charpente, accompagnés de bruits secs à l'avant et à l'arrière, témoignaient de la tension du bâtiment.

Le jour suivant, la pression continua. Les traverses et les planches du pont s'arquaient ; les glaçons énormes se heurtaient sous l'action du vent et du courant, et notre bateau semblait occuper le centre du désordre, ce qui n'était pas une position enviable ; mais il résista fermement et ne fit même pas eau dans la cale. Je calculai que nous étions à deux cent cinquante milles de la plus proche terre connue à l'ouest, et à plus de cinq cents milles du plus proche poste civilisé : la baie de Wilhelmine. J'espérais ne pas être obligé d'entreprendre une marche sur les champs de glace mouvante. L'*Endurance* était un navire résistant et éprouvé, mais aucun bateau construit de main d'homme n'eût pu résister à l'étreinte broyante de la banquise. Ce furent des jours d'anxiété terrible.

Le 2 septembre, au petit matin, le bâtiment sursauta, violemment ébranlé ; il craquait et gémissait. Quelques hommes, encore dans leurs hamacs, se hâtèrent de gagner le pont. Dans la journée, la pression se relâcha un peu et les principaux gréements furent dégagés. L'*Endurance* était encore pris à l'arrière, et une grande masse de glace, adhérant à la carène de bâbord, s'élevait à moins de trois pieds du pont. Je craignais que cette poussée n'eût percé le doublage de la coque.

FIN DE L'«ENDURANCE»

Jusqu'à la fin de septembre, la pression, sans avoir complètement cessé, ne nous inquiéta plus sérieusement. Des grondements troublant le silence des champs glacés étaient cependant une menace et un avertissement. Le soleil éclairait ces surfaces nouvellement bouleversées. Parfois, du nid-de-pie, nous pouvions voir des arêtes se former et des blocs énormes s'élever et retomber à l'entour du point où s'exerçait la pression. La surface chamboulée s'approchait de nous, s'éloignait, puis de nouveau se rapprochait. À bord, chacun se tenait prêt à toute éventualité. Cependant la vie routinière – travail et jeux – continuait. Il y avait toujours à faire sur le bateau prisonnier. Les courses avec les chiens, de vigoureuses parties de hockey et de football sur la glace couverte de neige gardaient les hommes bien en forme. Le rapport d'une ou deux de nos journées donnera une idée de notre vie et de notre entourage :

« *4 septembre*. – Température 26° sous zéro. Légère brise d'est, ciel bleu avec stratus. Après-midi, remarqué dans les nuages au nord une nuance *terra cotta* ou biscuit. Il se peut très bien que ces nuages, marchant ouest-est, aient passé au-dessus de quelque volcan du Graham Land, actuellement à trois cents milles au nord-ouest. Il est probable que

les courants d'air supérieurs viennent de cette direction.
Lourd givre. Pack immuable. Aucune terre à vingt-deux
milles à la ronde. Aucune vie animale.»

« *7 septembre*. – Température 24° sous zéro. Vents modérés
variant d'est au sud. Temps couvert et brumeux; neige
légère. À minuit éclaircie. Après-midi, ciel bleu, beau temps.
Beaucoup de givre. Légère couche de neige qui brille joliment
au soleil du matin. De petits nuages de brouillard violet pâle
s'élèvent des parties basses et salées du pack, qui s'étend
sans interruption à l'horizon. Grande réfraction alentour. À
dix milles à l'ouest, un iceberg de cinquante pieds de haut,
en forme de table, est un bon repère pour juger de la réfraction. À l'ordinaire, du haut du mât, on le voit se découper
nettement sur le ciel. Avec la réfraction, le pack qui s'étend
derrière lui devient visible par-dessus. Aujourd'hui, on en
voit une grande étendue. Beaucoup d'autres icebergs, se
détachant généralement en silhouette, semblent à première
vue avoir disparu; mais, en observant plus attentivement, on
peut les distinguer sous forme de grandes masses sombres
bien au-dessous de l'horizon. La réfraction en général a pour
effet d'augmenter la hauteur apparente du soleil dans le ciel,
mais aujourd'hui, par suite du relèvement de l'horizon, la
hauteur observée est d'environ 2° trop faible. Aucun pays en
vue à vingt milles; aucune vie animale. Le filet de Clark, le
plus long – cinq cent soixante-six brasses de fil –, est traîné
le long d'un chenal à deux milles et demi à l'heure. Résultat
plutôt maigre : des méduses et quelques œufs de poissons.
Entraînement des chiens. Les jeunes chiens, conduits par
Crean, tirent aussi bien, quoique pas si fort, que le meilleur
attelage de la banquise. Depuis une quinzaine, Hercule s'est
constitué chef d'orchestre. Deux ou trois fois par vingt-
quatre heures, il lance un hurlement profond et mélodieux,
et, en trente secondes, l'orchestre est au complet : le chant
profond, grondant et harmonieux des demi-loups trouble le
silence des champs glacés.»

Au milieu de septembre, nous étions à court de viande fraîche pour les chiens. Les phoques et les pingouins avaient abandonné nos parages; il y avait près de cinq mois que nous n'avions tué un phoque. Clark, qui employait souvent son filet, remarqua que les planctons se raréfiaient. L'absence des phoques et des pingouins n'avait pas d'autre cause; ils étaient partis à la recherche de leur nourriture accoutumée. Le 23, les hommes capturèrent un pingouin empereur. À sa vue les chiens, qui s'exerçaient au traîneau, retrouvèrent leurs instincts sauvages, et les efforts de leurs conducteurs ne réussirent pas à sauver la vie de l'oiseau. Le jour suivant, Wild, Hurley, Macklin et McIlroy conduisirent les traîneaux jusqu'à un iceberg qui s'élevait à sept milles environ à l'ouest du bateau. Ils l'escaladèrent, et du sommet (cent dix pieds environ) ne perçurent aucune apparence de terre. L'iceberg était à la latitude 69° 30' S, longitude 51° O. Des fragments de sa masse contenaient de la poussière et quelques parcelles de cailloux noirs et de grains de sable. Au retour, ils capturèrent un phoque de l'espèce « mangeur de crabes » qui fut tué, dépouillé et laissé pour être ramassé plus tard. Le 26, un autre phoque, un « bull Weddell », fut capturé. La réapparition de ces animaux nous enchantait; la provision de biscuits pour les chiens touchait à son bout et nous voulions maintenant les nourrir de viande. Les phoques apportaient aussi un supplément de graisse à notre stock de combustible bien diminué. Ce jour-là nous inaugurâmes un nouveau système pour prolonger la lumière du jour : la pendule fut avancée d'une heure. C'était vraiment favoriser à la base l'universelle passion que les hommes, spécialement les hommes de mer, ont de se lever tard. Si nous avions été honnêtes, nous aurions dû commencer la journée une heure plus tôt au lieu d'avancer l'horloge.

Les derniers jours de septembre, le grondement de la pression se fit plus menaçant. Des forces prodigieuses travaillaient et la zone de bouleversement approchait peu à peu de l'*Endurance*. Le 30 septembre fut un mauvais jour. Il commença heureusement par la capture de deux pingouins et de cinq phoques. Mais à 3 heures après midi, les crevasses ouvertes pendant la nuit le long du bateau commencèrent à travailler latéralement. Le bâtiment eut à supporter de terribles pressions à bâbord. Le choc le plus violent porta sur le gréement d'avant. C'était la plus terrible compression que nous eussions ressentie jusque-là. Le pont tremblait et sursautait; les poutres s'arquaient; les étançons pliaient. J'ordonnai aux hommes de se tenir prêts à tout. À ce moment les chiens mêmes semblaient comprendre notre angoisse. Mais le bateau résista vaillamment. Au moment où il semblait avoir atteint la limite de ses forces, l'énorme glaçon qui le comprimait se rompit, ce qui amena un peu de répit. «La conduite de notre bateau dans les glaces fut magnifique, écrivit Worsley. Depuis que nous sommes cernés, sa fermeté et son endurance sont presque incroyables. Il s'est plusieurs fois trouvé soumis à des pressions d'un million de tonnes; il s'est alors noblement élevé de l'eau sur la glace, poussé et repoussé une douzaine de fois comme un volant; ses poutres s'arquaient, ses côtés s'ouvraient et se refermaient, ses flancs pliaient et s'incurvaient. Il gémissait comme un être vivant. Quelle tristesse si, après dix mois du combat le plus brave et le plus hardi que bateau ait jamais soutenu, un si vaillant petit vaisseau avait été finalement broyé dans l'étreinte lente et implacable du pack de la mer de Weddell!»

L'*Endurance* méritait toutes les louanges. Jamais bateau ne fit plus dur ni meilleur travail. Mais combien de temps pourrait-il soutenir le combat dans de telles conditions? Nous dérivions dans une partie de la mer de Weddell congestionnée par les glaces – la plus mauvaise fraction de la plus mauvaise mer du monde. Le pack, poussé irrésistiblement par les vents et les courants, se heurte à la côte ouest et devient un immense chaos. Pour nous, la question vitale était : la glace nous libérerait-elle avant que la dérive nous ait entraînés dans la zone la plus dangereuse ? Mais il n'y avait aucune réponse à attendre des icebergs silencieux ni des glaces broyantes, et c'est avec des cœurs anxieux que nous voyions venir le mois d'octobre.

Le 1er octobre quelques chenaux s'ouvrirent ; mais en admettant que l'*Endurance* fût libéré, ils étaient trop étroits pour la navigation. Le jour fut calme, nuageux et brumeux avant midi, plus clair l'après-midi. Nous observâmes alors un parhélie très net. Par intervalles, le bateau était soumis à de légères pressions. Deux phoques « mangeurs de crabes » grimpèrent sur la banquise à proximité du bateau. Wild les tua. Toute inquiétude pour la nourriture des chiens était maintenant écartée, et le phoque variait agréablement nos menus. Les deux bêtes étaient marquées, comme beaucoup d'autres de leur espèce, de longues cicatrices parallèles d'environ trois pouces, visiblement l'œuvre des baleines. Un phoque que nous tuâmes le jour suivant portait sur chaque flanc quatre cicatrices parallèles longues de seize pouces et assez profondes, et l'une de ses nageoires était brisée. L'animal devait avoir échappé de très peu aux mâchoires de son agresseur ; la vie sous le pack n'est à l'évidence pas toujours monotone. Nous notâmes enfin que plusieurs icebergs du voisinage avaient changé de position relativement à nous, preuve que les glaces étaient en mouvement.

Le dimanche 3 octobre, le point fait, nous étions à la latitude 69° 14' S, longitude 51° 08' O. Dans la nuit, la glace qui enserrait le bateau à l'arrière craqua en plusieurs endroits et le gouvernail se trouva un peu dégagé. La matinée fut brumeuse avec chutes de neige, après quoi le temps s'éclaircit et nous vîmes que le pack se disloquait : de nouveaux canaux s'ouvraient, d'anciens se fermaient, des arêtes de glace s'élevaient. À cette saison, la glace avait quatre pieds cinq pouces d'épaisseur sous de sept à huit pouces de neige, un peu moins qu'au commencement de septembre. Il est donc probable qu'elle commençait à fondre par en dessous. Dès les derniers jours de septembre, Clark avait trouvé des températures relativement élevées à des profondeurs de cent cinquante à deux cents brasses. La glace avait atteint son maximum d'épaisseur ; elle n'augmenterait plus désormais que par la pression. La température extérieure était encore de −31° le 4 octobre.

La dislocation de la glace s'accentuait. Le 6 octobre, nous pouvions voir des brouillards glacés s'élever des fissures qui s'ouvraient dans toutes les directions. À un endroit, ces brouillards faisaient penser à un incendie de prairie, dont les grandes volutes sombres fuient devant le vent, ou bien à la fumée qui s'élève d'une locomotive en marche ; ailleurs, des colonnes en ligne droite rappelaient des bateaux de guerre rangés de front.

Le jour suivant, des chenaux et fissures s'ouvrirent sur une telle longueur que si l'*Endurance* avait pu avancer de trente yards à peine, il aurait trouvé un chemin libre sur deux ou trois milles, mais cela n'aurait peut-être pas servi à grand-chose. Pendant la fin de la semaine, les conditions matérielles ne se modifièrent pas. Le dimanche 10 octobre, nous étions à la latitude 69° 21' S, longitude 50° 34' O. Ce jour-là le dégel nous incommoda beaucoup ; la température s'était élevée de −18° à −11°, record de chaleur depuis neuf mois. Neige et glace avaient fondu sur le pont supérieur ; l'eau suintait dans l'entrepont et les cabines étaient en piteux état. Les chiens, qui détestent l'humidité, avaient un air lamentable. Il est évident qu'on arrive à n'aimer que ce dont on a l'habitude : nous étions accoutumés à une température qui aurait semblé terrible dans les pays civilisés, et, maintenant, un degré de chaleur qui dans les régions tempérées aurait encore fait grelotter les humains nous gênait ! Le dégel indiquait la fin de l'hiver. Le 11, je fis abattre l'abri élevé à l'arrière et nous procédâmes à quelques arrangements pour que le bateau fût prêt à démarrer dès qu'il serait libéré. La glace se disloquait. Aucun pays en vue à vingt milles à la ronde.

Pendant plusieurs jours, la température resta relativement élevée. Le 12, les hommes avec un joyeux tintamarre installèrent dans les cabines du pont supérieur leurs quartiers d'été. Les repas furent de nouveau servis dans le carré. Le printemps était dans l'air. Si aucune pousse verte ne réjouissait nos regards, nous pouvions apercevoir de nombreux phoques, pingouins et même baleines s'ébattant dans les chenaux. À la vue de tous ces jeux, les chiens faisaient un vacarme enragé. Ils devinrent presque forcenés quand, d'une éminence de la glace, un pingouin empereur à l'aspect solennel les inspecta gravement et leur lança un « *knark !* » comme pour se moquer.

Le temps d'agir était revenu et, malgré la gravité de notre situation, nous envisagions l'avenir avec espoir.

Le 13 à 7 heures, le bateau se dégagea du glaçon sur lequel il reposait encore à tribord et se redressa. Le gouvernail fut libéré : l'eau était claire et nous pouvions l'examiner à loisir ; il semblait un peu tordu vers bâbord à la ligne de flottaison, mais fonctionnait aisément. L'hélice, apparemment intacte, ne se laissait toujours pas mouvoir, probablement prisonnière d'une pellicule de glace. Je ne crus pas judicieux d'avancer en cet état. Bien qu'on n'eût pas pompé la cale depuis neuf mois, il n'y avait pas d'eau et très peu de glace à l'intérieur.

Le 14, la brise sud-sud-est se changea en tempête. La température tomba brutalement de −1° à −18°. À minuit, le bateau complètement libéré se mit à dériver. Le vent le poussait en travers de l'étroit chenal, position dangereuse pour le gouvernail et l'hélice. La brigantine fut hissée ; la vigueur du vent, par chance, maintenait les bancs écartés, et l'*Endurance* put avancer de cent yards dans le canal. Puis la glace se referma, et à 3 heures du matin nous étions de nouveau cernés. Le vent faiblit dans la journée et la glace s'entrouvrit de cinq à six milles vers le nord. Voulant profiter de ce passage, le matin suivant je fis remplir les bouilleurs. J'espérais dégager l'hélice, mais un des tubes était hors d'usage, l'enveloppe ayant été gelée ou distendue, et il fallut vider le bouilleur.

Le dimanche 17, le pack était un peu plus compact. L'après-midi, par brise nord-est, la hune et la voile d'avant hissées, nous essayâmes de sortir le bateau du chenal, mais il fut vite arrêté. Tard dans la journée, la pression se fit de nouveau sentir. Les deux glaçons qui nous cernaient se rapprochèrent, et le navire fut soumis à une série de terribles étreintes. Dans la chambre aux machines, point le plus exposé, on entendait des grondements, des craquements et des martèlements. Sur le sol, les plaques de fer se tordaient et se dressaient en résonnant. Autour de nous, les glaçons s'abordaient et des arêtes aiguës marquaient leur point de rencontre. Le bateau soutint le choc pendant près d'une heure, puis, à mon profond soulagement, il commença à se dresser sur la glace avec de grandes secousses et des craquements affreux, s'élevant de dix pouces à l'avant et de trois pieds quatre pouces à l'arrière, et s'inclinant en même temps de 6° sur bâbord. Après quoi la glace se reforma sous lui. Le danger immédiat était passé. Le point fait, nous étions à la latitude 69° 19' S, longitude 50° 40' O.

L'après-midi du 18 octobre, la glace livra un nouvel assaut. Les deux glaçons qui nous emprisonnaient commencèrent à se mouvoir latéralement, exerçant sur nous une terrible pression. Soudain celui de bâbord craqua et, en quelques secondes, le bateau s'inclina de 30°. Les canots reposaient presque sur la glace ; les niches des chiens, au milieu du pont, furent précipitées sur celles de bâbord. Les hurlements et les aboiements des animaux terrifiés faisaient de la scène un véritable pandémonium. Tout ce qui était mobile à bord fut renversé dans l'instant. L'ordre bientôt rétabli, on éteignit les feux ; on cloua des lattes sur le pont de manière à faire une plate-forme aux chiens et à permettre aux hommes de les soigner. Tous les appareils mobiles furent attachés. Si le bateau s'inclinait davantage, il faudrait descendre les canots. Worsley veilla, prêt à donner l'alarme. Pendant ce temps, Hurley descendit sur la banquise et prit quelques photos du bateau dans cette position peu ordinaire. Ce soir-là, le dîner dans le carré fut une affaire peu banale : la plupart des convives durent s'asseoir sur le pont, les pieds contre les lattes, leurs assiettes sur les genoux. À 8 heures du soir, les glaces s'écartèrent, et en quelques minutes l'*Endurance* se redressa presque complètement. Aussitôt les hommes travaillèrent à dégager le gouvernail ; ils détachaient des blocs avec les ciseaux à glace et les poussaient à l'écart. Bientôt nous pouvions amener le bateau dans un bon mouillage. Puis le bouilleur fut rempli, et le matin du 19 octobre les ingénieurs allumèrent les feux ; ils firent monter la pression très doucement pour économiser le charbon et éviter toute secousse au bouilleur endommagé. Nous avions transformé tous les débris, boîtes, chiffons, etc., en combustible. Le jour était couvert, avec quelques tombées de neige. Le thermomètre indiquait $-11°$. Bien que dans nos alentours la glace fût calme, des bruits lointains de pression nous parvenaient encore. Le soir, le vent tourna et nous jetâmes l'amarre. À 11 heures du soir, le baromètre était à 28° 96, son niveau le plus bas depuis les tempêtes de juin. Dans la soirée, un vacarme inaccoutumé parmi les chiens attira notre attention : une baleine de vingt-cinq pieds croisait dans notre petit lac ; elle leva la tête selon la manière caractéristique des « *killers* ». Nous pûmes juger, d'après sa petite nageoire dorsale, que c'était un spécimen de *Balænoptera acustorostrata* et non d'*Orcagladiator*.

Le 20 octobre, un fort vent sud-ouest soufflait ; le pack travaillait. Bien que l'*Endurance* fût en sécurité dans son petit port, un changement pouvait survenir d'un moment à l'autre. Des guetteurs se relayèrent par bordées. Wild et

Hudson, Greenstreet et Cheetham, Worsley et Crean prirent le quart sur le pont ; l'ingénieur-chef et le second ingénieur avec trois hommes dans la chaufferie. Les autres, à l'exception du cuisinier, du charpentier et de son aide, prirent aussi le quart, quatre heures sur le pont et quatre heures dessous. Le charpentier travaillait à la construction d'un petit bateau plat qui pourrait être utile dans les chenaux. À 11 heures du matin, nous faisions une petite manœuvre pour éprouver les machines. Après huit mois d'inactivité, tout fonctionnait bien, sauf la pompe de la cale et le déchargeur, qui étaient gelés. Nous eûmes quelque difficulté à les réparer. Depuis l'allumage des feux, une tonne de charbon avait été consommée, avec de la cendre de bois et de la graisse. Le feu nécessaire à entretenir le bouilleur consumait environ un quintal et demi de charbon par jour. Il en restait cinquante tonnes dans la cale.

Les 21 et 22 octobre, température très basse ; les chenaux gelèrent. La glace travaillait ; de temps à autre nous parvenaient des grondements lointains. Nous attendions l'attaque des forces gigantesques dressées contre nous.

Le 23 amena un fort vent d'ouest. Le mouvement de pression s'accentua ; les barrières chaotiques que nous pouvions apercevoir se faisaient de plus en plus formidables. Le dimanche 24 octobre marqua pour l'*Endurance* le commencement de la fin. La méridienne donna la latitude 69° 11' S, longitude 51° 05' O. Nous avions maintenant vingt-deux heures et demie de jour. Nous les passions à surveiller la terrifiante avance des glaces. À 6 h 45 du soir, le bateau se trouvait dans une terrible situation. Le schéma suivant (le navire est dessiné en plan) aidera à comprendre l'attaque de la glace.

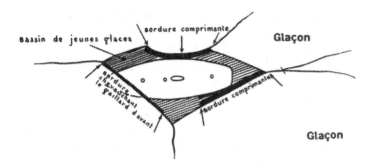

La partie ombrée représente le bassin couvert de glace nouvelle, trop peu résistante pour supporter le bateau; les flèches indiquent la direction de la pression exercée par les bords de la glace. L'assaut fut terrible. À tribord, l'étambot fut tordu, le bordage arraché; tout le bâtiment était ébranlé et gémissait sous la poussée qui s'exerçait depuis l'avant en même temps que latéralement. Le navire se tordait littéralement et commençait à faire eau dangereusement.

Je mis les pompes en action. À 8 heures du matin, la pression se relâcha un peu. Mais le bateau continuait de faire eau et le charpentier dut établir une digue à l'arrière des machines. Les hommes travaillèrent toute la nuit, veillant, pompant, aidant le charpentier, et au matin l'eau était évacuée. Le charpentier et ses aides calfatèrent la digue avec des bandes taillées dans des couvertures et bouchèrent les fentes du mieux qu'ils purent. Les grandes pompes et les pompes à main, gelées, ne pouvant être employées, Worsley, Greenstreet et Hudson durent descendre dans la cale afin de boucher les fissures.

« Ce n'était pas une sinécure, écrivit Worsley. Il fallait colmater les brèches au milieu du charbon dans une obscurité presque complète. Les poutres et la charpente gémissaient autour de nous et craquaient à grands coups secs comme des coups de pistolet. Nous pataugions dans l'humidité avec des mains glacées, et il fallait empêcher le charbon de s'échapper par les fentes. Du pont, les hommes versaient des seaux d'eau bouillante dans les conduits pendant que nous martelions en bas. À la fin les pompes furent dégelées et les fissures suffisamment comblées pour que le charbon ne puisse s'en aller. Nous nous précipitâmes sur le pont, pleins de joie de nous retrouver sains et saufs à l'air libre. »

Le lundi 25 octobre, aube nuageuse et brumeuse, température basse et forte brise sud-est. Tous les hommes travaillèrent aux pompes et aidèrent le charpentier au barrage. Les voies d'eau furent assez facilement contenues. Le paysage alentour n'était pas fait pour nous rassurer : dans toutes les directions, de hautes arêtes se dressaient, et, bien que la pression sur le bateau ne fût pas très forte, je prévoyais que ce répit durerait peu ; dans notre champ de vision, le pack était soumis à d'énormes compressions, telles que peuvent en produire des vents cycloniques ou les courants les plus violemment opposés de l'Océan. Les arêtes massives et menaçantes que nous voyions s'élever en bordure des masses de glace prouvaient assez que les forces débordantes de la nature travaillaient. Des blocs de plusieurs tonnes s'élevaient, puis d'autres suivaient qui repoussaient de côté les précédents. Dans ce monde étrange, nous étions des intrus, tout à fait impuissants ; notre vie était le jouet de forces primitives et brutales qui se moquaient de nos faibles efforts. Déjà je n'osais presque plus espérer la survie de l'*Endurance*, et, pendant ce jour d'angoisse, je revis les plans – arrêtés depuis longtemps – du voyage en traîneaux qu'il fallait envisager. Nous étions parés à tout événement : provisions, chiens, traîneaux, équipements, tout était prêt à débarquer à la moindre alerte.

Le jour suivant, temps clair et ciel bleu avec un beau soleil encourageant. Des bruits de pression nous arrivaient toujours. Les principales zones de bouleversement s'approchaient du bateau, et des chocs se faisaient sentir par intermittence. À l'intérieur se faisaient entendre les craquements des charpentes, les « coups de pistolet » produits par la rupture du bordage ou des madriers, et par là-dessus le gémissement indéfinissable de notre bateau en détresse. Et le soleil brillait avec sérénité. Parfois des nuages floconneux passaient, fuyant devant la brise du sud. Les millions de facettes des blocs nouvellement soulevés brillaient et scintillaient. Le jour s'écoula lentement. À 7 heures du soir, des mouvements contrariés rejetaient le bateau d'avant en arrière. À tribord, les extrémités du bordage s'entrouvrirent de quatre à cinq pouces, tandis que le bâtiment tout entier se courbait comme un arc sous une pression titanesque. Tout comme une créature vivante, il résistait aux forces qui voulaient le broyer, mais le combat était inégal : des millions de tonnes de glace écrasaient inexorablement le petit navire qui avait osé affronter l'Antarctique. De nouveau nous faisions eau de toutes parts. À 9 heures du soir, j'ordonnai que les canots, provisions, équipements, traîneaux fussent descendus. La glace en se reformant colmatait tant soit peu les voies d'eau. Les hommes pompèrent toute la nuit. Par une singulière circonstance, huit pingouins empereurs, sortant d'une fissure de la glace à cent yards de là, apparurent soudain au moment où la pression était à son maximum. Ils s'avancèrent un peu, s'arrêtèrent et poussèrent quelques cris extraordinaires et sinistres qui résonnèrent comme un chant funèbre. Aucun de nous n'avait jamais entendu les pingouins crier ainsi ; l'effet était saisissant.

Alors se leva le jour fatal : mercredi 27 octobre. Nous étions à la latitude 69° 05′ S, longitude 51° 30′ O. Le thermomètre indiquait 22° au-dessous de zéro ; une légère brise du sud soufflait et le soleil brillait dans un ciel clair. Après ces longs mois d'efforts et d'anxiété, pendant lesquels notre espérance avait résisté à tout, l'*Endurance* agonisait. Nous étions contraints d'abandonner notre bateau broyé sans espoir; mais nous restions vivants et bien portants, et nous avions provisions et équipement pour continuer la tâche qui s'offrait à nous. Cette tâche désormais : atteindre une terre tous au complet, si possible sains et saufs. Il est difficile d'écrire ce que je ressentais. Pour un marin, le navire est plus qu'une maison flottante. Dans l'*Endurance* j'avais concentré ambitions, espoirs, désirs, et voilà que la carrière de notre pauvre bateau blessé et gémissant était finie, ses instants comptés; il fallait l'abandonner, broyé, après deux cent quatre-vingt-un jours d'emprisonnement dans les glaces. La distance parcourue depuis le point où il avait été cerné jusqu'à la place où il gît maintenant dans les serres du pack était de cinq cent soixante-dix milles; mais avec tous les détours notés, la dérive réelle atteignait les mille cent quatre-vingt-six milles, et avec les détours non notés, au moins quinze cents milles! Nous sommes en ce moment à trois cent quarante-six milles de l'île Paulet, le plus proche point qui puisse nous offrir nourriture et abri. Une petite hutte, construite là par l'expédition suédoise en 1902, est remplie de provisions déposées par le bateau de secours de l'Argentine. J'étais renseigné sur ce dépôt, car j'avais acheté des provisions à Londres pour le compte du gouvernement argentin quand il m'avait demandé d'équiper l'expédition de secours. La plus proche barrière ouest est à environ cent quatre-vingts milles de nous. Si notre groupe s'y dirige, il n'y trouvera aucun moyen de subsistance et sera encore à trois cent soixante milles de l'île Paulet. Il nous était impossible d'emporter toute la nourriture nécessaire à un tel voyage.

Ce matin, le dernier passé sur le bateau, le temps était clair avec légère brise sud-sud-est à sud-sud-ouest. Du nid-de-pie, aucune apparence de terre. La pression augmentait progressivement. À 4 heures du soir, l'attaque de la glace atteignit son maximum. La poupe se soulevait; le glaçon qui comprimait l'arrière, avançant latéralement, brisa le gouvernail, arrachant la barre et l'étambot. Puis la glace desserra un peu son étreinte, et l'*Endurance* s'enfonça légèrement. Les ponts se brisèrent enfin, l'eau entrait. À 5 heures, la pression redoubla et j'ordonnai que tous les hommes quittassent le bateau : les glaces encerclantes ne nous auraient pas ; elles ne broieraient que le bâtiment. C'était une impression navrante que de sentir le pont littéralement éclater sous nos pieds ; les grandes traverses s'arquaient, puis cassaient avec un bruit sec comme un coup de fusil. Les pompes étaient maintenant impuissantes devant l'abondance de l'eau et, pour éviter une explosion, je fis éteindre les feux. J'avais réglé à l'avance l'abandon du navire dans tous ses détails. Hommes et chiens descendirent sur la glace et s'installèrent à quelque distance sur une surface unie, relativement sûre. Avant de quitter le bord, je jetai un regard par la lucarne de la chambre aux machines ; ces dernières étaient renversées. Je ne peux pas décrire les sentiments que j'éprouvais devant l'inexorable destruction à laquelle j'assistais. Des forces brutales, pesant plusieurs millions de tonnes, anéantissaient notre bateau.

Les approvisionnements essentiels ayant été débarqués à une centaine de pas de l'*Endurance,* nous dressâmes là le camp pour la nuit. Mais vers 7 heures du soir notre glaçon entrait à son tour dans la région bouleversée et la glace commença à se fendre et à craquer sous nos pieds. Je déplaçai le campement à deux cents yards de là, sur un autre glaçon plus grand. Il fallait convoyer les canots, les approvisionnements, l'équipement à travers une arête chaotique en formation. Le mouvement des glaces était si lent, que ce n'était pas un danger ; mais le poids des amoncellements avait provoqué des enfoncements, et il fallait traverser des trous d'eau. Un groupe de pionniers armés de pelles et de pioches dut bâtir un talus de neige pour que nous pussions procéder à notre installation. À 8 heures du soir, le camp était de nouveau dressé. Nous avions deux tentes pointues et trois tentes à cerceaux. J'avais pris la charge de la petite tente n° 1 avec Hudson, Hurley et James ; Wild, celle de la petite tente n° 2 avec Wordie, McNeish et McIlroy. Celle-ci était très facile à dresser et à démonter. La grande tente n° 3 était transportée par huit hommes de l'équipage ; la quatrième, par Crean, Hussey, Marston et Cheetham, et la cinquième, par Worsley, Greenstreet, Lees, Clark, Kerr, Rickinson, Macklin et Blackborrow, dernier nommé, parce que le plus jeune de l'équipage.

Pendant la nuit, la température tomba à 27° sous zéro et la plupart des hommes souffrirent du froid. Une fois les tentes dressées, je réunis l'équipage et lui expliquai brièvement et clairement, je l'espère, notre situation. J'exposai la distance qui nous séparait de la barrière et de l'île Paulet. Je proposai d'essayer d'avancer à travers les glaces avec tout notre équipement dans la direction de l'île. Je remerciai les hommes pour leur persévérance et le bon moral qu'ils avaient montré en ces épreuves, et leur dis que je ne doutais pas, s'ils continuaient à faire de leur mieux et à avoir confiance en moi, que nous arriverions sains et saufs à bonne fin. Puis nous eûmes un souper préparé par le cuisinier sur un poêle à graisse et, sauf un homme de quart, tous se couchèrent. Pour moi, je ne pus dormir. La destruction du bateau n'était pas un événement soudain et imprévu ; depuis plusieurs mois j'envisageais le désastre et j'avais cent fois préparé mes plans pour cette éventualité. Mais les pensées qui m'envahissaient, alors que je marchais de long en large, n'avaient rien de très joyeux. La tâche, maintenant, était d'assurer la sécurité du groupe ; à cela je devais employer toute mon énergie et appliquer chaque parcelle de la connaissance de l'Antarctique que l'expérience m'avait donnée. La tâche, c'était d'être fort et vaillant. De l'ordre et un programme défini étaient essentiels si nous voulions arriver sans perte de vies. Un homme doit savoir se façonner en fonction des changements de l'existence.

À minuit, je marchais de long en large, écoutant les glaces

s'entrechoquer et les plaintes et les craquements qui disaient l'agonie de l'*Endurance*, quand soudain je remarquai une fêlure de la glace, qui traversait tout le camp. Le sifflement d'alarme fit dresser tous les hommes. Nous transportâmes notre matériel sur la plus grande fraction de notre glaçon. Il n'y avait rien de plus à faire, et les hommes retournèrent dormir ; mais ce fut d'un sommeil léger. Chaque fois que j'arrivais au bout de ma ronde, je distinguais dans l'obscurité les empilements de blocs qui s'élevaient autour de nous et rétrécissaient la petite île flottante que nous occupions. Au bout d'un moment, je constatai que ma tente, qui s'était trouvée du mauvais côté de la fêlure, n'avait pas été remontée. Hudson et James s'étaient empilés dans d'autres tentes et Hurley s'était enroulé directement dans la toile. Toute la nuit, la lumière électrique brilla à la poupe de l'*Endurance* agonisante. Hussey l'avait laissée allumée en prenant sa dernière observation et, comme une lampe à la fenêtre d'un cottage, elle perça la nuit jusqu'au petit jour. C'est alors que l'*Endurance* reçut un coup particulièrement violent. On entendit un bruit de poutres brisées et la lumière disparut. Le courant venait d'être coupé.

Le matin vint, glacé et triste. Tous les hommes étaient raides et fatigués après cette première nuit sur la banquise. Au point du jour, avec Wild et Hurley, je retournai sur l'*Endurance*, espérant retrouver quelques bidons de pétrole pour faire chauffer du lait. Le bateau faisait peine à voir, pauvre épave au milieu de ce chaos ! Le bâton de foc et le beaupré, brisés pendant la nuit, étaient couchés par le travers, avec les chaînes, les martingales, les sous-barbes qu'ils avaient entraînés. La glace chevauchait le gaillard d'avant et tout le navire était agité de soubresauts. Non sans difficulté, nous pûmes sauver deux bidons de pétrole. Une visite plus approfondie fut remise à plus tard. Sautant les crevasses, nous revînmes au camp avec les bidons. Un foyer installé sur un petit réservoir étanche apporté d'un canot, un bidon de pétrole percé d'une demi-douzaine de trous avec un poinçon à glace, et voilà le feu installé. Le pétrole brûlait avec furie sous le chaudron de cinq gallons[1] qui servait de casserole, et le lait fut chaud en un rien de temps. Puis, comme trois anges bienfaiteurs, nous fîmes le tour des tentes avec le breuvage vivifiant. Nous fûmes surpris et un tantinet chagrinés de voir quelques-uns des hommes l'accepter comme une chose due. Ils ne se doutaient pas du travail que nous avions accompli pour eux à l'aube ! J'entendis Wild lâcher ce commentaire :

– Messieurs, si vous désirez avoir des bottines propres, vous n'avez qu'à les mettre à la porte.

C'était là manière de leur rappeler gentiment qu'un petit merci fait grand plaisir dans de telles occasions.

À 8 heures, le cuisinier prépara le déjeuner, qui consistait en biscuits et en *hoosh*[2], puis nous retournâmes sur l'épave pour une visite plus complète. Six seulement des cabines n'avaient pas été atteintes par la glace ; toutes celles de tribord étaient broyées, l'arrière du bateau, plissé comme un accordéon ; le gaillard d'avant et le «Ritz» submergés, le carré aux trois quarts plein de glace, le côté tribord du carré défoncé, le moteur poussé dans la cuisine, les caisses à pétrole enfoncées dans le mur du carré, juste à côté d'un grand cadre qu'elles avaient entraîné jusque-là. Chose assez curieuse, le verre de ce cadre n'était pas brisé, quoique dans le voisinage immédiat je visse un bossoir tordu, aussi arqué que les ferrures d'un train tamponné. Notre bateau était impitoyablement broyé.

Sous un sombre ciel couvert, je revins au camp et examinai sa situation. La surface qu'il occupait était exposée aux pressions. Je crus prudent de nous diriger à deux cents yards de là, vers un îlot plus grand et plus fort en apparence.

---

1. Un gallon contient environ 4,5 litres.
2. Sorte de soupe épaisse.

Le campement abandonné nous resta connu sous le nom de Dump Camp (Camp triste), à cause des nombreux rebuts abandonnés là. Nous ne pouvions emporter que l'indispensable, et un sérieux triage fut nécessaire. Je mis en circulation un stock de burberrys neufs, de vêtements de dessous et de chaussettes. Le transfert du camp se fit rapidement. J'entrepris alors d'organiser les préparatifs du long voyage que nous devions entreprendre vers l'île Paulet ou Snow Hill.

Pendant ce temps Hurley installait son matériel et prenait des vues de l'*Endurance* dans ses dernières convulsions. Tandis qu'il tournait, la glace, faisant pression sur le mât de misaine, le grand mât et le mât d'artimon, brisa les haubans. La hune de misaine et le mât de petit perroquet tombèrent et restèrent suspendus au mât de misaine. Le grand mât suivi, se brisant à dix pieds au-dessus du pont. Le nid-de-pie tomba à moins de trois pas de la place où Hurley tournait ; mais celui-ci n'arrêta pas ses opérations pour cela, et put ainsi prendre une vue unique.

La distribution des habits rapidement terminée, on s'occupa des sacs de couchage. Nous en avions dix-huit en fourrure. Il fallait par conséquent en prendre dix en laine Jaeger pour pourvoir les vingt-huit hommes que nous étions. Les sacs de laine étaient plus légers et moins chauds que ceux en peau de renne ; aussi une peau de renne supplémentaire fut-elle donnée à chaque homme qui en avait reçu un. Pour plus de justice, les sacs de fourrure furent tirés au sort ; mais quelques-uns de nous, vieux marins, ne se joignirent pas à la loterie ; les sacs de laine nous arrangeaient aussi bien que les autres. Un des canots, tourné sur le côté et soutenu par deux avirons brisés, servit de paravent pour faire la cuisine. Le cuisinier alluma le poêle à graisse et l'instant d'après, comme j'étais assis auprès du poêle, j'entendis un homme prononcer ces mots :

– Cuisinier, j'aime le thé très fort.

Un autre ajouta :

– Et moi, cuisinier, je l'aime léger !

J'eus plaisir à voir qu'ils n'étaient pas troublés par les événements, mais je trouvai le moment opportun pour établir que le thé serait le même pour tous. L'incident était, psychologiquement parlant, curieusement révélateur. Voilà des hommes dont l'abri vient d'être broyé, campés sur un glaçon instable, dont les chances de s'en tirer sains et saufs sont très problématiques, et ils s'occupent calmement des détails de l'existence et donnent leur attention à des bagatelles comme la couleur de leur thé.

Dans l'après-midi, la pression continua. De temps en temps nous entendions des bruits sourds, comme celui du canon ou du tonnerre lointain ; c'étaient les glaces qui s'abordaient. Sur cette partie congestionnée du pack, la pression produisait un chaos indescriptible. Les masses se fracassaient sans merci les unes contre les autres ; des arêtes et des murs formidables se dressaient ; les surfaces de glace unie diminuaient rapidement. Le mouvement était irrésistible et majestueux. L'effort humain est quelque chose, mais c'est dans un esprit d'humilité que l'homme combat les forces géantes de la nature. Il a alors le sentiment profond qu'il dépend d'un pouvoir plus haut que le sien.

Aujourd'hui, deux phoques – un phoque de Weddell et un mangeur de crabes – s'approchèrent du camp et furent tués. Quatre autres furent repoussés dans l'eau, car leur présence excite les attelages d'où s'ensuivent des coups de fouet et des embrouillements dans les harnais. L'installation des tentes fut complétée et un règlement établi : chaque tente eut une ordonnance de table, corvée remplie à tour de rôle par ordre alphabétique. L'ordonnance allait à la cuisine remplir les gamelles de la ration de hoosh ; après le repas, elle nettoyait la vaisselle avec de la neige et la rangeait dans un traîneau ou un canot tout prêt pour un départ possible.

29 octobre. – Nuit tranquille, bien que la pression fasse son œuvre autour de nous. Notre îlot épais résiste aux

chocs. Léger vent nord-est à nord-nord-ouest, beau temps.
Ce matin, les hommes ont préparé les chargements, consolidé les traîneaux et installé dessus les canots. Le grand
traîneau à moteur, avec quelques arrangements du charpentier, porte admirablement la plus grande des embarcations.
Pour le dernier canot, quatre traîneaux ordinaires ont été
réunis ; mais leur solidité laisse à désirer. L'*Endurance* est
encore visible. Des éperons de glace le traversent ; le gaillard
d'avant est sous l'eau, les ponts sont rompus, les haubans
gisent alentour en une confusion indescriptible, et au-dessus
flotte encore le pavillon bleu.

Cet après-midi, les trois plus jeunes chiens de Salie, ainsi
que Sue, Sirius et Mrs Chippy, le chat du charpentier, ont
été abattus. Dans les conditions actuelles, nous ne pouvons
pas nous charger d'animaux faibles et inutiles. Il nous en
reste quarante-quatre. Macklin, Crean et le charpentier
ressentent amèrement la perte de leurs amis. Demain, nous
ferons l'épreuve d'un court voyage avec deux des bateaux et
les dix traîneaux. Le nombre des attelages a été porté à sept.
Greenstreet a pris la charge du dernier formé, comprenant
Snapper et les quatre plus vieux chiens de Salie. Les attelages
de Wild et de Hurley tireront le cutter avec l'assistance de
quatre hommes. Le baleinier et les autres traîneaux suivront,
et les hommes pourront aider le cutter dans les mauvais
endroits. Il ne faut pas espérer avancer vite ; mais chaque
mille a sa valeur. Cet après-midi, Crean a eu une mauvaise
attaque d'aveuglement causée par la neige.

Le matin du 30 octobre, le temps était couvert et
brumeux avec quelques chutes de neige ; brise nord-est
modérée. Nous vivions sur les provisions apportées de
l'*Endurance*, et les rations des traîneaux restaient intactes.
Ces rations devaient pourvoir vingt-huit hommes pendant
quarante-six jours ; et la viande de phoque et de pingouin
devait nous permettre de doubler au moins ce délai. Nous
pouvions même, si la marche en avant était trop difficile et

détériorait les bateaux – que nous devions garder comme ultime chance de salut –, camper sur un coin solide du pack, nous approvisionner de tous les phoques et pingouins des alentours et attendre ainsi que la dérive nous conduise dans une eau navigable. Ce plan éviterait de graves dangers : en marchant, nous serions peut-être arrêtés par une infranchissable barrière ; les bateaux pouvaient être endommagés irréparablement ; la glace se fendre sous nos pieds comme c'était arrivé par deux fois dans notre premier campement. Cependant je sentais que la meilleure chose à faire était de tenter la marche en avant. Si nous arrivions à faire de cinq à sept milles par jour vers le nord-ouest, notre chance d'atteindre une terre serait grandement augmentée. La question présentait aussi un aspect psychologique : il serait meilleur pour les hommes de sentir que, même avec des progrès très lents, ils avançaient vers une terre, au lieu d'attendre sans rien faire que la lente dérive nord-ouest nous sorte de cette cruelle immensité de glace. Nous allions donc tenter un mouvement en avant. L'issue ne dépendait pas de moi, et nul ne pouvait la prévoir.

Cet après-midi-là, nous partîmes donc, Wild et moi, dans le brouillard et la neige, à la recherche d'une route vers le nord-est. Avec beaucoup de détours pour éviter les amoncellements les plus considérables, un chemin fut frayé sur un mille et demi au moins, puis nous revînmes au camp. Le mouvement de pression s'accentuait et notre glaçon recevait des coups saccadés. À 3 heures, après le lunch, nous partions, laissant Dump Camp couvert d'un amas de débris. Les hommes avaient l'ordre de ne prendre aucune charge d'objets personnels excédant deux livres. Il ne fallait s'encombrer de rien qui ne fût absolument indispensable. On perça des trous dans la glace pour y enfouir les lettres privées, les petites babioles personnelles, bref, tout ce qui représentait les lares et les pénates des membres de l'expédition. À ces tombes blanches furent confiés beaucoup d'objets de valeur toute sentimentale, à défaut d'autres richesses. J'hésitais même à permettre cette charge de deux livres par homme ; mais, en somme, quelques trésors personnels peuvent presque être regardés comme indispensables. Le voyage serait long, et il était possible que nous eussions à hiverner dans des quartiers improvisés, sur une côte inhospitalière. Dans de telles conditions, un homme a besoin, pour occuper son esprit, de quelque tangible mémento de sa maison et des siens au-delà des mers. Aussi jeta-t-on l'argent, mais l'on garda les photographies. Je détachai quelques feuilles de la bible donnée au bateau par la reine Alexandra, celle qui portait une dédicace de sa propre écriture, et aussi la merveilleuse page de Job qui contient ces vers :

> De quel sein sortent les glaces ?
> Et la blanche gelée des cieux, qui l'a engendrée ?
> Les eaux sont cachées comme la pierre
> Et la face de la profondeur est gelée.

L'autre bible, offerte par la reine Alexandra aux membres de l'expédition de terre, était restée dans une caisse, au fond de la cale de l'*Endurance*. On laissa les malles à habits. Quand, un peu plus tard, on retourna les chercher pour employer le cuir à faire des bottes, quelques-unes d'elles, qui portaient la marque «tout cuir», se révélèrent contenir, à notre grand désappointement, un large pourcentage de carton. À ce moment, le fabricant aurait eu quelques difficultés à nous convaincre qu'il n'était pas un criminel.

Le groupe des pionniers, Wordie, Hussey, Hudson et moi, avait pris la tête avec pelles et pioches pour creuser, à travers les arêtes de glace, une route praticable pour les traîneaux portant les canots. Chaque bateau avec son chargement et les traîneaux qui le portaient pesait plus d'une tonne. Le cutter, plus petit mais plus fort que le baleinier, était le plus lourd. Le baleinier fut installé sur le traîneau à tracteur, auquel on avait joint de part et d'autre deux traîneaux d'appoint, ceux-ci renforcés à l'avant et à l'arrière par des poutres croisées et des tronçons de rames.

Les traîneaux étaient le point faible; on ne pouvait guère espérer les empêcher de se briser sous leur lourde charge quand ils traverseraient les terribles arêtes qui ne cesseraient d'entraver notre marche pendant quelque trois cents milles. À brève distance du traîneau des pionniers, les sept attelages de chiens suivaient. Ils tiraient un demi-mille, puis revenaient sur leurs pas prendre les autres traîneaux. Worsley commanda la manœuvre de halage des deux bateaux. Quinze hommes tiraient. C'était un dur travail pour les hommes et les chiens; cependant le trajet de retour pour prendre les autres charges offrait un repos relatif. Il nous fallut contourner deux crevasses, dans lesquelles des baleines montraient leurs vilains museaux. À 5 heures après midi, nous avions fait un mille direction nord-nord-ouest. Devant nous, c'était toujours le chaos. Depuis le matin, la pression augmentait et les glaces mouvantes s'écrasaient dans toutes les directions. Je fis dresser le camp pour la nuit sur une surface de glace unie, malheureusement nouvelle et salée; la glace ancienne était trop inégale et trop chargée de neige pour notre campement. Nous n'avions gagné qu'un mille à vol d'oiseau; mais, avec les détours, la distance parcourue était d'au moins deux milles, et les trajets de va-et-vient pour chercher les différentes charges portaient les milles parcourus à six et même à dix pour quelques-uns des attelages. De 6 heures du soir à 7 heures du matin, chacun prit à son tour une heure de quart.

Dans la nuit, une lourde neige tomba et, la température étant montée, l'humidité traversait les toiles des tentes. Nous désirions vivement que la température restât au-dessous de zéro; alors la surface de la neige, durcie, nous faciliterait le traînage, et notre chargement ne serait pas couvert de neige molle. Les baleines s'agitèrent toute la nuit sous notre camp, et à 2 heures du matin, à vingt pieds de nous, une crevasse apparut. Nous étions sur de la glace assez mince pour qu'une baleine pût la percer s'il lui en prenait fantaisie ; mais il n'y avait pas dans les alentours d'autre emplacement propice au campement et il fallait risquer cela. Au matin, la neige tombait si lourdement que nous ne pouvions pas voir à plus de quelques pas. Je décidai de ne pas lever le camp. Il aurait été très difficile de trouver un sentier à travers les glaces disloquées, et c'était mettre les bateaux dans une situation périlleuse. Rickinson et Worsley retournèrent à Dump Camp chercher bois et graisse pour le feu, et une heure plus tard nous recevions chacun notre portion de «hoosh» avec un biscuit. À 10 heures, Hurley et Hudson retournèrent eux aussi à l'ancien camp chercher du pemmican [1] pour les chiens, puisque aucun phoque ne se montrait. Puis le temps s'éclaircit et je partis avec Worsley faire une reconnaissance vers l'ouest. Un grand glaçon offrait une assez bonne route vers le nord-ouest sur un mille au moins ; nous revînmes au camp pour préparer le départ. Après le lunch, le camp fut levé. Je pris avec moi Rickinson, Kerr, Wordie et Hudson afin d'ouvrir le chemin. Les attelages suivaient. Ceux de Wild et de Hurley, attelés au cutter, partirent avec un entrain magnifique. Ils n'eurent besoin d'aide qu'une seule fois ; vraiment, quatorze chiens faisaient aussi bien et même mieux que dix-huit hommes. Partout la glace était en mouvement ; aux endroits où le grand banc que nous traversions en heurtait d'autres, de grandes haies de glace s'élevaient, entre lesquelles béaient des crevasses. Mais ce que peuvent faire douze hommes armés de pelles et de pioches est incroyable. En dix minutes nous pouvions tailler une route à travers une arête de glace haute de quatorze pieds et préparer aux traîneaux une piste relativement unie.

1. Viande pressée et séchée.

OCEAN CAMP

Malgré l'humidité, la neige épaisse, les arrêts nécessaires quand, dans les passages difficiles, il fallait frayer la route, nous avançâmes de près d'un mille ; un mille à vol d'oiseau, car le va-et-vient et les détours portaient la distance parcourue ce jour-là à six milles environ. Quand je vis les hommes épuisés, je fis dresser les tentes. Elles furent adossées aux bateaux, qui les protégèrent un peu de la neige humide. Un matelot découvrit dans une voile étendue sur l'un des canots une petite flaque d'eau, ou plus exactement de neige fondue. Il n'y en avait pas beaucoup, une gorgée pour chacun, mais, comme l'écrivit l'un d'entre nous dans son journal : « On en a bu de plus claire, mais rarement de plus opportune. »

Quand l'aube suivante parut, froide et avec la même neige humide que la veille, je vis que la surface glacée se faisait moins compacte et, considérant à quel maigre résultat menaient nos efforts exténuants des quatre derniers jours, je conclus qu'il nous serait impossible de faire ce jour-là beaucoup de chemin. D'autre part, on pouvait espérer que des chenaux s'ouvriraient dans nos alentours, nous permettant de nous diriger vers la terre du nord-ouest. Je décidai donc de chercher un îlot plus grand et plus solide et d'y camper jusqu'à ce que des conditions favorables nous permissent de tenter une seconde fois d'échapper à notre prison. Notre nouveau camp, transporté à un mille environ de l'épave de l'*Endurance*, sur une surface de glace épaisse, fut baptisé *Ocean Camp*. Nous eûmes toutes les peines du monde à y amener les bateaux : la glace était bouleversée comme jamais ; la neige avait partout deux pieds d'épaisseur et nous enfoncions parfois jusqu'aux hanches.

Je décidai d'épargner autant que possible les rations des traîneaux, indispensables pour le futur voyage en bateau ; désormais, nous subsisterions surtout de phoques et de pingouins.

Une équipe retourna à Dump Camp afin de ramasser tout ce qui se pourrait d'habits, de tabac, etc. Mais la neige épaisse tombée les jours précédents, le dégel, et l'enfoncement de la surface qui s'était ensuivi firent qu'une bonne partie des objets abandonnés là avaient disparu.

Les hommes installèrent le camp le plus confortablement possible. Ce glaçon flottant allait être notre home pendant près de deux mois ; il mesurait au départ un mille carré environ, mais devait peu à peu se réduire en fragments de plus en plus petits. Pendant ces deux mois, nous fîmes de fréquentes visites au navire. Nous y retrouvions toutes sortes de choses : habits, provisions et quelques objets de valeur personnelle que, dans l'optimisme de notre cœur, nous avions cru abandonner pour toujours quand nous avions entrepris l'assaut des glaces mouvantes.

L'approvisionnement devint alors notre principal souci. Comme les phoques et les pingouins devaient nous fournir le combustible en même temps que la subsistance, la nécessité d'un fourneau à graisse se fit vivement sentir. Celui que nous avions ingénieusement fabriqué avec un réservoir en acier du bateau et un grand bidon d'huile ne donnait pas de très bons résultats ; on ne pouvait y cuire que des ragoûts, et comme il était impossible de régler le feu, notre

*L'*Endurance *arrive à la limite du pack*

La banquise vue du haut des mâts
Le navire prisonnier, à l'heure du soleil couchant

*L'équipage de l'*Endurance : *au 2ᵉ rang (chapeau mou), Sir Ernest*

Dégagement de la proue du navire
Frank Hurley au travail (ci-contre)

Au cœur de l'hiver austral

Le retour du soleil

Fixation des câblots d'ancrage sur la banquise

Les chiens devant leurs niches de glace

Au milieu du chaos

Sur le flanc

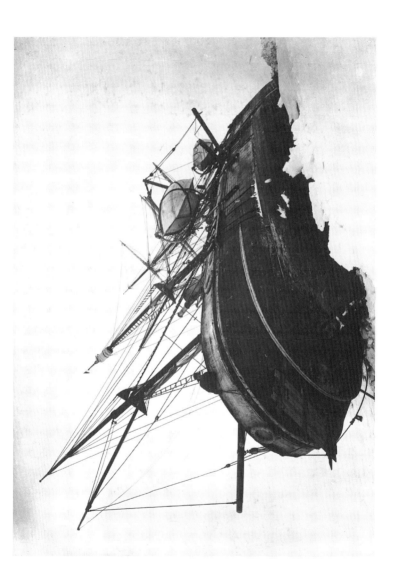

Le commencement de la fin

L'agonie de l'Endurance

Wild témoin de la disparition du navire

cuisine était ou brûlée ou imparfaitement cuite. Si affamé que l'on puisse être, la viande de phoque à moitié crue n'est pas appétissante. Un beau jour, un magnifique ragoût de phoque tomba dans le feu parce que le fond du bidon qui nous servait de casserole avait fondu sous un feu trop intense. Ce jour-là, le lunch se composa pour chacun d'un biscuit et d'un quart de boîte de bœuf gelé, dur comme la pierre.

Le nouveau fourneau, qui devait nous servir pendant tout notre séjour à Ocean Camp, remplit très bien son office. Avec beaucoup de peine et quelques outils, deux larges trous furent percés en face l'un de l'autre en haut et en bas du réservoir en acier. Un bidon à huile, fixé sous le trou du bas, servait de foyer; l'autre trou était pour la casserole. Un second orifice sur le dessus du dispositif permit bientôt de placer deux casseroles en même temps. Puis une cheminée, faite de boîtes à biscuits, acheva un fourneau très complet sinon très élégant. Au bout de quelque temps, le cuisinier découvrit la manière d'y cuire une sorte de gâteau d'avoine plat ainsi que des gâteaux écossais connus sous le nom de *bannocks* – cependant la levure manquait complètement.

Mais il fallait encore protéger le cuisinier contre les intempéries. Un groupe, sous la conduite de Wild, retourna au bateau et rapporta, entre autres choses, le tambour de roue presque complet. Cet appareil, auquel on avait adjoint quelques voiles et toiles goudronnées soutenues par des morceaux de mâts, devint une confortable cuisine et un magasin à provisions. Puis des planches du pont clouées à des bouts de mâture dressés dans la neige firent un excellent abri, d'où, avec la longue-vue, on pouvait repérer phoques et pingouins. Sur cette plate-forme, un mât fut érigé, et le drapeau du roi ainsi que l'insigne du *Royal Clyde Yacht-Club* flottèrent au-dessus du camp.

Je fis un strict inventaire de nos provisions. Un morceau

de bois et de la ficelle pour balance, une boîte de provisions
de soixante livres pour unité servirent à peser approximativement nos stocks.

De bonne heure chaque matin les attelages de chiens,
sous la conduite de Wild, se rendaient à l'épave pour en
rapporter tout ce qui pouvait servir. C'était une tâche assez
rude; un pied d'eau recouvrait le pont à bâbord et près
de trois pieds à tribord. Malgré cela, on sauva beaucoup de
bois, de cordes et quelques boîtes de provisions. Bien que la
cuisine fût sous l'eau, Bakewell trouva moyen d'attraper trois
ou quatre casseroles, qui furent d'une valeur inestimable.
Une quantité de boîtes de farine et autres choses, empilées
dans une cabine de la cale, n'avaient pu être retirées avant
l'abandon du vaisseau. Ayant déterminé aussi exactement
que possible sous quelle partie du pont devait se situer la
cachette, on découpa une ouverture à l'endroit idoine. Ce
ne fut pas une petite affaire, car il y avait cinq pieds d'eau
et de glace au-dessus de l'endroit choisi et les planches
avaient trois pouces d'épaisseur. Cependant le trou devint
assez large pour laisser passer quelques boîtes flottantes
qui furent accueillies avec des ovations. Nous poursuivîmes
nos efforts et d'autres boîtes, que nous aidions avec une
gaffe, remontèrent encore; elles étaient reçues avec des
cris de joie ou de déception, suivant qu'elles contenaient
des farineux ou des douceurs inutiles – de la confiture, par
exemple. Chaque homme désormais avait une idée juste
de la valeur nutritive et réconfortante des différents mets.
Cela avait pour nous tous un intérêt capital. Cette pêche
d'un nouveau genre ajouta à notre stock restreint deux ou
trois tonneaux (1 tonneau = 1,13 m^3) de provisions, pour
la moitié des farineux – farine et pois – dont nous étions
tout à fait à court. Ces quantités semblent énormes, mais
à raison d'une livre par jour et par homme, il y avait là de
quoi nous nourrir pendant trois mois à peine. Par précaution, j'avais réduit la ration de chacun à neuf onces et demie

par jour; mais maintenant rien n'empêchait de l'augmenter, et ce jour-là, pour la première fois depuis dix jours, nous connûmes le bonheur d'être rassasiés.

Des provisions furent réparties sur les traîneaux, toujours tenus prêts au départ en cas d'alerte. Puis, mettant les phoques et les pingouins en ligne de compte, je calculai les portions journalières de manière à apporter à nos menus le plus de variété possible, tout en économisant notre précieux stock de farine. Tous les phoques et les pingouins aperçus dans les alentours étaient systématiquement abattus. Nous ajoutâmes aussi à notre provision de graisse le pemmican initialement destiné aux chiens : ceux-ci se nourrissaient de nos restes de phoques. La vaisselle était plutôt restreinte ; mais des morceaux de planches faisaient des assiettes admirables pour les tranches de phoque, et l'on servait les ragoûts et les liquides dans des gamelles en aluminium ; chaque homme en possédait une. Peu à peu, les couvercles des boîtes de confiture et de biscuits furent mis en circulation.

Malgré les circonstances, j'essayais d'éviter la monotonie dans les repas ; aussi notre petit stock de luxe (pâte de poisson, harengs en boîte) était-il soigneusement ménagé. Mes efforts n'étaient pas vains, puisqu'un homme écrivait dans son journal de route : «Il faut admettre que nous sommes très bien nourris, vu notre situation. Chaque repas comprend un service et un breuvage. Les légumes secs sont cuits dans la même marmite que la viande, et chaque plat est une sorte de ragoût ou de hachis avec lard ou viande de phoque, ou moitié des deux. Le fait qu'il n'y a que deux places pour les casseroles restreint le nombre des mets ; mais malgré les difficultés, nous arrivons à nous débrouiller. Le lait en poudre et le sucre sont bouillis avec le thé ou le cacao. En raison des circonstances notre régime comprend très peu d'éléments farineux, il est évident que nous en souhaiterions davantage. Quant au pain on n'en parle pas.

Nous ménageons les biscuits en vue du futur voyage en bateau; mais la farine est employée à faire des bannocks, dont chacun a trois ou quatre par jour. Ces bannocks sont composés de farine, de graisse, d'eau, de sel et d'un peu de levure; la pâte est roulée et découpée en ronds, puis cuite pendant dix minutes sur une mince plaque de fer. Chaque bannock pèse d'une once et demie à deux onces. Ces galettes sont vraiment pour nous une bénédiction.»

Un jour, quelques boîtes de biscuits d'armée détrempés par l'eau de mer furent distribuées. Ils étaient dans un tel état que, dans des circonstances ordinaires, on ne leur aurait pas accordé un coup d'œil; mais pour nous, à trois cents milles d'une terre – et d'une terre hypothétique –, sur notre glaçon flottant, avec la mer insondable sous nos pieds, c'était un véritable luxe. Dans la tente de Wild on en fit un pudding avec quelques débris de graisse.

Je savais qu'outre la nécessité d'économiser la nourriture journalière, il était important que les hommes restent gais. La mélancolie induite par le paysage alentour et par notre position précaire pouvait être atténuée, jusqu'à un certain point en tout cas, par l'augmentation des rations. Ce que semble prouver cette page extraite de l'un de nos journaux de route :

«Chaque jour ressemble beaucoup au jour précédent : nous travaillons, nous parlons, nous mangeons, et comment! Nous n'en sommes plus à la ration réduite, et devenons plus exigeants qu'au début de cette vie primitive; mais à la maison, nous passerions pour des barbares. Notre rapacité gastronomique ne connaît pas de bornes.

«De tout ce qui entre dans chaque tente sous forme de nourriture, il ne ressort pas un débris. Les rations sont partagées avec la plus grande égalité. Quand les portions sont servies, l'un des hommes ferme les yeux ou tourne la tête et pendant que le cuisinier du jour désigne chaque portion en disant : "Pour qui?", il appelle nos noms au hasard. Ainsi toute partialité est-elle exclue et chacun peut se tenir pour satisfait, même celui qui note, non sans quelque envie, que la part de son voisin diffère de la sienne par tel ou tel détail spécialement apprécié. Nous manquons énergiquement au dixième commandement; mais comme nous sommes tous dans le même bateau à cet égard, personne ne dit mot. Chacun comprend par sympathie les sentiments de ses voisins – ce qui nous ramène au bon vieux temps de l'école, et ne manque pas de gaieté.»

Plus tard, quand il fallut envisager la perspective d'hiverner sur le pack, les rations durent être considérablement réduites; mais à ce moment-là, chacun avait eu le temps de se faire à cette idée – que nous acceptâmes très simplement.

Nos repas, pour l'heure, consistaient surtout en généreux morceaux de phoque ou de pingouin bouillis ou frits. Comme l'écrivait un homme : «Nous avons maintenant assez à manger, mais assez ne veut pas dire trop, et chacun a toujours suffisamment faim pour absorber tous les petits surplus qu'il peut attraper. Les repas se prennent toujours avec un grand sérieux, et jusqu'à ce que le hoosh soit fini, on n'entend guère de conversation.»

Nos tentes manquent de confort, et nous avons parfois la crampe, surtout au moment des repas. Il faut un peu d'habitude pour vivre dans une tente sans aucun meuble. Pour les repas, on s'assied par terre; c'est étonnant comme il est malaisé de manger dans cette position. Il est bien plus facile de s'agenouiller, comme les Japonais. Chaque homme à son tour est cuisinier de tente. L'un d'eux écrit :

«Le nom de *cuisinier* qui nous est donné est impropre puisque la cuisine ne se fait pas dans les tentes. Le métier de cuisinier de tente consiste à porter les gamelles à la cuisine et à les rapporter dans la tente, chargées de hoosh et de boisson, puis à nettoyer tasses et gamelles après chaque repas. On ne lave pas les cuillers; nous les gardons dans nos poches avec nos couteaux, après les avoir léchées aussi proprement que possible. Ici les cuillers sont indispensables. Égarer sa cuiller serait terrible : autant vaudrait, pour une personne sans dents, perdre son râtelier.»

Phoques et pingouins ne nous firent pas défaut cette saison-là. Chaque jour des groupes partaient en chasse et quand un animal était découvert, on élevait un signal – généralement une écharpe ou une chaussette – au-dessus d'une perche et, du camp, un autre signal répondait. Wild partait alors avec un attelage pour abattre et ramener l'animal. Il fallait au moins un phoque par jour pour notre nourriture et celle des chiens. Ceux que nous prenions appartenaient en général à l'espèce «mangeur de crabes», et les pingouins à l'espèce «empereur» – même si le 5 novembre on captura un pingouin adélie… ce qui fit l'objet de maintes notations du genre de celle-ci : «L'homme de veille de 3 à 4 heures du matin a pris un pingouin adélie. C'est le premier de cette espèce que nous voyons depuis janvier, et il se peut qu'il en arrive encore bien d'autres. Sans doute est-ce là le signe qu'une terre n'est pas loin, ou bien que de grands chenaux sont ouverts ; mais il est impossible de rien préciser pour l'instant.» Pendant nos deux mois de séjour au camp, nous ne vîmes aucun skua, aucun pétrel de l'Antarctique, aucun léopard de mer.

À côté de nos chasses journalières, quelques livres sauvés du bateau occupaient notre temps. Le principal trésor de la bibliothèque était une partie de l'*Encyclopædia Britannica*. On y recourait continuellement pour conclure les différends. Un jour les marins, engagés dans une chaude discussion sur les monnaies et échanges, arrivèrent à cette conclusion que l'*Encyclopædia* devait mentir, puisqu'elle ne correspondait pas à leurs vues. Pour la description de toute ville américaine qui a été, est ou sera, pour la biographie complète de tout homme d'État américain, depuis George Washington et même avant, on ne peut pas trouver mieux que cet ouvrage. Mais comme nous étions à court d'allumettes, nous fûmes amenés à nous en servir autrement que d'une manière littéraire : l'un d'entre nous – un génie assurément – ayant découvert que le papier des volumes était imprégné de salpêtre, nous sommes à même d'en recommander l'excellence pour l'allumage des pipes.

Nous possédions outre cela quelques livres sur les explorations antarctiques, un volume de Browning. Un autre, signé *Le Vieux Marin*, nous remplissait de sympathie pour le héros.

Deux sujets nous passionnaient : l'intensité de la dérive et l'état atmosphérique. Worsley, chaque fois qu'il le pouvait, faisait des observations d'après le soleil, et ses résultats amenaient à la conclusion que la dérive de notre banquise dépendait presque uniquement du vent et non des courants. Nous désirions naturellement dériver vers le nord, afin de retrouver l'eau libre et de pouvoir mettre les bateaux à l'eau. La dérive au nord avait bien commencé : vingt milles en deux ou trois jours grâce à un blizzard du sud-ouest. Graduellement cependant, elle se ralentit, comme le prouvèrent nos observations successives, puis tourna au sud. Un vent nord-est, qui souffla à partir du 7 novembre et pendant douze jours, nous désespéra jusqu'à ce que nous découvrissions qu'il ne nous avait fait dériver vers le sud que de trois milles à peine : au total, nous avions tout de même avancé de dix-sept milles dans le bon sens. Cela tendit à raffermir notre théorie selon laquelle la glace de la mer de Weddell dérivait en tournant dans le sens du soleil : d'où nous devions conclure que si nous pouvions rester sur notre îlot flottant, nous serions portés vers le chemin du salut.

La dérive n'était pas toujours assez rapide pour être notée. En somme, la seule preuve que nous pussions avoir du mouvement du pack était le changement de position des icebergs relativement à nous et, d'une manière plus sûre, le relevé de la latitude et de la longitude d'après le soleil. Sans cela, nous aurions pu nous croire sur la terre ferme.

Les jours suivants, les progrès de la dérive furent sensibles : sept milles vers le nord le 24 novembre et sept autres milles dans les quarante-huit heures suivantes. Nous étions heureux de constater que, bien que le vent eût soufflé sur l'est, notre avance dans cette direction était insensible. La terre était à l'ouest ; la dérive à l'est nous eût entraînés au centre de la mer de Weddell, où nos chances d'atteindre une terre auraient été dramatiquement réduites.

La dérive moyenne était lente, et nous faisions des calculs nombreux et variés pour essayer de savoir à quel moment nous sortirions du pack. Le 12 décembre 1915, un homme écrivait sur son cahier de route :

«De l'autre côté du cercle antarctique, il nous semblera être à mi-chemin de la maison. Il est possible, si les vents sont favorables, que nous le passions avant l'année nouvelle. Pour cela, une dérive moyenne de trois milles suffirait, et cette moyenne a été fréquente pendant des périodes de trois à quatre semaines. Nous sommes maintenant à deux cent cinquante milles seulement de l'île Paulet ; mais bien à l'est. Nous approchons de la latitude où nous étions l'année dernière à cette époque sur la route de l'aller. Il y a exactement un an et une semaine que le bateau a quitté la Géorgie du Sud ; le 3 janvier 1915, nous avions atteint cette latitude, à quatre ou cinq milles à l'est de notre position actuelle, et traversé le cercle antarctique la veille de la nouvelle année.»

Ainsi, après une année d'incessants combats contre la glace, nous étions revenus, par d'étranges tours de la roue de la fortune, à la même latitude, à peu de chose près, que nous avions passée douze mois auparavant avec tant d'espérance et de si grands projets ! Mais dans quelles conditions différentes ! Notre bateau broyé et perdu, nous-mêmes sur un glaçon flottant, dérivant à la merci des vents. Cependant, malgré quelques reculs dus à des vents défavorables, notre dérive était dans l'ensemble très satisfaisante et cette bonne avance entretenait la gaieté parmi les hommes.

Comme la dérive dépend surtout des vents, tous surveillaient de près la température. Hussey, le météorologue, était interrogé sans cesse. Un abri météorologique avec thermomètres et barographe avait été élevé, et toutes les quatre heures Hussey faisait des observations. Les premiers jours de notre vie sur la glace, la température froide et désagréable était aussi peu propice que possible à la marche en avant. La nuit, le thermomètre descendait à -15° et la neige tombait, aveuglante. Par cette température, prendre le quart n'était pas une sinécure. L'homme de garde était sans cesse en alerte, surveillant les moindres fissures, les moindres changements d'aspect de la glace ; il avait aussi l'œil sur les chiens, souvent agités et querelleurs aux premières heures du jour. L'heure finie, on était heureux de se glisser dans la chaleur relative du sac de couchage gelé.

Le 6 novembre le jour se leva sombre, accompagné d'un furieux blizzard de sud-ouest. La dérive était lente. Ceux seulement qui y étaient obligés quittèrent l'abri des tentes. Partout de hauts amoncellements de neige se formaient, surchargeant les traîneaux et les provisions d'une couche blanche de deux pieds d'épaisseur. Celle-ci, accumulée contre les tentes, menaçait sans cesse de les jeter par terre. La neige se glissa ainsi par une fente de notre tente, qu'il fallut calfeutrer avec une chaussette dépareillée.

La tempête dura deux jours, au bout desquels un homme put écrire ces mots : « Le blizzard, qui soufflait encore dans la matinée, a cessé à midi, et il y eut une belle soirée. Mais nous aimerions encore mieux entendre hurler le blizzard avec sa neige serrée, son froid et l'humidité glacée à quoi il nous condamne, car il nous a fait dériver vers le nord de près de douze milles en une nuit ! »

Le beau temps continua quatre jours durant avec un bon soleil qui réchauffait, à condition qu'on ne restât pas immobile. En général, le thermomètre se tenait au-dessous de -15°. Nous profitâmes de ces jours ensoleillés pour sécher nos sacs de couchage et nos fourniments tout humides, car la chaleur de nos corps dégelait la neige qui s'était attachée à nous durant la tempête. Cet excellent soleil semblait donner à tous un courage nouveau.

Le lendemain amena un vent de nord-est, avec la très haute température de 5° sous zéro. Laquelle d'ailleurs ne représente pas toujours la chaleur que l'on pourrait croire. Elle amène généralement un ciel sombre et couvert avec un vent âpre, lourd d'humidité ; tandis que les vents du sud, bien que froids, coïncident avec des jours ensoleillés et un ciel bleu.

Le thermomètre continuait de monter. Le 14 novembre, il dépassait 0°. Le dégel qui s'ensuivit eut un désastreux effet sur la surface du sol, qui devint terriblement trompeuse. Vous marchez délicatement : tout va bien pendant quelques pas, puis votre pied glisse soudain, glissade qui se termine par un atterrissage brutal. Vous tentez de vous relever et vous y arrivez bientôt, mais ce n'est que pour recommencer *ad libitum* l'exaspérant exercice, avec accompagnement de tous les substantifs imaginables qui peuvent s'appliquer à pareil cas. Cet inconvénient vient de ce que la surface fond légèrement, puis les gouttes d'eau en coulant rencontrent des couches de neige froide et regèlent, formant des alvéoles de glace, au lieu de la neige douce et poudreuse dont nous avions l'habitude.

Ce temps inhabituellement doux dura quelques jours. Quand le ciel était clair et que le soleil brillait, la chaleur devenait vraiment insoutenable. Cinq hommes partis avec un traîneau chercher quelques débris près du bateau, sans manteau ni chandail, avaient si chaud qu'ils mirent des couvre-nuques pour éviter les coups de soleil. Ils relevèrent leurs manches au-dessus du coude, et leurs bras furent bientôt rouge vif. Le thermomètre indiquait alors 6°

de gelée. Pendant cinq à six jours, le soleil brilla et nos vêtements et sacs de couchage eurent le temps de sécher. Mais vint un jour infortuné, le 21 novembre, qui amena grésil et pluie ; si l'on en prit son parti, c'est que le vent soufflait du sud.

Un peu plus tard ce jour-là, le vent vira à l'est, et à 9 heures du soir le soleil parut. À ce moment de l'année – fin novembre –, nous avions le soleil de minuit. Un vent du sud, trois fois béni, vint bientôt nous réjouir tous. Un journal de route consigne la remarque suivante :

«Aujourd'hui, beau temps. Le plus beau que nous ayons vu dans l'Antarctique : ciel clair, brise du sud douce et chaude et beau soleil. En avons profité pour secouer les tentes, nettoyer, sécher et aérer les tapis et les sacs de couchage.»

Debout à 4 heures du matin pour prendre le quart, je jouis d'un paysage vraiment magnifique. Devant moi s'étend un immense panorama de champs de glace coupés de canaux et parsemés de superbes icebergs, moitié baignés de soleil, moitié noyés dans l'ombre grise que projette un ciel couvert. En regardant attentivement, on remarque une ligne de démarcation très nette entre le soleil et l'ombre. Peu à peu cette ligne s'approche de nous et les reliefs tourmentés des champs de glace s'éclairent les uns après les autres, jusqu'à ce qu'enfin la ligne nous atteigne et que le camp tout entier soit enveloppé d'une glorieuse auréole de soleil.

L'après-midi suivant, la neige apparut une ou deux fois sous forme de menus grêlons. La veille déjà nous avions observé un phénomène assez rare : la chute de petites parcelles de glace, fines comme des cheveux d'un tiers de pouce environ.

Pendant le lunch, la chaleur était si grande dans les tentes que nous en relevâmes les côtés. Mais l'on en jouissait et l'on supportait sans plainte une atmosphère un peu étouffante. Le soir, le vent passa du bon côté, sud-est.

Par ces beaux jours clairs et ensoleillés, de merveilleux

mirages apparaissent comme cela arrive au désert. D'énormes icebergs semblent ne reposer sur rien ; on voit distinctement leur base au-dessus de l'horizon. D'autres, curieusement déformés, prennent des apparences magiques et fantastiques ; leur hauteur semble se multiplier. Ajoutez à cela la blancheur éclatante de la neige et de la glace, qu'il est impossible de dépeindre.

Plus tard, le vent, tournant au sud-ouest, amena un temps doux et couvert, dû peut-être aux ouvertures du pack dans cette direction. Nous nous tenions toujours prêts à un mouvement subit, au cas où la glace en se brisant nous y obligerait. Les ordres étaient donnés en conséquence. Chaque homme connaissait son poste et les détails de son service. Tout était organisé de sorte que moins de cinq minutes après mon coup de sifflet d'alarme les tentes soient pliées, les appareils et les provisions empaquetés et tout le monde prêt à partir. J'avais procédé à une rapide inspection des hommes, souhaitant me rendre compte de leur état mental et physique. Notre séjour à Ocean Camp n'avait pas été une béatitude sans mélange. La perte de l'*Endurance* nous avait atteints plus qu'on ne peut le dire. Du camp, on apercevait encore l'arrière du vaisseau ; le reste était enfoui sous la glace impitoyable. L'amas enchevêtré des cordages, des gréements et des mâtures ajoutait à ce spectacle désolé et déprimant.

Ce fut presque avec un sentiment de soulagement que nous vîmes arriver sa fin.

« *21 novembre 1915.* – Ce soir, comme nous étions couchés dans nos tentes, la voix du patron retentit :

« – Eh ! boys, il disparaît !

« Tous debout en une seconde, nous grimpons sur l'observatoire ou sur quelque autre éminence : à un mille et demi de là, notre pauvre bateau subissait les derniers spasmes de l'agonie. L'arrière se souleva d'abord, puis s'enfonça rapidement et la glace se referma sur lui pour toujours. C'était une sensation navrante ; même démâté et hors d'usage, il était pour nous le dernier chaînon qui nous reliait au monde civilisé. Sans lui, notre dénuement paraissait plus grand, notre isolement plus complet. Sa disparition fit passer sur le camp une légère vague de dépression, bien que personne n'en parlât beaucoup. Quand il s'enfonça silencieusement dans sa tombe sous la glace qui nous portait, il nous sembla que le moment d'une grande séparation était arrivé : toutes nos bonnes réunions, les heureux moments et les incidents de notre vie à bord, mille souvenirs sombraient avec lui. Quand on connaît chaque coin et recoin de son bateau, quand on l'a aidé dans les combats qu'il a si bien soutenus, une telle fin ne saurait faire moins que de susciter quelque émotion, et personne ne pourra nous blâmer de ce sentiment. Je doute qu'un seul de nous n'ait pas ressenti un certain pincement au cœur lorsque, du haut de l'observatoire, Sir Ernest déclara, avec calme et tristesse :

« – C'est fini, boys !

« Il faut dire que la vague de mélancolie ne se fit pas sentir longtemps. Bientôt chacun avait retrouvé sa gaieté et les rires remplissaient les tentes ; le patron eut même une passe d'armes avec l'approvisionneur à propos de la ration de saucisses : il voulait ce jour-là que chacun en eût deux au lieu d'une et demie, les jugeant soudain trop petites pour notre appétit. »

Une légère augmentation des rations avait cet effet psychologique de neutraliser toute tendance au vague à l'âme. Avec le dégel, nos sacs et nos habits étaient mouillés et nos bottes perpétuellement imprégnées d'eau. Au début de la nuit, des nuages d'humidité s'élevaient de nos sacs et de nos bottes ; quelques heures plus tard, le froid augmentant, toute cette humidité se condensait en givre à l'intérieur des tentes et tombait sur nous à la moindre secousse. Au-dehors, il fallait veiller à l'endroit où l'on posait le pied ; souvent une mince couche de glace recouvrait un trou dans la banquise et plusieurs imprudents qui tombèrent dans de tels pièges en eurent jusqu'à la ceinture. Cette humidité perpétuelle n'abattit pourtant pas la bonne humeur. L'espoir d'une prochaine délivrance faisait probablement contrepoids.

Les 7 et 8 décembre, un vent de nord-ouest retarda un peu nos progrès; mais je croyais, avec raison, qu'il activerait la dislocation de la glace. Aussi ordonnai-je un exercice de lancement et de chargement des canots. Nous taillâmes un chemin de glissage vers un chenal proche, et les embarcations prirent l'eau «comme un oiseau», ainsi que le remarqua un homme. Notre espoir en une délivrance prochaine ne cessait de croître. Un blizzard s'éleva alors, qui fit rage le jour suivant, surchargeant de neige les tentes et les traîneaux. Le 12 décembre, il se modéra quelque peu et vira au sud-est. Il cessa le lendemain; mais des vents du sud et du sud-ouest continuèrent à nous pousser vers le nord.

« *15 décembre 1915.* – La continuité des vents du sud dépasse nos plus belles espérances et maintient nos cœurs en joie. La situation ne saurait être meilleure. Les alentours de notre îlot changent continuellement d'aspect. Quelquefois nous sommes presque entourés de petits chenaux.»

Deux jours plus tard, notre bonne fortune changeait et un fort vent de nord-est nous fit reculer de trois milles un quart. Heureusement il vira bientôt au sud-sud-est. Les hautes températures que nous avions subies et l'instabilité soudaine des vents me firent conclure que la glace alentour se disloquait : le moment approchait où nous serions enfin délivrés de la griffe de l'Antarctique!

Le 20 décembre, après avoir discuté la question avec Wild, j'informai les hommes que j'avais l'intention de tenter une marche vers l'ouest pour nous rapprocher de l'île Paulet. Un bourdonnement de plaisir parcourut le camp. Le jour suivant, je partais, avec Wild, Crean, Hurley et quelques chiens, reconnaître la route vers l'ouest. Au bout de sept milles, nous escaladâmes un petit iceberg, d'où notre vue s'étendait sur une succession d'immenses glaçons plats ; ces glaçons, larges d'un demi-mille à deux milles, étaient séparés les uns des autres par des arêtes façonnées par la pression des glaces, arêtes qui semblaient abordables avec la pelle et la pioche. Un seul endroit nous parut vraiment redoutable : c'était une surface craquelée, à un mille environ, qui nous séparait de la succession des glaces nouvelles.

Le 22 décembre, Noël fut fêté par anticipation. Presque tout notre petit stock de luxe y passa. Nous ne pouvions pas l'emporter. Nous ne devions plus faire un bon dîner avant huit mois. Chacun mangea tant qu'il put. Des anchois à l'huile, des haricots secs et du civet de lièvre firent un mélange merveilleux, comme nous n'en avions pas rêvé depuis nos jours d'écoliers. Chacun travaillait à grand rendement, emballant et empaquetant. En voyant l'ardeur peinte sur les visages, j'espérais que, cette fois, le sort nous serait plus favorable qu'à notre première tentative.

TENTATIVE DE MARCHE

À l'exception du veilleur, à 11 heures du soir, chacun s'installa pour dormir et, le 23 décembre à 3 heures du matin, tous les hommes étaient debout pour charger sur les traîneaux les deux canots que nous emportions : le *James Caird* et le *Dudley Docker*. Pour traverser le mauvais passage que nous avions repéré, nous comptions profiter de la couche plus dure qui se formait la nuit. Un épais brouillard s'éleva à l'ouest. À 4 h 30, après avoir bu du café chaud, nous partions.

Tous les hommes devaient s'atteler successivement à chacun des bateaux, qui, à force de soins et de détours, arrivèrent sans accroc de l'autre côté de la zone dangereuse.

Puis nous revînmes sur nos pas chercher les tentes et les autres traîneaux, avant de dresser le camp auprès des bateaux, à un mille et quart à peine de notre ancienne position. Au retour, un gros phoque capturé approvisionna en viande fraîche hommes et chiens. À l'arrivée au camp, un souper – mouton froid et thé – fut servi et, à 2 heures après midi, chacun s'en fut dormir. Mon plan était de marcher la nuit, pour profiter du durcissement de la surface, et de dormir le jour.

À 8 heures du soir, après un nouveau repas de mouton froid et de thé, la marche reprit. À 11 heures, un large chenal nous arrêta. Le camp fut installé et on se coucha sans souper. Heureusement, le temps était beau et chaud ; plusieurs d'entre nous dormirent en plein air. Cependant, la nuit, une légère neige tomba ; s'ensuivit une légère baisse de la température. Worsley, qui avait suspendu son pantalon et ses chaussettes à un bateau, les retrouva gelés et raides, et, ce matin-là, il eut quelque peine à s'habiller aussi vite qu'il l'aurait voulu.

Cet arrêt était contrariant, et je désirais vivement avancer. L'après-midi, nous allâmes à skis, Wild et moi, examiner la glace, et nous pûmes constater que le chenal s'était refermé. Chaque jour, pendant que les hommes dormaient, nous allions ainsi reconnaître la route du lendemain sur deux milles environ, la jalonnant au retour de débris de bois, de boîtes de conserve et de petits drapeaux. Il nous fallait choisir une piste, la plus unie et la moins accidentée possible, ce qui nous obligeait à beaucoup de détours. Il fallait contourner les arêtes et les chenaux ; là où le passage n'était pas possible, on marquait l'emplacement de la trouée ou du pont nécessaires. C'était la tâche des conducteurs des chiens d'aplanir la route pour ceux qui suivaient avec les lourds bateaux. Ces derniers étaient halés chacun à son tour sur soixante yards environ. Je ne voulais pas qu'ils fussent séparés par une trop grande distance au cas où la glace viendrait à se rompre entre eux. Chaque trente yards environ, les hommes s'arrêtaient pour reprendre haleine. La vue de l'abri de toile dressé sur quelques rames était bien accueillie ; c'était l'assurance du repas prochain et de la halte bienfaisante. Le groupe des haleurs, à cause des va-et-vient, arpentait trois fois le chemin parcouru. Les attelages de chiens faisaient deux et parfois trois relais. Ils étaient merveilleux, nos chiens ! Sans eux, nous n'aurions pas pu transporter la moitié de notre matériel.

La nuit suivante, on dormit de 7 heures à 1 heure, et le matin du 25 – troisième jour de marche – après un déjeuner pris aux rations des traîneaux, nous nous mettions en marche à 2 heures. Nous échangeâmes des souhaits de joyeux Noël. Les pensées de chacun allèrent à son home : et ce jour-là, en nous asseyant pour le lunch, composé de quelques vieux bannocks et d'une tasse de cacao clair, nous essayions d'imaginer le menu à la maison.

Tous les hommes étaient très gais. L'idée que la vie monotone sur la glace allait bientôt cesser remplissait nos âmes d'allégresse. Un homme écrivait dans son journal : «C'est une vie dure, rude et des plus réjouissantes que celle de marcher et de camper. On ne lave ni soi ni les assiettes, on ne se déshabille pas, on ne change pas de vêtement, on mange n'importe où et tout sent la fumée de graisse ; on dort presque à même la neige et on travaille autant que le corps en est capable avec le minimum de nourriture.»

Après une halte à 6 heures du matin, nous avançons jusqu'à 11 heures et demie, et nous nous endormons après un souper de thé et de tranches de phoque. La marche a été assez difficile : la chaleur du jour amollissait la neige, et la mince croûte qui se formait la nuit n'était pas assez résistante pour porter un homme ; aussi, à chaque pas, nous enfoncions jusqu'aux genoux. Parfois, un des haleurs glissait dans un trou dissimulé par la neige ; une secousse des harnais l'en retirait. Le soleil était très chaud ; beaucoup avaient les lèvres gercées.

Ce jour-là, deux phoques furent tués. Wild et McIlroy, qui allèrent les ramasser sur une glace disjointe et fondante, connurent un instant d'émoi : dans un chenal, à quelques yards d'eux, trois baleines levèrent leur vilaine tête, comme pour se réjouir d'une fête anticipée.

Le jour suivant, 26 décembre, départ à 1 heure du matin. Notre route traversait une surface tourmentée ; il fallait un grand travail de pioches et de pelles pour la rendre praticable aux bateaux. Dix-huit hommes dirigés par Worsley les halaient. Travail tuant sur cette surface molle. À 5 heures du matin, après une avance peu satisfaisante, un large chenal nous arrêtait. Un repas – du thé et deux minces bannocks – fut alors servi. Vers 10 heures, le chenal ne se refermant pas, nous allâmes nous coucher. Il neigea un peu ce jour-là, et les sacs de ceux qui dormaient dehors furent mouillés.

À 9 h 30 du matin, nous repartions. J'étais comme d'habitude avec le groupe des pionniers. Le cuisinier et son aide nous suivaient, tirant le fourneau et la batterie de cuisine sur un petit traîneau. Ces deux-là, noirs de suie comme des ménestrels mohawks, étaient surnommés *Potash* et *Perlmutter*. Les attelages de chiens rattrapaient bientôt le cuisinier ; enfin, à l'arrière-garde, venaient les bateaux. Sans ces deux encombrantes embarcations, nous aurions avancé rapidement ; mais nous n'osions pas les abandonner. Nous avions laissé un canot, le *Stancomb Wills*, à notre dernier camp, et ces deux-là ne seraient pas de trop pour transporter tout notre monde, le moment venu.

Cette nuit, marche satisfaisante : un mille et demi avant le lunch servi à 1 heure du matin, puis un autre mille après et, à 5 heures, nous campions près d'un petit iceberg. Blackie, un des chiens de Wild, s'étant mis à boiter et ne pouvant plus ni tirer ni nous suivre, il fallut l'abattre.

La nuit du 27, à 9 heures, nous marchions de nouveau. Il nous fallut près de cinq heures pour franchir les deux cents premiers yards ; nous devions aplanir les arêtes et remplir les crevasses ; d'autre part, la surface très molle rendait nos progrès lents et fatigants. Avant le lunch, trois quarts de mille furent franchis, puis encore un mille vers l'ouest, sur une surface très raboteuse, et nous n'établîmes le camp qu'à 5 h 30 du matin. Greenstreet et Macklin rapportèrent un énorme phoque de Weddell pesant près de huit cents livres et deux pingouins empereurs, agréable apport à notre garde-manger.

J'escaladai un petit iceberg pour examiner la glace. Elle était disloquée et de larges chenaux la coupaient en tous sens. Tout cela promettait peu.

29 décembre. – Après une reconnaissance plus complète, la glace fut reconnue impraticable. Aussi ce soir-là à 8 h 30, à l'immense désappointement de tous, au lieu d'avancer, reculions-nous d'un demi-mille pour trouver un glaçon plus solide. À 10 heures, le camp dressé, chacun allait dormir. On avait bien besoin d'un supplément de sommeil pour compenser cette déception.

Pendant la nuit, une fissure s'ouvrit tout près de nous. Il fallut nous hâter vers une autre surface de glace ancienne à un mille et demi à l'est. La glace alentour était maintenant trop disloquée et trop molle pour nos traîneaux, et l'eau n'était pas assez dégagée pour que les bateaux y fussent en sûreté. Après une marche de sept jours, les rations paraissaient bien courtes et les hommes déjà faiblissaient. Le dur travail de halage sur la surface molle les épuisait, et notre stock de provisions n'était pas riche. Au total, nous avions avancé de sept milles et demi à vol d'oiseau ; à cette allure, il fallait compter trois cents jours pour atteindre une terre à l'ouest ! Or nous n'avions de provisions que pour quarante-deux jours. Il n'y avait donc pas d'autre solution que de camper encore une fois et d'attendre, avec des âmes patientes, que les conditions s'améliorent. Les provisions furent donc empilées sur la glace, les rations de réserve restant sur les traîneaux, et un groupe retourna à notre ancien camp chercher ce qui était transportable.

Ce nouveau home, que nous devions occuper près de trois mois et demi, fut appelé le « camp de la Patience ».

PATIENCE CAMP

L'apathie qui s'empara de quelques-uns d'entre nous à la perspective de voir s'évanouir l'espoir de la délivrance prochaine ne dura pas longtemps. Chaque jour des groupes partaient en chasse, à la recherche de phoques et de pingouins. En plus des rations de traîneaux, nous avions encore quelque cent dix livres de pemmican, y compris celui des chiens, trois cents livres de farine et une modeste quantité de thé, de sucre, de légumes secs et de graisse. J'envoyai à notre ancien camp Hurley et Macklin chercher les provisions que nous y avions laissées. Ils rapportèrent un bon chargement, dont cent trente livres de lait en poudre, cinquante livres de pemmican pour les chiens, autant de confitures et quelques boîtes de viande. Ce jour-là l'air était si calme que d'une distance d'un mille et demi leurs voix et jusqu'à leurs murmures nous parvenaient distinctement.

Nous étions naturellement très à court de farineux. La farine pouvait durer six semaines encore et les rations de traîneaux près de trois mois. Il fallait donc nous nourrir surtout de phoques et de pingouins. Ce régime avait la qualité d'être antiscorbutique – et le fait est qu'il n'y eut parmi nous aucun cas de scorbut. Mais un tel ordinaire manquait décidément de séductions, et nous nous sentions faibles et nerveux.

Le cuisinier mérite au reste beaucoup d'éloges pour la manière dont il s'acquitta alors de sa tâche, en dépit des plus violents blizzards. Quelques boîtes comme table, une toile supportée par quatre avirons, deux fourneaux à graisse formaient toute sa cuisine. L'abri de toile, fort incomplet, où il officiait n'empêchait pas les courants d'air de faire tournoyer incessamment l'âcre fumée de graisse. Quelques jours après l'installation, nous bâtîmes à son intention un igloo en blocs de glace avec une toile goudronnée en guise de toit.

Les rations suffisaient à nous entretenir en vie ; mais nous nous sentions tous capables de manger trois fois plus. La ration d'un jour ordinaire consistait en une demi-livre de phoque et trois quarts de pinte de thé pour déjeuner ; un bannock de quatre onces avec du lait pour le lunch, et trois quarts de pinte de ragoût de phoque pour souper. C'était très juste, même avec le peu de travail que nous fournissions. Naturellement pain et pommes de terre manquaient complètement. Quelques-uns souffraient plus que d'autres de ces privations, et le thème «nourriture» devint l'unique sujet de leur conversation ; mais la plupart d'entre nous trouvaient qu'à trop parler de la chose, on ne faisait que développer un appétit impossible à satisfaire. Cela dit, notre désir de pain et de beurre n'était pas une fantaisie, mais bien un besoin de l'organisme.

Sentant venir la pénurie, et, comme il fallait d'abord penser à nous-mêmes, j'ordonnai la mort de tous les chiens, deux attelages exceptés. Ce fut la plus pénible tâche de tout notre voyage et leur perte nous affligea beaucoup. Il fallait aussi que je remanie sans cesse les menus. La manière d'accommoder le phoque prête peu à la variation, aussi le plus léger changement dans nos recettes nous paraissait-il sans prix ; et puis le fait que les hommes ne savaient pas exactement ce qu'on allait leur servir ne pouvait qu'ajouter un grand intérêt aux repas.

Le 26 janvier, un adélie fut attrapé et une baleine aperçue tout près ; mais pas de phoque.

La graisse commençait à manquer ; il fallut éteindre un des poêles. Nous n'eûmes plus qu'un breuvage chaud par jour, le thé à déjeuner. Le reste du temps, nous buvions de la glace fondue ; parfois même, nous en étions à court. Dans ce cas, nous mettions de la glace dans une boîte à tabac que nous logions à côté de nous dans nos sacs de couchage, et, le matin, ce flacon improvisé contenait une bonne cuillerée d'eau – encore fallait-il veiller à ne pas trop bouger pour ne pas la renverser. Enfin, pour varier un peu notre ordinaire, je commençai à puiser deux fois par semaine dans les rations des traîneaux.

Entre nous et Ocean Camp, à cinq milles au sud-ouest, la glace était très disloquée. Cependant, je décidai d'envoyer Macklin et Hurley, avec les chiens, voir s'il ne restait plus là-bas la moindre provision à récolter. Je leur donnai des instructions écrites, insistant pour qu'ils n'entreprennent rien de risqué, ne traversent aucun chenal tant soit peu large et soient rentrés le jour suivant à midi. Bien qu'enfonçant parfois jusqu'à la ceinture, ils réussirent à atteindre le camp ; ils purent constater que la glace molle avait diminué de deux bons pieds. « Ocean Camp, devaient-ils écrire dans leur rapport, semble un village rasé et déserté par ses habitants. Les planchers des anciennes tentes, ayant préservé du dégel la neige qu'ils recouvrent, sont à deux pieds au-dessus du reste de la surface. Le magasin à provisions à côté de la cuisine penche dangereusement et des flaques d'eau se sont formées un peu partout. »

Macklin et Hurley rentrèrent au camp à 8 heures du soir, rapportant quelques boîtes de provisions. Je fus heureux de ce rapide retour. Ils me peignirent le chemin comme assez praticable, et, le 2 février, j'envoyai dix-huit hommes sous la conduite de Wild pour ramener les moindres restes ainsi que le troisième canot, le *Stancomb Wills*. Ils partirent à 1 heure du matin, emmenant avec eux le traîneau qui avait transporté le *James Caird*, et à 3 h 30 ils atteignaient Ocean Camp.

« Nous restâmes à Ocean Camp environ trois heures, chargeant le bateau sur le traîneau, récoltant tout ce qui se pouvait en fait de provisions, d'habits, de livres. À 6 heures nous partions, mais n'atteignîmes Patience Camp qu'à 12 h 30, le trajet de retour ayant pris trois fois plus de temps à cause du bateau. Nous étions obligés à de fréquentes haltes pendant que les quatre pionniers aplanissaient les aspérités et remplissaient les crevasses. Nous étions exténués. Il était excessivement dur de tirer sur cette glace amollie par le soleil. De plus nous manquions d'entraînement, et l'exiguïté des rations n'était pas pour nous donner des forces. De temps en temps, le gros traîneau entrait dans la glace si profondément qu'il flottait presque sur l'eau. C'était une rude tâche que de le dégager. Enfin les crevasses et les amoncellements nous arrêtaient sans cesse : nous n'avons jamais fait plus de trois quarts de mille sans en rencontrer.

« À un mille environ de Patience Camp, une bonne surprise nous attendait. Sir Ernest et Hussey venaient au-devant de nous, apportant des thermos pleines de thé bien enveloppées dans des couvertures. Derrière eux, quelques hommes avaient préparé une bonne piste et s'attelèrent avec nous jusqu'au camp.

« Un des meilleurs résultats de notre voyage fut la trouvaille de deux boîtes de lentilles pesant chacune quarante-deux livres. »

Le jour suivant, je renvoyai Macklin et Crean à Ocean Camp, mais plusieurs chenaux ouverts pendant la nuit les obligèrent à revenir avant d'avoir fait un mille et demi. Il nous fut par la suite impossible de retourner à notre ancien camp ; il n'y restait par chance que peu de choses de quelque utilité.

Au milieu de février, la question de l'approvisionnement en matières grasses se posa sérieusement. Je fis extraire des têtes et des nageoires de phoques les moindres vestiges de graisse. La viande aussi manquait souvent. Les trois mois de rations de traîneaux restaient encore presque intactes ; mais nous étions décidés à ne les employer qu'à la dernière extrémité. Les chiens restants ne se nourrissaient plus, quant à eux, que de carcasses de phoques. Pour nous, le pemmican des chiens pétri avec un peu de farine et cuit dans la graisse faisait d'excellents bannocks.

Un jour, deux phoques et quatre pingouins empereurs furent attrapés, et, le lendemain, quarante adélies ! Malgré cela, il ne resta bientôt plus que quarante jours de vivres et la graisse finit par manquer tout à fait. Il fallut alors cuire la viande dans la graisse de phoque. La première fois, son goût de poisson nous réjouit et, comme Oliver Twist, nous en voulions davantage.

Le 29 février – l'année était bissextile – une fête très spéciale fut célébrée, plutôt pour distraire les hommes que pour autre chose. Quelques cyniques de la bande voulurent arroser à leur façon ce premier jour de quatre années à venir où l'on échapperait aux ruses des femmes. Notre cacao fut épuisé ce jour-là. Depuis cette date, l'eau et, de loin en loin, un peu de lait clair devaient être nos seuls breuvages. Chacun reçoit désormais trois morceaux de sucre par jour en tout et pour tout.

Une certaine nuit, un chien, brisant sa laisse, fit un carnage parmi notre précieux stock de bannocks. Avant qu'on pût l'arrêter, il en mangea quatre et la moitié d'un. La moitié restante, qui portait la marque de ses dents, échut à Worsley, lequel la partagea avec ses sept compagnons de tente... si bien que chacun eut droit à un demi-pouce carré de galette.

Lees, qui était préposé à la garde des vivres, écrit dans son journal : « La seule tâche du commissaire préposé au département des vivres, c'est de les prolonger le plus possible. Aucune maîtresse de maison n'a jamais eu à faire durer si longtemps de si petites quantités.»

Et un autre : «À propos des bannocks que Peter a mangés, on pense à tout ce qu'on donnait au chien autrefois à la maison! Maintenant, avec quel plaisir on s'en ferait un festin!... Quand on a faim, tout perd intérêt, même la direction du vent. On ne pense qu'à attraper au vol n'importe quel débris sans s'occuper de sa provenance. Il est presque honteux d'en parler tant, mais nous en sommes à ce point que si le cuisinier renverse un peu de pemmican sur un linge noir de suie et le jette, un homme le repère et s'en va gratter tout ce qui peut se manger, si sale que ce soit. Un autre cherche dans la neige pendant près d'une heure l'endroit où, quelques jours auparavant, il a laissé tomber un morceau de fromage : il en découvre gros comme l'ongle du pouce et il trouve que cela valait la peine.»

La graisse de phoque était désormais un élément essentiel de notre régime, crue, bouillie ou frite. Nos goûts avaient bien changé à cet égard; peu de temps auparavant, rien que la pensée d'en manger nous donnait des nausées, et maintenant nous en réclamions! Cette graisse rend une épaisse huile noire qui a l'apparence de quelque lubrifiant pour machines et le goût de l'huile de foie de morue. Nous la buvions avec avidité. Comme un homme le remarquait avec philosophie sur son cahier : «Cela nous fera du bien d'avoir un peu faim; car de retour à la maison, nous n'en apprécierons que mieux les bonnes choses.»

Les phoques et les pingouins semblaient à présent nous éviter soigneusement. Le 21 mars, en puisant dans le stock de provisions, je découvris qu'il ne restait de la viande que pour dix jours et de la graisse pas même pour ce temps-là. À partir de ce moment, nos repas ne se composèrent plus que de phoque et d'un biscuit à midi. Je calculai qu'ainsi, en admettant qu'un certain nombre de phoques et de pingouins fût attrapé, nous pouvions encore vivre six mois. Cependant nous étions tous très faibles, et dès que s'imposa comme seule issue la nécessité de quitter la glace pour tenter un voyage en bateau avant l'hiver, je décidai d'augmenter sensiblement les rations. Un jour, un énorme léopard de mer monta sur notre îlot et attaqua l'un des hommes. En entendant les cris, Wild accourut et le tua. Nous trouvâmes dans l'estomac de la bête plusieurs poissons non digérés. On les fit frire dans la graisse de l'animal, et ce fut là notre seul repas de poissons «frais» tout le temps que dura notre dérive.

Vu la rareté du combustible, pour nous procurer de l'eau à boire, nous avions désormais systématiquement recours à ces boîtes remplies de glace que nous réchauffions contre nous la nuit, et nous faisions de même pour dégeler les boîtes de pemmican.

Les deux derniers attelages de chiens ont été abattus aujourd'hui (2 avril). Nous en avons mangé ; ce n'était pas mauvais, un peu comme du bœuf, mais très dur naturellement.

Le 5 avril, la capture de deux phoques, jointe à celle du léopard de mer, nous permit d'augmenter quelque peu les rations. Chacun, du coup, se sentit plus heureux. Tel est l'effet psychologique de la faim apaisée.

Par les jours froids nous mangions un peu de graisse crue, ce qui nous fortifiait étonnamment contre le froid. Au début de notre installation à Patience Camp, la température était très douce. La veille du Nouvel An avait été brumeuse et couverte, avec de la neige, et le jour de l'An, bien que le thermomètre marquât 3° au-dessus de zéro, nous avions abominablement souffert du froid et de l'humidité.

Pendant la première moitié de janvier, la température resta relativement chaude. Nous pouvions travailler longtemps dehors les mains nues. Cette température calme et invariable était exaspérante ; car la dérive vers le nord, qui dépendait presque uniquement des vents, se faisait très lentement. Le 16, une légère brise ranima notre espérance. La température en baisse nous fit espérer une période de vents favorables.

Le 18, le vent se changea en une furieuse bourrasque sud-ouest qui, le jour suivant, devint un blizzard ; une rapide dérive s'ensuivit. Personne alors ne quittait l'abri de la tente, si ce n'est pour nourrir les chiens, chercher les repas à la cuisine ou prendre son heure de quart. Ce temps dura six jours, au bout desquels nous entrevîmes le soleil. Nous eûmes la preuve que nous avions dérivé de quelque quatre-vingt-quatre milles : soit la plus rapide dérive que nous eussions jamais enregistrée. Pendant des semaines, nous étions restés sur le 67ᵉ parallèle comme s'il était infranchissable. Durant cette magnifique avance, nous avions passé le cercle antarctique : nous étions maintenant à cent quarante-six milles de Snow Hill, la plus proche terre à l'ouest, et à trois cent cinquante-sept milles des South Orkneys, la plus proche au nord.

Le lendemain, un vent de nord-est s'éleva comme pour nous narguer ; non seulement il arrêta la dérive, mais encore nous repoussa de trois milles vers le sud. Une température élevée et un brouillard humide accompagnaient toujours ces vents du nord. L'après-midi du 25 janvier, le brouillard disparut et nous eûmes le spectacle inusité d'un soleil brillant et chaud avec vent de nord-est. Ce fut le jour le plus chaud de tout le voyage. Le thermomètre marqua plus de 2° à l'ombre et près de 27° dans les tentes ! Cette température bouleversa la surface de la glace, où se formèrent des flaques d'eau terriblement trompeuses. Dix jours de vent du nord abattirent ensuite notre courage ; mais le 4 février, un fort vent sud puis sud-est nous poussa de nouveau dans la bonne direction. Et puis le vent du nord reprit de plus belle, et avec lui la hausse de la température. Bref, tous ces changements furent cause qu'en février notre dérive moyenne vers le nord fut d'un mille par jour à peine. Pendant ce mois, sur les journaux de route, les observations quotidiennes du type «Jour humide, couvert et doux» alternent avec : «Beau et froid, léger vent du sud.» Le vent était maintenant pour nous un facteur vital, l'unique objet de réel intérêt.

Le commencement de mars amena un temps froid, humide, calme, beaucoup de neige et un ciel couvert. Les variations de l'atmosphère influaient énormément sur notre état mental. Un jour de soleil, tous les hommes étaient joyeux et envisageaient l'avenir avec espoir. Ce simple changement de temps avait sur nous plus d'effet même qu'une augmentation des rations.

Le 13, un vent du sud-est se mit à souffler qui, en cinq jours, nous fit avancer de vingt milles. Dès lors, notre bonne fortune, quant au vent, ne nous abandonna jamais longtemps. Le 20 commença le plus terrible blizzard que nous eussions jamais vu. Seul celui qui souffla, plus tard, après notre atterrissage à l'île de l'Éléphant fut pire. Une neige épaisse nous empêchait de distinguer le camp à trente pas. En un instant, on était littéralement recouvert d'une fine poudre qu'il fallait secouer soigneusement avant de rentrer dans la tente.

Après cette tempête, la température devint excessivement froide. Dans les conditions de faiblesse où nous nous trouvions, avec des vêtements usés et sales, nous ressentions beaucoup plus vivement qu'autrefois ces changements soudains. Un jour calme, clair et merveilleusement chaud succéda à la bourrasque; puis le lendemain fut encore marqué par un fort blizzard du sud. Une neige de quatre pieds recouvrait tout, il nous fallait sans cesse dégager notre petit stock de viande pour ne pas le perdre.

Nous avions profité de quelques beaux jours pour essayer de dégeler nos couvertures, raidies comme des feuilles de tôle. Mais avec le blizzard, il n'y avait rien d'autre à faire que de se mettre dans son sac pour essayer de se réchauffer. Il faisait trop froid pour lire ou coudre. On ne pouvait pas se découvrir les mains, et le temps se passait en conversations. Le thermomètre n'était pas aussi bas que le froid eût pu le faire croire ; mais le vent glacé pénétrait par les moindres issues de nos tentes et y créait un courant d'air terrible impossible à combattre. Un soir, au souper, l'eau gela dans le pot avant que nous eussions eu le temps de la boire. On ne saurait croire à quel point nous étions tous altérés.

Deux jours d'un soleil brillant et chaud succédèrent à ce froid, et le 29 mars, chose extraordinaire, il commença à pleuvoir. C'était la première pluie depuis notre départ de la Géorgie du Sud, seize mois auparavant. Ce fut notre premier contact avec la civilisation – de quoi donner en tout cas à plusieurs d'entre nous l'ardente nostalgie de la bruine et du *fog* de Londres.

Puis de forts vents du sud avec ciel couvert et température souvent élevée furent notre lot jusqu'au 7 avril. Enfin le brouillard se dissipa. À l'horizon nord était apparue une silhouette estompée : à l'évidence celle d'une terre !

Nos progrès vers le nord n'étaient pas moins fragiles. Nous étions à la merci des vents et ne pouvions pas plus agir sur notre dérive que sur la température. Au commencement de janvier, une longue période de calme nous avait causé quelque anxiété, car nous nous trouvions alors à la même latitude qu'au commencement de décembre. Cependant, à la fin du même mois, une dérive de quatre-vingt-quatre milles amenée par le blizzard nous avait rendu l'espoir, même si ensuite elle s'orienta légèrement à l'ouest et se ralentit considérablement. Le 22 février, nous étions encore à quatre-vingts milles de l'île Paulet, alors notre objectif. Là nous pensions trouver une hutte et quelques provisions déposées par le bateau envoyé au secours de l'expédition Nordenskjöld en 1904 – bateau que j'avais été chargé d'équiper. Quel étrange tour de la roue de la fortune, si les mêmes provisions achetées par moi tant d'années auparavant allaient nous sauver la vie l'hiver prochain! Mais il ne devait pas en être ainsi. Le 12 mars nous trouva à environ quarante milles de la longitude de l'île Paulet. Le 17 mars, nous étions exactement à la même latitude, mais soixante milles trop à l'est, et il ne fallait pas songer à se servir des traîneaux, vu l'état de la glace. Nos pensées se tournèrent donc vers Danger Island, à trente-cinq milles de là. Il est vraisemblable que notre pack dut subir quelques mouvements de va-et-vient le long de la côte avant de passer la latitude de l'île Joinville; jusque-là nous ne pouvions pas espérer atteindre d'eau navigable. La glace devait être congestionnée contre la côte sud-est de l'île, sinon la récente brise sud-est nous eût rapprochés davantage de la terre ferme. Du reste, comme pour le prouver, la pression éleva en l'air un énorme bloc au nord de notre glaçon. Ce bloc, avec des escaliers que nous y avions taillés, fit un bel observatoire d'où, par temps clair, nous cherchions une terre à l'horizon. Ce jour-là, nous pûmes apercevoir une mouette dominicaine – la première depuis que nous avions quitté la Géorgie du Sud –, signe indubitable de la proximité de la terre.

Jusqu'au 23 mars, un fort blizzard avait donc obscurci notre horizon. Ce matin-là, une «terre en vue» fut signalée. Nous étions sceptiques; mais l'après-midi, nous apparut à l'ouest, sans erreur possible, la silhouette de l'île Joinville : ses montagnes en dents de scie, toutes blanches, se dessinaient à l'horizon. Cette terre aride et inhospitalière serait un paradis pour nous si nous pouvions l'atteindre. Mais c'eût été folie que de chercher à la rejoindre par la banquise, vu l'état de la glace : celle-ci se trouvait trop disloquée pour nos traîneaux, et pas assez pour permettre à nos canots de naviguer. Pendant les deux ou trois jours suivants, nous nous vîmes dériver lentement et dépasser la terre. À la fin de mars, Mount Haddington s'estompait au loin.

Nos espoirs se concentraient maintenant sur l'île de l'Éléphant ou sur l'île Clarence, à cent milles presque droit au nord. Si nous n'arrivions pas à toucher l'une de ces terres, il nous faudrait faire route vers la Géorgie du Sud ; mais alors nos chances seraient des plus problématiques.

L'ÉVASION HORS DU PACK

Le 7 avril à l'aube, le pic tant désiré de l'île Clarence apparut au nord. Au premier abord, on eût pu le prendre pour un énorme iceberg ; mais la lumière grandissante nous permit de distinguer parfaitement les rochers noirs et les hautes falaises escarpées qu'un mirage reproduisait à quelque distance. Quel agréable spectacle pour nous que celui des rochers sombres se détachant sur la neige éclatante ! Si longtemps nos yeux n'avaient contemplé que des icebergs, qui semblaient croître ou diminuer d'après la hauteur de l'ombre ! Si souvent ils n'avaient découvert des îles rocheuses ou les pics de la terre de Joinville que pour les voir s'effacer au loin comme un nuage ou un simple mirage ! Aussi fut-ce seulement lorsque Worsley, Wild et Hurley eurent unanimement confirmé mes observations que je me laissai persuader d'avoir tout de bon sous les yeux l'île Clarence. Plus de soixante milles nous en séparaient encore. Elle nous semblait presque un havre familier, après ces longs mois de dérive sur la glace instable. Nous nous étions faits à cette vie, mais nos désirs étaient toujours tendus vers une terre, et chaque fois qu'un de nos espoirs s'évanouissait, vite nous en forgions un autre. Nous n'avions aucun gouvernail pour diriger notre dérive, aucune voile pour l'activer, nous dépendions du caprice des vents et des courants, nous étions livrés à des forces irresponsables. L'ardent désir de sentir bientôt sous nos pieds la terre solide remplissait nos cœurs.

Le jour venu, l'île Clarence prit l'apparence d'un iceberg bien plutôt que celle d'une terre ; elle semblait à huit ou dix milles, pas plus, tant sont trompeuses les distances dans l'air clair de l'Antarctique. Un peu plus tard dans la journée, les pics aigus et blancs de l'île de l'Éléphant se dessinèrent au nord-ouest.

J'avais cessé maintenant la distribution du sucre. Nos repas ne consistaient plus qu'en viande de phoque et en graisse avec sept onces de lait séché par jour pour tout le monde. À ce moment j'écrivais :

« Chaque homme reçoit une pincée de sel. Le lait fait une boisson chaude pour tout le monde. Ce régime nous suffit, puisque nous ne pouvons pas prendre beaucoup d'exercice, et la graisse remplace la chaleur. Des tranches de graisse frites nous semblent aussi savoureuses que du lard croquant. Ce n'est pas pénible à manger. Évidemment une personne civilisée frémirait à cette idée ; mais plus pénible serait de n'en pas avoir. »

Je crois que le palais de l'animal humain peut s'habituer à tout. Bien des créatures, si elles se trouvaient privées de leur nourriture habituelle, mourraient plutôt que d'accepter un régime nouveau. Les yacks des hauts plateaux de l'Himalaya se nourrissent d'une herbe rare et sèche ; ils se laisseraient mourir de faim devant la plus belle avoine ou le plus beau blé.

Nous avons encore le sombre ciel chargé d'eau de la semaine dernière. Nous laissons à l'ouest tous les icebergs ; il y en a de moins en moins dans notre champ de vision. Aujourd'hui la houle est plus sensible, et je suis sûr que nous arrivons à la limite du pack. Une forte brise suivie de calme disloquerait la glace et nous pourrions nous échapper.

J'ai beaucoup pensé aux jours qui se préparent. Après notre longue dérive, l'apparition de l'île Clarence semble être un ultimatum. Cette île est la dernière au sud, donc notre dernière chance d'atterrir. Au-delà s'étend l'immense Atlantique. Passé cette terre, nos petits bateaux peuvent être contraints de voguer pendant des milliers de lieues sur la grande mer avant de trouver aucun refuge à l'est ou au nord. C'est une question vitale pour nous que d'atterrir sur l'île Clarence ou sur sa voisine, l'île de l'Éléphant. Cette dernière exerçait sur nous quelque attraction, bien qu'autant que je le sache, personne n'y eût jamais abordé; son nom suggérait la présence dans les parages de gras et succulents éléphants de mer. Pour l'heure, notre impatience s'avive à la perspective de sentir bientôt la terre ferme sous nos pieds.

Notre îlot de glace a été jusqu'ici notre meilleur ami, mais maintenant il est capable à tout moment de se briser et de nous jeter tout au fond de la mer insondable. J'en vins bientôt, après avoir revu la situation à la lumière des circonstances, à cette conclusion qu'il fallait essayer d'atteindre l'île Déception bien que nous fussions relativement plus près de l'île de Clarence et celle de l'Éléphant. Ces îles sont séparées par quelque quatre-vingts milles de celle du Prince-George, alors à environ cent cinquante milles de notre camp. À l'ouest de cette terre s'étend une chaîne d'îles semblables, terminée par l'île Déception. Des canaux, larges de dix à quinze milles, séparent ces amas désolés de rochers et de glace. Mais nous savions par l'Amirauté qu'il y avait à l'île Déception des provisions pour les naufragés; de plus, il se pouvait que les pêcheurs de baleines de l'été n'aient pas encore déserté ces parages.

Nous avions aussi découvert dans nos archives qu'une petite église était élevée là pour les pêcheurs de baleines qui passaient. Un bâtiment? cela signifiait, pour nous, poutres et charpentes qui, si la cruelle nécessité nous y obligeait, pourraient faire un navire capable d'affronter la haute mer. Nous avions discuté entre nous la question des bateaux. Nous en avions deux assez forts ; mais le troisième, le *James Caird*, était léger, bien qu'un peu plus long. Et tous les trois étaient inaptes à la navigation sur une mer réputée orageuse. Avec leur lourde charge, un voyage en plein océan serait une entreprise très risquée. Je crois que les doigts du charpentier avaient déjà des démangeaisons à l'idée de convertir des bancs d'église en plats-bords et en ponts. En tout cas, en atterrissant à l'île Déception, le pire à envisager serait l'obligation d'attendre jusqu'au milieu de novembre le retour des baleiniers.

J'avais récolté une autre information dans les archives consacrées aux parages ouest de la mer de Weddell. Une cave était mentionnée dans cette île. Aucun de nous n'avait jamais vu la cave en question et ne pouvait dire si elle était grande ou petite, vide ou pleine ; mais pendant notre longue dérive, et plus tard en naviguant dans les terribles chenaux, ou en préparant avec difficulté nos campements de nuit, cette cave semblait à mon imagination un palais qui, par contraste, équivalait au moins aux splendeurs de Versailles.

Cette nuit-là, le mouvement de la glace s'accentua sous la houle. De temps à autre, un glaçon voisin martelait le nôtre. La leçon de ses coups était facile à lire : il fallait au plus tôt mettre de la terre solide sous nos pieds. Mes pensées retournaient sans cesse le problème du sauvetage. Si l'expédition n'avait pas compté plus de six hommes, la solution eût été plus facile. Mais le transport de tout le monde avec les moyens limités dont nous disposions soulevait beaucoup de difficultés. Nous étions vingt-huit hommes sur ce morceau de glace flottante, qui se réduisait sans cesse sous l'influence du vent, de la température, du choc des glaces alentour et de la grande houle. J'avoue que le fardeau de la responsabilité pesait lourdement sur mes épaules ; d'un autre côté, j'étais stimulé et encouragé par l'attitude des hommes. La solitude est un fardeau du chef; mais l'homme obligé de prendre des décisions est grandement soulagé lorsqu'il sent que l'inquiétude n'atteint pas ceux qui le suivent et que ses ordres seront exécutés avec confiance.

Le matin suivant, 8 avril, le soleil brillait dans un ciel bleu. À l'horizon, l'île Clarence se dessinait clairement et celle de l'Éléphant s'estompait au loin. L'unique pic de l'île Clarence, couvert de neige, se dressait comme un phare de salut. Mais dès lors qu'il fallait songer à atteindre ce géant blanc et austère, l'imagination la plus optimiste se révélait incapable de créer un chemin praticable à travers la glace et l'Océan.

Ce matin, le pack est moins compact et la longue houle du nord plus prononcée qu'hier. Les glaces, suivant le mouvement du flot, se soulèvent et retombent. Évidemment nous déviions selon les caprices d'un courant de surface, car nous dépassons toutes les masses qui se trouvent être plus lourdes que nous, hummocks et icebergs. Nous avons eu quelques discussions sur l'opportunité de nous installer sur un iceberg pendant la fin de notre dérive vers l'ouest. L'idée n'est pas bonne. Comment être sûr que l'iceberg dériverait dans la bonne direction? Puis, en admettant qu'il nous mène en eau libre, que deviendrions-nous quand il s'agirait de lancer les bateaux dans la houle par le flanc de l'iceberg? Il fallait aussi compter avec la possibilité qu'il se brise ou se renverse. Il est impossible d'estimer la solidité d'une grosse masse de glace selon l'apparence de sa surface; la glace peut avoir un défaut et, sous les efforts combinés du vent, du courant et de la houle, le point faible peut se révéler soudain d'une façon désastreuse. Non, je n'approuve pas cette idée; il faut rester sur notre glaçon et attendre un changement.

À 6 h 30 du soir, un choc particulièrement rude se fit sentir. Une enquête immédiate nous découvrit une fente qui traversait le camp, passait sous le *James Caird* et sinuait entre les deux bateaux. En moins de cinq minutes le matériel fut ramené sur un des deux bords de la faille, tout près des tentes. Cette fissure ne provenait pas du choc des glaces. Notre îlot avait pivoté et présentait maintenant à la houle son axe le plus long ; il tanguait comme un bateau, et quand la houle avait soulevé le centre, laissant les deux extrémités relativement sans appui, il s'était fendu. Nous étions maintenant sur un petit radeau triangulaire dont les trois côtés mesuraient à peu près quatre-vingt-dix, cent et cent vingt yards. La nuit vint, sombre et couverte. Avant minuit, le vent tourna à l'ouest. Sous l'influence du vent, des vagues et du courant, le pack se disloquait : le moment de mettre les bateaux à la mer approchait. De toute façon, nous ne serions plus longtemps en sûreté sur la glace. Le mouvement de tangage s'accentuait sous la houle et à tout moment le sol pouvait se fendre au milieu du camp. Nous nous tenions prêts à agir. Si la glace se brisait en morceaux trop petits pour nous porter et trop serrés pour nous autoriser à mettre les bateaux à l'eau, notre cas serait désespéré.

Le jour suivant, 9 avril, était un dimanche ; mais il ne pouvait être question de repos. Nombre des événements importants qui devaient marquer notre expédition étaient survenus le dimanche. Ce jour-là devait voir notre départ du glaçon sur lequel nous avions vécu près de six mois. Le ciel était beau malgré quelques stratus et cumulus, brise modérée sud-sud-ouest et sud-est. Nous espérions que ce vent nous rapprocherait de l'île Clarence. À 7 heures du matin apparurent à l'ouest des fissures et des chenaux. La glace qui nous en séparait était disloquée, mais pas assez pour nous permettre de lancer les bateaux. La longue houle du nord-ouest, arrivant plus librement que les jours précédents, faisait s'entrechoquer les glaces dans une terrible confusion. Entre les masses les plus imposantes, les simples glaçons prenaient rapidement la consistance de la boue : aucun bateau ne se serait maintenu dans les chenaux qui s'ouvraient et se fermaient autour de nous.

Notre îlot se ressentait terriblement de ce bouleversement; après le déjeuner, je donnai donc l'ordre de plier les tentes et de tout préparer pour un départ immédiat dès que les bateaux pourraient tenir l'eau. J'avais décidé de prendre le commandement du *James Caird* avec Wild et onze hommes. C'était le plus vaste de nos canots; en plus de son chargement humain, il porterait la plus grande partie des provisions. Worsley prit la direction du *Dudley Docker* avec neuf hommes, et Hudson et Crean celle du *Stancomb Wills*.

Peu après déjeuner, les glaces se resserrèrent. À 11 heures du matin, une fente soudaine parcourut notre îlot, passant sous les bateaux qui furent prestement rassemblés sur la plus vaste des deux «rives». Nous nous mîmes à surveiller la glace avec une attention soutenue. Cette dernière fissure passait juste au milieu de l'emplacement qui avait accueilli ma tente quelques instants plus tôt. D'un côté du chenal qui s'ouvrait, je voyais la place où pendant tant de mois ma tête et mes épaules avaient reposé, et de l'autre côté (celui où nous étions) la dépression formée par mes jambes. Peu à peu la glace s'était enfoncée sous mon poids; j'avais mis souvent de la neige sous mon sac pour combler ce trou : les lignes de stratification montraient clairement les différentes couches. Combien fragile et précaire avait été notre lieu de repos! L'habitude avait obscurci en nous le sens du danger et nous ne songions même plus que notre home n'était qu'un morceau de glace flottant sur une mer sans fond. Maintenant qu'il se brisait sous nos pieds, un sentiment de ruine et d'impuissance difficile à décrire nous étreignait.

Quelques heures plus tard, les fragments de notre glaçon se réunissaient de nouveau. Nous eûmes un lunch de viande de phoque; chacun mangea tant qu'il put. Un bon repas serait la meilleure préparation au voyage maintenant imminent, et comme nous ne pouvions pas emporter toute la viande, chaque livre mangée pouvait être considérée comme sauvée. L'instant du départ arriva : à 1 heure après midi, les chenaux apparurent navigables. Les conditions auraient pu être meilleures; mais mieux valait ne pas attendre. Le *Dudley Docker* et le *Stancomb Wills* furent rapidement mis à l'eau, les provisions y furent placées, puis les deux embarcations se dirigèrent vers une sorte de lac large de trois milles au beau milieu duquel un énorme iceberg flottait solitaire. Le *James Caird*, lourdement chargé, partit le dernier. Beaucoup de choses regardées comme essentielles à ce moment-là furent rejetées un peu plus tard devant des nécessités plus pressantes. La vie d'un homme peut s'entretenir avec des moyens bien restreints et les embarras de la civilisation sont bientôt écartés en face de la dure réalité. Pourvu qu'il ait nourriture et abri, un homme peut toujours vivre, et même trouver le moyen de rire.

À 2 heures du matin les trois bateaux avaient atteint le petit lac, à un mille du camp, quand nous vîmes à l'est un flux impétueux d'eau bouillonnante fondre sur nous comme la crue d'une rivière, entraînant des glaces à sa suite; deux énormes masses arrivaient en une course convergente. Le *James Caird* était en tête : mettant la barre sur tribord et nous courbant sur les rames, nous parvînmes à les éviter. Les deux autres bateaux, parce qu'ils étaient derrière nous, ne s'aperçurent pas immédiatement du danger; le dernier, le *Stancomb Wills*, ne l'évita que juste à temps, grâce à un violent effort des rameurs. L'effet de la marée sur la glace n'est pas toujours aussi violent; il était ce jour-là aussi extraordinaire qu'effrayant. La glace, entraînée par une grande vague, avançait à une vitesse de trois nœuds et si nous n'avions pas réussi à l'éviter, il est certain que nous étions engloutis.

Pendant une heure il fallut ramer dur, sous le vent de l'iceberg. La houle se brisait sur ses flancs abrupts et l'écume sautait à soixante pieds en l'air; il est évident qu'à l'est, cette montagne flottante reposait sur un socle de glace submergée, car la houle se brisait avant d'en avoir atteint le flanc et l'écume blanche bondissait contre le mur bleu. Dans d'autres conditions, nous nous serions arrêtés pour admirer ce spectacle, mais la nuit tombait à vue d'œil et il nous fallait un campement. Le *Dudley Docker*, en essayant de couper au plus court pour nous suivre, fut bientôt pris entre deux masses; ainsi le vieil adage «Le plus court est souvent le plus long» a valeur de loi jusque dans l'Antarctique. Le *James Caird* vint au secours du bâtiment en difficulté et le dégagea en le remorquant. Dans le crépuscule, nous nous hâtâmes de chercher une surface de glace épaisse et unie; bientôt nous en trouvions une assez grande, fortement balancée dans la houle, et si ce n'était pas l'idéal pour camper, l'obscurité nous obligea à nous en contenter. À 8 heures, les bateaux halés, les tentes dressées, le fourneau pétillait joyeusement. Bientôt tous les hommes sustentés s'installaient dans les tentes, et pendant que j'écrivais le livre de loch, des fragments de chansons me parvenaient.

Vers 11 heures, un inexprimable sentiment de malaise me poussa à quitter ma tente. D'après les étoiles, je pus observer – quand les rafales de neige me le permettaient – que notre îlot avait tourné et se présentait en longueur à la houle, position qui l'exposait à se rompre soudain. Je me mis en marche, pour recommander au veilleur beaucoup d'attention. Comme je dépassais la tente des hommes, notre île, soulevée par la houle, craqua sous mes pieds. La tente, à cheval sur la fissure qui s'élargissait, commença à se tendre; un bruit étouffé de suffocation s'en échappa. Je bondis. J'aidai quelques hommes à se dégager de la toile qui les étouffait et criai :

– Vous êtes tous là?

– Il y en a deux à l'eau, répondit une voix.

La fissure s'était élargie de quatre bons pieds et, en me rejetant en arrière, j'aperçus un objet blanchâtre flottant sur l'eau : c'était un sac de couchage avec un homme dedans. Je pus l'agripper, et d'une secousse ramener homme et sac

sur la glace. Quelques secondes plus tard, les deux bords se
rejoignaient dans un choc terrible. Heureusement il n'y avait
eu qu'un homme à l'eau, sans quoi l'incident serait devenu
tragédie. Le sac repêché contenait Holness, sain et sauf, bien
que mouillé jusqu'à la ceinture. La fissure se rouvrait. D'un
côté étaient le *James Caird* et ma tente ; de l'autre, les deux
autres bateaux et le reste du camp. Aidé de deux ou trois
hommes, je pliai ma tente ; puis, du côté opposé, tous les
autres, attelés au câblot, halèrent le *James Caird* à travers
la faille qui s'élargissait ; ensuite, s'aidant d'un câblot tendu
par-dessus la fente, un à un, les hommes passèrent de l'autre
côté soit en sautant, soit en s'agrippant au bateau. Finalement je restai seul et le rapide mouvement de la glace me
força à lâcher le câblot. Pendant un instant, j'eus le sentiment que mon morceau de glace était l'endroit du monde
le plus solitaire. Mes yeux, perçant l'obscurité, entrevoyaient
à peine des silhouettes sombres sur l'autre îlot. Je hélai Wild
pour lui ordonner de mettre à l'eau le *Stancomb Wills*, mais je
n'avais pas à m'inquiéter, son esprit rapide avait anticipé les
ordres, et déjà le bateau était halé sur le bord. Deux ou trois
minutes plus tard, il me rejoignait.

Notre îlot de glace mesurait maintenant deux cents
pieds sur cent et, cette nuit-là, il n'y eut plus de sommeil
pour personne. Les baleines soufflaient dans les chenaux
alentour. Les heures qui suivirent s'écoulèrent lentement :
jusqu'au jour le temps se passa à surveiller la glace et à
essayer d'entretenir un peu de chaleur dans nos corps en
nous serrant les uns contre les autres ou en marchant de
long en large. À 3 heures le fourneau fut allumé ; une tasse
de thé chaud pour chacun et nos pipes nous rendirent
quelque courage, et notre horizon noir s'éclaira un peu.
Enfin, nous agissions ; nous ne dérivions plus, impuissants,
à la merci des vents et des courants, et si des dangers, des
difficultés se dressaient, nous pouvions au moins aller à leur
rencontre au lieu de les attendre.

Les premières lueurs de l'aube apparurent à 6 heures. J'attendais anxieusement le plein jour. La houle augmentait et parfois notre îlot se trouvait cerné de tout près par les glaces. À 6 h 30, distribution de hoosh chaud. À 8 heures seulement, les glaces s'écartèrent assez pour permettre le départ. Les bateaux, mis à l'eau et chargés, prirent la direction nord à travers les chenaux qui s'offraient. Le *James Caird* marchait devant, suivi du *Stancomb Wills*, puis venait le *Dudley Docker*. Pour les alléger, nous avions laissé sur la glace quelques pelles, pioches et légumes secs ; pendant longtemps, nous pûmes voir la sombre tache du petit tas abandonné se détacher sur la glace. La charge malgré cela était encore lourde. À 11 heures, nous trouvions une étendue d'eau libre. Une forte brise d'est soufflait ; mais les glaces en bordure du pack nous protégeaient de la forte houle, comme les récifs de coraux d'une île tropicale répriment les lames du Pacifique. Peu après midi, nous contournions le bord nord du pack et, dans la mer libre, voguions sur l'ouest, le *James Caird* toujours en tête. Bientôt nos bateaux commencèrent à embarquer l'écume, qui gelait en retombant et couvrait hommes et choses d'une carapace glacée. Il était clair que nous ne pouvions plus avancer en sûreté, et je fis virer le *James Caird* pour rechercher l'abri du pack ; tout de suite après la première ligne des glaces, les vagues ne se brisaient plus. À 3 heures après midi, tous les hommes étaient fatigués et transis. Devant nous un gros iceberg immobile attira mon regard, et une demi-heure plus tard nous l'accostions, halions les bateaux et dressions le camp pour la nuit. C'était un bel iceberg bleu à l'apparence solide. Du sommet, nous avions une vue étendue sur la mer et la glace alentour. Après un repas chaud, tous les hommes, sauf l'homme de quart, se reposèrent. Chacun en avait besoin après les inquiétudes des nuits passées et l'effort inaccoutumé des dernières trente-six heures. L'iceberg semblait très capable de résister aux assauts de la mer, et trop épais et massif pour être sérieusement attaqué par les vagues. Mais l'apparence était trompeuse : vers minuit le guetteur m'appela pour me montrer que la forte houle du nord-ouest minait la glace. À moins de huit pieds de ma tente, un grand morceau s'était détaché ; à l'ouest la neige épaisse qui recouvrait l'iceberg cédait rapidement sous les attaques de la mer ; heureusement pour nous, un pied de glace s'était formé sous la surface de l'eau. Il n'y avait pas là de danger immédiat et je laissai les hommes dormir. Le vent nord-ouest cependant augmenta au cours de la nuit.

Le matin du 11 avril fut couvert et brumeux. Les glaces s'étaient resserrées autour de l'iceberg, rendant impossible le lancement des bateaux dans la grande houle. Nous n'apercevions à l'horizon aucune eau libre. De nombreuses baleines venaient respirer dans les chenaux alentour et des pigeons du Cap, des pétrels fulmars volaient en cercle autour de l'iceberg. À l'aube, le spectacle était d'une magnificence dépassant toute description ; nous le regardions cependant avec quelque angoisse : des glaces arrivaient contre nous en longues ondulations, puis elles se coupaient çà et là de lignes sombres qui signalaient la présence de l'eau. Chaque soulèvement de la houle chargée de glaçons minait notre iceberg ; des morceaux se détachaient sans cesse du sommet, réduisant sa surface. Quand le flot se retirait pour attaquer de nouveau, les eaux tourbillonnaient sur le pied de glace, dont l'étendue augmentait au fur et à mesure que le haut se détachait. Le lancement des bateaux dans de telles conditions aurait été périlleux. Chaque fois qu'un passage semblait s'ouvrir dans les glaces, Worsley, Wild et moi grimpions au sommet pour scruter l'horizon. Les heures se traînaient. Enfin, au loin, dans un soulèvement de la houle, une sombre tache d'eau libre apparut dans le champ de glace en mouvement.

Je remarquai avec envie les attitudes calmes et paisibles de deux phoques se prélassant paresseusement sur un glaçon balancé par les vagues. Ils étaient chez eux et n'avaient aucune raison de souci ou de crainte ; s'ils pensaient à quelque chose, ils trouvaient sans doute le jour idéal pour un joyeux voyage sur la glace agitée. Pour nous, c'était un jour qui semblait nous conduire vers plus de jour du tout. Je crois que je n'avais encore jamais ressenti d'une façon aussi aiguë l'anxiété dévolue aux chefs. Quand, pour reposer mes yeux de l'étendue blanche, je les reportais sur le camp, je pouvais voir mes compagnons plus pressés qu'à l'ordinaire de savoir ce que je pensais de la situation. Après une secousse particulièrement rude, quelqu'un cria :

— Ça a craqué au milieu.

Je sautai à bas de mon observatoire et courus à la place que les hommes examinaient ; il y avait en effet une fêlure, mais une investigation montra qu'elle n'était qu'à la surface de la neige. Le charpentier raconta avec flegme qu'au commencement de la journée il avait failli dégringoler avec un fragment de glace : il se tenait au bord du campement quand, sous ses pieds, un énorme quartier s'était détaché de la masse principale. Un saut rapide l'avait sauvé.

Une autre de mes inquiétudes était que les courants nous entraînassent dans l'Atlantique par la trouée de quatre-vingts milles qui sépare l'île Clarence de l'île du Prince-George. Lentement nous approchions de l'eau libre ; à midi nous l'avions presque atteinte. Un long chenal étroit, mais navigable, s'étendait à l'horizon sud-ouest. Peu après, la situation étant favorable, les bateaux furent amenés au bord de l'iceberg branlant et mis à l'eau. Le *James Caird* faillit être chaviré par un remous produit par le roulement de l'iceberg. Provisions et équipement étant embarqués, quelques secondes après nous avancions. Le *James Caird* et le *Dudley Docker* avaient de bonnes voiles et, la brise étant favorable, ils pouvaient progresser dans le chenal entre les champs de glace agités par le roulis. La forte houle faisait sauter l'écume. D'un essai pour installer un lambeau de voile sur le *Stancomb Wills*, il ne résulta qu'un sérieux retard; la voile était trop petite pour être de quelque assistance, et, pendant que les hommes l'arrangeaient, le bateau dérivait vers la glace, où sa position était périlleuse. Voyant cela, j'envoyai le *Dudley Docker* à son secours et amarrai le *James Caird* à un glaçon. Le *Dudley Docker* parvint à remorquer l'embarcation en difficulté, mais ce délai nous coûta deux heures de clarté. Les trois bateaux réunis continuèrent ensuite à avancer dans le chenal. Bientôt une étendue d'eau nous apparut à l'ouest. C'était un refuge contre les serres du pack. L'entrée de ce bassin était presque fermée par une langue de glace, en avant de laquelle un iceberg se dressait. Usé par les vagues, il faisait penser à quelque curieux monstre antédiluvien et semblait un cerbère de glace gardant le chemin. On lui voyait une tête et des yeux. Il roulait lourdement en se renversant presque; ses côtés plongeaient profondément dans la mer et, quand il s'élevait, l'eau coulait de ses yeux comme s'il pleurait notre délivrance de l'étreinte des glaces. Cette idée peut sembler fantaisiste au lecteur, mais à ce moment-là c'était notre impression réelle. Ceux qui vivent dans les conditions ordinaires de la civilisation, parmi les formes variées de la nature et les travaux familiers, peuvent difficilement comprendre la facilité avec laquelle l'imagination, influencée par les yeux, tisse et brode des fantaisies extraordinaires qui nous rappellent nos inventions d'enfant. Pendant le long temps de notre existence dans la glace, nous nous efforcions, presque inconsciemment, de trouver dans les contours fantaisistes et les formes bizarres des icebergs et des glaçons des ressemblances avec des figures humaines et des formes vivantes.

Au crépuscule, nous accostâmes un large glaçon. Chaque bateau s'amarra à un hummock séparé, pour éviter les collisions. Le fourneau fut débarqué et le dîner se composa de lait chaud et de rations froides. Je ne débarquai que les tentes rondes et les toiles de tentes à cerceaux. Notre expérience des jours précédents prouvait qu'il fallait pouvoir les empaqueter lestement. L'écume sautant sur les rameurs se changeait immédiatement en glace et les vêtements devenaient dangereusement lourds ; aussi nous fallut-il cette nuit-là abandonner encore une partie de notre pauvre équipement. Nous n'avions pris que des choses essentielles, et maintenant nous gardions à peine le strict indispensable. Nous espérions une nuit tranquille ; mais bientôt nous fûmes forcés de démarrer, les glaçons commençant à nous entourer. Les glaces flottantes sont toujours attirées vers le bord de masses plus grandes, où, sous l'influence du courant, elles s'entrechoquent et se pressent, et j'étais déterminé à ne pas risquer une répétition de l'aventure de la veille, c'est pourquoi nous n'avions pas halé les bateaux. Nous passâmes la nuit à nous maintenir au large pour éviter les collisions. Des averses constantes de pluie et de neige nous voilaient les étoiles et nous transperçaient. Parfois ce n'était qu'en nous hélant que nous arrivions à ne pas disperser les bateaux. Cette nuit-là personne ne dormit à cause du froid ; nous n'osions pas ramer assez vite pour nous réchauffer, car il était impossible de voir à plus de quelques yards. Parfois les ombres lugubres des pétrels passaient, rapides comme l'éclair ; alentour on entendait les baleines ; leurs courts sifflements aigus résonnaient comme de brusques échappements de vapeur. Elles étaient aussi une source d'inquiétude : en venant respirer, l'une d'elles pouvait chavirer aisément un canot. Quand elles montent à la surface, elles jettent nonchalamment par le côté des morceaux de glace plus gros que nos esquifs ; et l'idée que, par en dessous, les fonds blancs des embarcations pouvaient bien ressembler à de la glace nous mettait assez mal à l'aise. Des marins naufragés, dérivant sur les mers antarctiques, ne sont pas choses imaginées par la philosophie des baleines ; mais en somme ils peuvent se substituer pour le goût aux phoques

et aux pingouins. Vraiment nous regardions les « killers »
avec appréhension.

Le 12 avril, de bonne heure, le temps s'améliora et le vent
tomba. L'aube se leva dans un ciel clair et froid. En examinant les visages de mes compagnons du *James Caird*, je vis
des physionomies pincées et tirées où la fatigue transpa-
raissait. Wild, assis au gouvernail, avait la même expression
calme et confiante qu'il aurait eue dans les plus heureuses
circonstances ; de ses yeux bleu acier, il fixait l'horizon. Tous
les autres, bien que souffrant évidemment, s'efforçaient
d'être gais. La perspective d'un déjeuner chaud les y aidait.
J'avais prévenu chaque bateau que, dès que nous trouverions un banc propre à l'installation du fourneau, on se
réchaufferait avec du lait et du Bovril. Nous nous dirigeâmes
sur l'ouest, parmi des glaces de toutes formes et de toutes
dimensions, et tous ceux qui ne ramaient pas cherchaient
avidement des yeux une place pour camper. Je pouvais
juger de l'appétit de chacun d'après l'ardeur que les yeux
mettaient à scruter l'horizon. La température était d'environ
12° sous zéro. Les burberrys des rameurs faisaient un bruit
sec à chaque mouvement, et de petits fragments de glace
s'en détachaient. À 8 heures un glaçon nous sembla conve-
nir. On y installa la cuisine ; bientôt le fourneau flambait et
fumait, et une vapeur de bon présage s'élevait de la casserole ; jamais cuisinier ne travailla sous des regards plus
anxieux. Worsley, Crean et moi restâmes dans nos bateaux
respectifs pour empêcher des collisions avec la glace, car la
houle était encore forte, mais les autres purent se détendre
et aller et venir « dans la cuisine », comme dit l'un d'eux. Un
soleil glorieux s'éleva bientôt. Les burberrys séchaient et la
glace de nos barbes fondait. Le repas fumant nous donna
une nouvelle vigueur, et avant trois quarts d'heure nous
marchions de nouveau vers l'ouest toutes voiles dehors. Le
Stancomb Wills, avec une voile que nous lui avions prêtée,
nous suivait assez bien. Nous arrivions vraiment au bout du

pack et la houleuse mer bleue s'étendait à perte de vue au nord. Les vagues, coiffées de blanc, donnaient assaut aux brillantes glaces flottant sur l'eau indigo. Partout alentour, des phoques innombrables lézardaient sur chaque morceau de glace assez gros pour faire un radeau.

Depuis le 9 avril, nous tenions cap à l'ouest grâce à de bons vents. Nous espérions beaucoup du résultat du point de midi. Les optimistes estimaient que nous avions avancé de soixante milles vers le but, et les plus sceptiques en accordaient au moins trente. Le beau soleil et le paysage brillant influençaient nos estimations. Vers midi, je vis Worsley se préparer à faire le point. Il se balançait sur le plat-bord du *Dudley Docker*, son bras passé autour du mât. Nous attendîmes impatiemment la fin de son observation. Puis le *Dudley Docker* se rangea le long du *James Caird*. J'y sautai pour prendre connaissance des résultats. Quelle déception ! Au lieu d'une bonne avance vers l'ouest, il fallait constater une grande dérive vers le sud-est. Nous étions maintenant à trente milles à l'est de notre position du 9 ! Les pêcheurs de phoques qui opèrent dans ces régions avaient souvent constaté de grands arrêts du courant dans le détroit de Belgica, et sans doute était-ce là le phénomène que nous venions d'observer à nos dépens. L'origine devait en être une tempête nord-ouest au cap Horn, soulevant la houle qui nous avait tant contrariés. Après une conversation à voix basse avec Worsley et Wild, j'annonçai que notre avance n'était pas aussi grande que nous l'espérions ; mais je ne parlai pas des progrès rétrogrades que nous avions à déplorer.

Une question se posait : où nous diriger ? L'île Déception semblait hors d'atteinte. Le vent était contraire pour marcher sur l'île de l'Éléphant ; d'autre part, la mer était dégagée au sud-ouest. Je discutai avec Worsley et Wild sur l'opportunité de nous diriger vers Hope Bay sur le continent antarctique, alors à quatre-vingts milles seulement.

L'île de l'Éléphant était plus proche ; mais pour l'atteindre, il fallait quitter l'abri qu'offrait le pack contre le vent, et même si les vents avaient été favorables, nous aurions hésité à ce moment de l'année à affronter la haute mer qui, dans cette direction, ouvrait sur l'immense Atlantique. Nous décidâmes donc de nous diriger vers Hope Bay et les bateaux repartirent. J'indiquai à Worsley un grand iceberg à atteindre. Il était environ 3 heures de l'après-midi ; il fallait marcher vite avant l'obscurité. Le *Stancomb Wills* ne pouvant pas se maintenir à notre vitesse, je le pris en remorque pour ne pas répéter le retard du jour où nous avions quitté l'iceberg chancelant. Le *Dudley Docker* passa devant et, au crépuscule, se rabattit près de nous. Worsley, après avoir été reconnaître l'iceberg, le trouva inapprochable. Il roulait dans la houle et déployait un dangereux pied de glace. Mauvaise nouvelle ! Dans le jour déclinant, nous virâmes vers une ligne de glace ; mais elle était si disloquée et si agitée par la mer qu'aucun fragment n'était assez gros pour nous permettre d'amarrer et d'y prendre pied. À deux milles de là, nous apercevions un îlot flottant assez vaste. Nous nous y dirigeâmes et, après quelques difficultés pour assurer la sécurité des bateaux, j'amenai l'avant du *James Caird* sur la glace, pendant que Howe, le bossoir à la main, se tenait prêt à sauter. En examinant la glace, je jugeai qu'il n'y aurait pas moyen d'installer la cuisine cette nuit-là. Après quelques pas sur la glace, Howe fixa solidement le bossoir à un hummock. Les deux autres bateaux furent amarrés aux flancs du *James Caird* ; on ne pouvait pas les disposer l'un derrière l'autre, car des glaces s'accumulaient dangereusement à l'abri de notre îlot. Les deux heures suivantes se passèrent à repousser ces glaces, qui surgissaient autour de nous. Pas moyen d'allumer le fourneau. On employa les lampes Primus. Le *Dudley Docker* ne put pas installer la sienne, car la mer était rude et clapoteuse et les hommes de ce bateau durent attendre que le cuisinier du *James Caird* eût fini de chauffer le premier pot de lait pour avoir leur tour.

Les bateaux se heurtaient si rudement que nous nous risquâmes finalement à attacher le *Stancomb Wills* à l'arrière du *James Caird* en allongeant son câblot. Puis le *Dudley Docker*, le plus lourd de nos canots, commençant à endommager le *James Caird*, je le renvoyai lui aussi à l'arrière. Nos yeux se fatiguaient à percer l'obscurité pour éloigner les fragments de glace qui nous menaçaient. À un moment, un grand iceberg qui se silhouettait sur le ciel sembla se renverser sur nous, mais cet effrayant spectacle n'était le fait que d'un nuage très bas devant la lune levante. Celle-ci apparut dans un ciel clair. Le vent tourna au sud-est et poussa les bateaux contre le bord déchiqueté du glaçon. Il fallut couper en hâte le bossoir du *James Caird*, ce qui nous fit perdre une bonne longueur de corde, mais nous n'avions pas le temps d'enlever l'amarre. Nous dûmes passer le reste de la nuit en pleine mer dans le vent glacé ; le *Dudley Docker* tenait maintenant la tête, le *James Caird* venait ensuite et le *Stancomb Wills* troisième en ligne. Ils étaient attachés les uns aux autres par leur bossoir. La plupart du temps, le *Dudley Docker* entraînait les autres debout à la houle. Les hommes de ce bateau ramaient : ils étaient en meilleure passe que les autres, lesquels n'avaient rien d'autre à faire que d'attendre le lever de l'aube. Le thermomètre indiquait 20° sous zéro et une pellicule de glace se formait sur la surface de la mer. Ceux qui n'étaient pas de garde se blottissaient dans les bras les uns des autres pour se réchauffer. Nos habits dégelaient au contact de nos corps et, le plus léger mouvement exposant à l'air vif les places relativement chaudes, nous gardions une immobilité absolue tout en nous murmurant les uns aux autres nos espoirs et nos pensées. De temps en temps, d'un ciel presque clair, des averses de neige tombaient silencieusement sur la mer, recouvrant nos corps comme d'un mince linceul.

L'aube du 13 avril se leva claire et brillante avec quelques nuages passagers. Les hommes de notre canot paraissaient épuisés et, dans les visages imprégnés de saumure, les lèvres étaient craquelées, les yeux et les paupières rougis ; les barbes, même celles des plus jeunes, n'auraient pas déparé des patriarches, blanchies qu'elles étaient par la gelée et l'écume salée. Je fis ranger le *Dudley Docker* le long du *James Caird*, et vis que les hommes de l'autre barque ne valaient pas mieux. De toute évidence il fallait atterrir au plus tôt. Je décidai de marcher sur l'île de l'Éléphant, alors à environ cent milles. Le vent était favorable et, d'autre part, le pack qui nous séparait de Hope Bay s'était refermé vers le sud pendant la nuit. À 6 heures du matin des provisions furent réparties dans les trois bateaux, au cas où ceux-ci viendraient à être séparés. La brise était forte et la grande houle agitait les glaces. Il ne pouvait être question d'un repas chaud, mais j'ordonnai que les hommes mangent tout leur content. Deux raisons me poussaient à cette concession : peut-être serions-nous obligés de jeter des provisions pour alléger le bateau, et puis j'espérais qu'un bon repas compenserait dans une certaine mesure le manque de chaleur et d'abri. Malheureusement quelques infortunés furent incapables de profiter de l'aubaine à cause du mal de mer. Pauvres camarades ! La souffrance était assez grande d'être entassés à moitié gelés dans des canots lourdement chargés, balayés par l'écume, battus par le vent, sans que les angoisses du mal de mer viennent s'y ajouter. Nous trouvions pourtant encore la force de sourire devant l'infortune de l'un d'entre nous, qui avait l'habitude d'accumuler de petites provisions en vue des jours de famine qu'il croyait proches : il était condamné maintenant à regarder, impuissant, ses camarades affamés faire disparaître avec une rapidité extraordinaire biscuits, rations et sucre.

Nous courions vent arrière à travers le pack disloqué. Un homme, à l'avant de chaque bateau, s'efforçait de repousser à l'aide d'une rame brisée les glaçons qu'on ne pouvait pas contourner. Il était essentiel d'aller vite, mais les collisions ne furent pas toujours évitées. Le *James Caird*, en tête, supportait les chocs. Un éperon de glace aigu le perça, au-dessus de la ligne de flottaison heureusement. Plus tard, le vent augmenta et il nous fallut carguer les ris pour ne pas avancer trop vite dans ces glaces.

Les bateaux se maintenaient à trente ou quarante yards l'un derrière l'autre, afin d'éviter les collisions si l'un d'eux se trouvait arrêté. Le pack se faisait moins dense ; nous rencontrions parfois des étendues d'eau libre où une mince couche s'était formée pendant la nuit. Il fallait alors établir toutes les voiles pour nous frayer un chemin à travers cette glace nouvelle.

Hors du pack, le vent devait avoir eu une force d'ouragan. Des milliers de petits poissons morts, tués probablement par un courant froid et par le gros temps, flottaient sur l'eau et sur la glace où les vagues les avaient jetés. Les pétrels et les goélands fondaient dessus.

Vers midi, brusquement, nous fûmes jetés hors du pack. Des reflets bleu sombre et vert émeraude couraient sur la mer. Avec un bon vent dans les voiles, nous bondissions sur les vagues comme trois bateaux de Vikings en quête d'une Atlantis perdue ; le soleil brillait, et pendant les heures suivantes l'impression de liberté et la magie de la mer compensèrent les peines et les inquiétudes des jours précédents. Enfin délivrés de la glace, nous naviguions librement. Nos pensées, engourdies par le froid mortel des jours et des nuits d'anxiété, renaissaient et volaient vers le home. Du coup, les difficultés à venir semblaient à l'imagination compter pour rien.

Dans l'après-midi il nous fallut carguer les ris, car le vent changea ; les bateaux embarquaient beaucoup d'eau, et il était difficile de les diriger dans la forte houle. Malgré tout nous approchions du but. Au crépuscule, le *Dudley Docker*

nous accosta, et Worsley me suggéra l'idée d'avancer toute
la nuit ; mais déjà, dans l'obscurité tombante, on pouvait
à peine discerner le *Stancomb Wills*. Il était plus prudent
d'arrêter en attendant le jour ; il importait que nous ne
nous perdions pas les uns les autres ; puis, dans l'obscurité, nous aurions pu dépasser notre but. Avec une ancre
de large faite de rames, nous stoppions, le *Dudley Docker* en
tête, car il avait un long câblot, puis le *James Caird* attaché
à l'arrière et le *Stancomb Wills*, troisième comme toujours.
Après un repas froid, nous nous installions pour la nuit
– ce qui était vite fait ; mais le repos n'était pas pour nous.
L'écume sautait dans le bateau et, en gelant, formait des
amas de glace (surtout à l'arrière et aux rames) qu'il fallait
briser et jeter pour qu'ils n'alourdissent pas les embarcations. La température était largement sous zéro. Le vent
pénétrant nos habits nous glaçait d'une manière presque
insupportable. Je doutais que tous les hommes y survé-
cussent. À nos inquiétudes s'ajoutait le manque d'eau
potable. Notre passage du pack dans la mer avait été si
subit que le temps nous avait manqué pour embarquer de la
glace, et sans glace il ne fallait espérer ni boisson ni nourriture chaude. Seul le *Dudley Docker* en avait un morceau,
environ dix livres, qu'on partagea entre tous. De petits
morceaux sucés nous soulagèrent de la soif causée par
l'écume salée, mais leur absorption réduisait notre chaleur
corporelle. La plupart des hommes étaient dans un état
pitoyable. Nous avions tous la bouche enflée et pouvions
à peine toucher à la nourriture. L'aube me semblait terriblement longue à venir. Toute la nuit, par intervalles, je
hélais les autres bateaux, anxieux de savoir comment ça
allait. Les hommes avaient toujours le courage de répondre
gaiement. Un de ceux du *Stancomb Wills* nous lança : «Nous
allons très bien, mais je voudrais bien des gants secs.» La
plaisanterie amena un sourire sur nos lèvres craquelées. Il
aurait aussi bien pu demander la lune. Les seules choses

sèches à bord, c'étaient nos bouches enflées et nos langues brûlantes.

La soif est en effet l'une des pires épreuves réservées au voyageur des régions polaires. Il ne lui suffit pas d'avoir de la glace à profusion, il ne peut la boire que quand elle est fondue, et la quantité qui peut fondre dans la bouche est très limitée. Nous étions déjà altérés dans le pack, pendant les journées de dur travail aux rames ; maintenant l'écume salée aggravait notre supplice. Nos sacs de couchage nous auraient apporté quelque chaleur ; mais empaquetés sous les tentes à l'arrière, ils se trouvaient prisonniers d'une couche de glace qui les protégeait comme une cotte de mailles, et nous étions trop engourdis pour songer seulement à les dégager.

Enfin le jour vint. Avec l'aube le temps s'éclaircit et le vent se changea en une légère brise sud-ouest. Le lever du soleil fut magnifique. Nous espérions qu'il serait le dernier que nous verrions sur nos canots. Rose dans le jour levant, le haut pic de l'île Clarence disait la gloire du soleil ; au-dessus de nous le ciel virait au bleu, la crête des vagues brillait gaiement. Avant de repartir, il fallut réinstaller le gouvernail, démonté pour éviter que le câblot ne le heurte, dégager les rames et l'arrière couverts de glace. L'ancre fut levée. Les rames qui la formaient avaient pris en flottant dans la mer glacée l'épaisseur de poteaux télégraphiques.

Notre soif devenait terrible. Nous trouvâmes un soulagement momentané à mâcher de petits morceaux de phoque cru dont nous avalions le sang ; mais notre soif redoubla ensuite sous l'effet de la salaison. J'ordonnai cependant que cette viande fût servie à intervalles fixes, sauf quand la soif semblait menacer la raison de l'un ou de l'autre.

À la pleine lumière, l'île de l'Éléphant apparut enfin, froide et sévère, au nord-nord-ouest. Elle était exactement dans la direction indiquée par Worsley. Je le félicitai de la justesse de son pronostic malgré les difficultés d'une course sinueuse dans le pack et la dérive de deux nuits à la merci des vents et des vagues. Du *Stancomb Wills*, McIlroy rapporta que les pieds de Blackborrow étaient fortement gelés. C'était très malheureux, mais on n'y pouvait rien. Les hommes, pour la plupart, avaient été de quelque manière attaqués par le froid. Il est intéressant de noter que les « vieux routiers », Wild, Crean, Hurley et moi étions indemnes. Il était évident que nous nous étions acclimatés à la température de l'Antarctique, bien que nous dussions apprendre plus tard que nous n'étions pas immunisés contre le gel, tant s'en faut.

Tout le jour, avec une légère brise de côté, nous avançâmes à la voile et à la rame sur la mer libre. Nous aurions donné tout le thé du monde dans les plus belles tasses de porcelaine pour un morceau de glace à faire fondre. Trois icebergs étant en vue, nous y dirigeâmes les bateaux, espérant qu'une traînée de glace flotterait sous le vent. Mais ils se dressaient intacts et bleus, exempts de toute trace de clivage, et la houle qui les faisait tanguer les rendait inapprochables. Le vent peu à peu devenait contraire. Le soleil disparut dans un ciel sans nuages, sans pitié pour les hommes à la torture qui voguaient sur la grande mer. Nos progrès étaient lents, mais peu à peu l'île de l'Éléphant se rapprochait. Pendant que je m'occupais des autres bateaux, signalant et ordonnant, Wild restait assis au gouvernail du *James Caird*. Il ne semblait aucunement troublé par la fatigue ou les privations. À 4 heures après midi environ, la forte brise devint franchement contraire et souffla contre le courant, ce qui rendit la mer clapoteuse : pendant une heure, malgré les durs efforts des rameurs, il nous sembla que nous ne faisions aucun progrès. Jusque-là le *James Caird* et le *Dudley Docker* avaient remorqué le *Stancomb Wills* à tour de rôle ; mais à partir de ce moment, notre canot dut haler le *Stancomb Wills* en permanence, car, dans le vent changeant, il pouvait porter plus de voiles que le *Dudley Docker*.

Nous visions le sud-ouest de l'île; le vent soufflait nord-ouest et ouest, les bateaux avançaient lentement, se maintenant autant que possible sous le vent. Quand l'obscurité tomba, nous étions encore à plusieurs milles du but. La mer était grosse. Nous perdîmes bientôt de vue le *Stancomb Wills*, qui suivait le *James Caird* à la longueur du câblot; de temps à autre, le blanc reflet d'une vague révélait sa présence. Quand l'obscurité fut complète, je m'assis à l'arrière, les mains sur le câblot : ainsi je sentirais si l'autre bateau se détachait. Toute la nuit je gardai cette position. Le câble, perpétuellement submergé par les vagues, s'alourdissait sous la glace, et notre petit bâtiment était terriblement ballotté. Avant la nuit, j'avais indiqué aux hommes du *Stancomb Wills* la marche à suivre si leur bateau venait à se détacher : s'ils ne pouvaient pas ramer contre le vent, ils devraient se diriger vers l'est de l'île Clarence et nous attendre là. Même si nous ne pouvions pas atterrir à l'île de l'Éléphant, il ne s'agissait pas qu'un des bateaux dérive au-delà.

Ce fut une rude nuit. Les hommes, sauf le veilleur de quart, s'entassaient dans le fond du canot, essayant de se réchauffer un peu en se blottissant les uns contre les autres dans leurs sacs de couchage trempés. La force du vent et la violence de la mer ne cessaient de croître. Le bateau s'inclinait sous les rafales et s'élevait sur les vagues, les voiles claquaient. De temps à autre la lune brillait entre deux nuages et, à sa lumière momentanée, les visages des hommes, debout pour arrimer l'embarcation qui tournait sous le vent, m'apparaissaient comme des spectres. Quand la lune disparaissait, sa présence était révélée par la lumière réfléchie sur les glaciers de l'île. La température était tombée très bas. Je crois que l'inconfortable de notre situation ne pouvait pas être pire, mais nous avions entrevu le port de salut, et l'espoir que le jour suivant verrait la fin de nos souffrances nous soutenait tous. Demain nous aurions enfin la terre ferme sous les pieds. Pendant que le câblot du *Stancomb Wills* se tendait et se relâchait sous ma main, mon esprit travaillait aux plans de l'avenir.

Vers minuit, le vent tourna au sud-ouest. Ce changement nous favorisait. Le *Dudley Docker*, auquel nous étions amarrés, vint se ranger près de nous, et Worsley me proposa de s'en aller en avant à la recherche d'une place d'atterrissage. Je l'autorisai à essayer, mais sans perdre de vue le *James Caird*. Au moment où il nous quittait, une grosse averse de neige commença à tomber, et le *Dudley Docker* disparut dans l'instant à nos yeux. Cette séparation me causa quelque anxiété pendant le reste de la nuit : la mer était grosse, on ne voyait pas les vagues dans cette obscurité, mais on sentait la force de la direction du vent ; dans de telles conditions, en pleine mer, un désastre peut arriver au plus expérimenté des navigateurs. J'allumai le falot de la boussole au haut des voiles avec l'espoir que le *Dudley Docker* verrait le signal ; mais aucune réponse ne nous parvint. Nous essayions de percer des yeux l'obscurité et répétions à intervalles nos signaux. En fait, mon anxiété était sans fondement. Je laisse Worsley rendre compte lui-même de la marche du *Dudley Docker*.

« Vers minuit, nous perdions de vue le *James Caird* et le *Stancomb Wills* ; peu après, nous apercevions la lumière du falot de la boussole, allumé par Sir Ernest. En réponse nous allumâmes la bougie sous la tente, puis, à l'aide de ma petite boussole de poche – celle du bateau était brisée –, nous orientâmes la direction du vent et la nôtre. Nos pauvres compagnons purent allumer leur pipe à la bougie, seule consolation possible, car notre soif terrible nous empêchait de rien manger. Nous fûmes alors pris dans un mauvais clapotis de courant qui, par cette mer terriblement houleuse, rendait presque impossible d'empêcher le *Dudley Docker* d'embarquer. Bien que nous fussions sous le vent, plusieurs vagues embarquèrent à l'arrière et par côté. Lees, qui s'estimait mauvais rameur, bien secondé par Cheetham, travailla obstinément à vider l'eau. Greenstreet, "un rude type", me relayait au gouvernail et aidait à tout. Lui et Macklin tenaient les avirons de nage à droite et à gauche. McLeod et Cheetham se montraient eux aussi bons marins et bons rameurs : le premier, vieux grognard salé, le second, pirate jusqu'au bout des doigts. Cette nuit-là, au plus fort de la tempête, Cheetham m'acheta des allumettes contre des bouteilles de champagne – une bouteille pour une allumette (c'était bon marché, j'aurais pu lui en demander deux). Le champagne serait payé quand il ouvrirait un cabaret à Hull. Je saurai le lui rappeler.

«Nous venions de fournir cent huit heures de labeur quasi continu, ballottés, gelés, trempés et presque sans sommeil. Je crois que Sir Ernest, Wild, Greenstreet et moi, nous pouvons dire sans sommeil du tout. Bien que depuis seize mois nous n'eussions pas tâté d'une grosse houle, quatre hommes seulement souffraient du mal de mer ; mais plusieurs autres n'avaient plus de couleur.

«La température était de 7° sous le point de glace. Nous y étions un peu accoutumés, après le froid terrible des nuits précédentes. Greenstreet avait le pied droit fortement mordu par le gel. Lees le soulagea en abritant le pied blessé dans son sweater, contre son estomac. Les autres hommes étaient eux aussi plus ou moins atteints, car leurs habits étaient littéralement imbibés d'eau salée.

«Au matin nous étions proches de la terre, bien que la neige nous empêchât de rien voir. Les yeux commençaient à me manquer. À force de fixer les lointains face au vent, de surveiller les vagues menaçantes, j'avais pris comme un refroidissement des paupières. Je ne pouvais plus voir distinctement ni juger des distances avec exactitude, et par moments je m'endormais au gouvernail. À 3 heures Greenstreet me relaya. J'étais si engourdi par ces longues heures de froid et d'humidité passées à la barre, dans la position contrainte à laquelle obligeait l'entassement du matériel et des provisions, que les autres durent me tirer au milieu du bateau et me redresser comme un canif de poche, en me frictionnant des genoux à l'estomac.

« Quand le jour parut, nous étions tout près de l'île ; mais le temps très brumeux nous empêchait de voir aucun des détails de la côte. Ayant repris le gouvernail après une heure de repos sous l'abri de la tente mouillée, je dirigeai le *Dudley Docker* vent arrière, en longeant la côte vers le nord. Pendant une heure, cette course fut assez risquée : la forte mer devant laquelle nous courions menaçait de chavirer le bateau. À 8 heures la terre nous abritait un peu. Nous approchâmes alors d'un glacier pour ramasser de quoi soulager notre soif intense ; pendant l'heure et demie qui suivit, nous suçâmes cette glace providentielle avec une inlassable avidité.

« Nous longions à présent des falaises rocheuses et des glaciers escarpés qui n'offraient pas la moindre possibilité d'accoster. Enfin, à 9 h 30, nous découvrîmes une plage étroite et rocheuse au pied de falaises à pic. Quelle ne fut pas notre joie d'apercevoir alors le *James Caird* et le *Stancomb Wills* se dirigeant vers le même port. Nous étions si ravis que nous poussâmes trois hourras – que le grondement du ressac empêcha bien évidemment les autres d'entendre. Peu après, réunis sur la plage, nous pouvions évoquer à l'envi les péripéties qui avaient marqué ces dernières heures de navigation. »

Le trajet du *James Caird* avait été à peu près semblable à celui du *Dudley Docker*, bien qu'il eût grandement peiné à se maintenir dans le vent. Mais c'était une chance que le *James Caird* et le *Stancomb Wills* fussent venus à l'abri de la même crique que le *Dudley Docker* sans avoir eu à longer la côte, car, avec la grosse mer, le *Stancomb Wills* eût risqué d'être chaviré. Ce matin-là, le temps était à la brume. À 7 heures, nous nous étions brusquement trouvés au pied de falaises à pic, avant même de les avoir aperçues. Nous avions suivi la côte vers le nord, et toujours s'offraient à nos yeux des falaises escarpées et des fronts de glaciers contre lesquels la mer se brisait bruyamment. Quelques morceaux de glace ramassés furent sucés avidement. Enfin, à 9 heures, au nord-ouest de l'île, nous apercevions une plage étroite au pied des falaises ! En avant s'étendait une barrière de récifs battus par le ressac, dans laquelle s'ouvrait un passage étroit qui faisait comme une brèche dans les bouillonnements de la mer. Je décidai de risquer les hasards d'un atterrissage à cette place peu attirante. Les hommes étaient ravagés par ces deux jours et deux nuits sans boisson et sans nourriture chaude, et puis rien ne disait que nous trouverions plus loin une place meilleure. Le *Stancomb Wills* étant plus léger et plus maniable, je voulus m'assurer par son entremise de la possibilité d'atterrir avant de risquer l'aventure avec le *James Caird.* Comme je m'apprêtais à sauter à bord du *Stancomb Wills*, j'aperçus le *Dudley Docker* se dirigeant vers nous à la voile. Cette vue me libéra d'une grande préoccupation.

En ramant soigneusement et en évitant les bouillonnements qui indiquaient les récifs cachés, nous conduisîmes le *Stancomb Wills* à l'entrée du passage, puis quelques bons coups de rame, combinés avec la houle, amenèrent le bateau sur la petite plage. C'était le premier atterrissage jamais réalisé sur l'île de l'Éléphant. La pensée me vint d'en laisser l'honneur au plus jeune membre de l'expédition. Aussi invitai-je Blackborrow à descendre avant ses camarades. Il semblait dans un état voisin du coma et, pour ne pas perdre de temps, je l'aidai, peut-être un peu rudement, à sauter à terre ; il tomba sitôt après avoir pris pied et resta assis sur la plage, sans bouger. Soudain je me rappelai qu'il avait les deux pieds gelés. Vite on le tira dans un endroit sec. Nul doute que cette minute aventureuse ne fût un peu rude à vivre pour Blackborrow ; mais maintenant il peut se vanter d'être le premier homme au monde à s'être assis sur l'île de l'Éléphant. Il est probable qu'à ce moment-là il n'enviait pas pareille distinction. Plusieurs hommes furent débarqués, ainsi que le cuisinier avec son fourneau, du combustible et quelques paquets de lait en poudre. Les autres travaillèrent à amener les bateaux. Le *James Caird* était trop chargé pour atterrir directement, aussi, après avoir débarqué plusieurs des hommes du *Dudley Docker* et du *Stancomb Wills*, fis-je transborder le chargement du lourd canot, puis, rapidement, les trois bateaux furent amenés à la plage. Là, mes yeux contemplèrent un curieux spectacle. Quelques-uns des hommes marchaient en trébuchant comme s'ils avaient trouvé sur cette plage désolée une provision illimitée d'alcool. Ils riaient bruyamment en ramassant des poignées de cailloux qu'ils laissaient couler entre leurs doigts comme font les avares avec leurs trésors. Les rires faisaient saigner les lèvres craquelées, et les exclamations joyeuses, à la vue de deux phoques sur la plage, me rappelèrent un instant la brillante minute d'enfance où la porte, s'ouvrant enfin, découvre l'arbre de Noël dans toute sa splendeur. Je me souviens qu'à ce moment Wild, qui se tenait toujours au-dessus des événements, bons ou mauvais, se trouvait à mes côtés. Il était là, aussi indifférent et tranquille que s'il venait de quitter sa voiture pour une promenade au parc.

Bientôt une demi-douzaine d'entre nous débarquaient les provisions. C'était un dur travail pour nos forces presque épuisées que de porter tous ces ballots au pied de la falaise en marchant sur les cailloux et les rochers – et il fallait entrer jusqu'aux genoux dans l'eau glacée pour décharger. Mais nous n'osions rien laisser à portée de la marée. Ce travail fini, les trois canots furent halés un peu plus haut sur la plage, puis, pleins de satisfaction, nous nous dirigeâmes vers la boisson chaude préparée par le cuisinier. Ceux d'entre nous qui allaient relativement bien durent attendre que les plus faibles fussent servis et, à la fin, chacun eut son petit pot de lait chaud : jamais rien ne nous sembla meilleur. Des tranches de phoque et de graisse complétèrent le repas, car les phoques qui avaient été assez insouciants pour attendre notre arrivée sur la plage l'avaient déjà payé de leur vie. Pas de repos pour le cuisinier. Le fourneau flambait et pétillait avec ardeur pendant qu'il cuisinait, non pas pour un repas… mais pour une suite quasi ininterrompue de festins qui se prolongèrent tout le long du jour. Chacun but de l'eau et mangea du phoque jusqu'à la limite de ses capacités.

On dressa les tentes avec des rames pour support – les carcasses ayant été abandonnées sur un glaçon – et à 3 heures après midi notre camp était organisé. Les hommes s'installèrent de bonne heure pour un sommeil bienheureux et tranquille, interrompu seulement par l'appel du tour de veille. Le principal devoir du veilleur était d'entretenir le fourneau allumé, et chacun en profita pour se cuire un repas pendant son quart, et un souper avant d'aller se recoucher.

Avant d'aller dormir, Wild, Worsley et Hurley m'accompagnèrent pour examiner la plage. J'aurais aimé reporter cette promenade à plus tard, mais la prudence que les voyages polaires implantent dans l'esprit du voyageur me guidait. L'endroit nous sembla moins que réjouissant. Des marques sur les rochers prouvaient qu'aux marées de printemps, la petite plage serait couverte par l'eau jusqu'au pied des falaises. Par une forte tempête de nord-est, comme il pouvait y en avoir à tout moment, les vagues franchiraient la barrière de récifs et se briseraient contre le mur de rochers, loin derrière nous. Des marques indiquaient clairement la hauteur de l'eau contre les falaises, et je trouvai à une certaine distance de la rive un débris de bois de trois pieds environ, tout usé par les vagues. De toute évidence il fallait trouver un endroit plus sûr. Je ne voulus pas troubler le repos des hommes par la pensée qu'au prochain instant il faudrait peut-être faire encore face au péril. Pendant tant

et tant de jours, nous avions vécu sous la menace de la
mer; un répit était nécessaire à nos corps surmenés et à nos
esprits tendus.

Notre position n'en était pas moins délicate. La falaise
au fond de la plage n'était accessible qu'en deux endroits
par des pentes de neige. L'approvisionnement ne nous
causait certes plus de souci; il y avait beaucoup de phoques
alentour. De temps en temps, un de ces animaux, sortant
de l'eau, se traînait sur la plage, rendez-vous visiblement
très fréquenté de cette espèce. Sur une petite île rocheuse,
qui nous protégeait un peu du vent de nord-ouest, se tenait
une réunion de pingouins. Ces oiseaux ont des habitudes
migratrices, et il fallait s'attendre à ce qu'ils nous quittent
avant l'hiver; du reste ils étaient hors de notre atteinte. Le
charme de ces attractions était sensiblement atténué par
le fait que la plage était ouverte au nord-est et à l'est, or
pendant l'hiver les vents d'est prévalent sur cette partie
de l'Atlantique. Avant de me retirer cette nuit-là, j'étudiai
attentivement notre position et les moyens de nous transporter, avec bateaux et provisions, sur une plage plus sûre.
Nous-mêmes pouvions grimper un peu plus haut sur les
pentes de neige; mais impossible d'y amener les bateaux.
L'intérieur de l'île était donc tout à fait inaccessible depuis
notre base. En grimpant l'une des pentes, nous avions été
bientôt arrêtés par des falaises surplombantes. Les rochers
qui dominaient le camp étaient battus par les vents, et des
cailloux aigus ne cessaient de se détacher du sommet. Il y
avait là un sérieux danger au-dessus de nos têtes. Il fallait
partir à tout prix. L'esprit rempli de cette pensée, j'atteignis
ma tente et tombai endormi sur le terrain pierreux, goûtant
pour la première fois depuis bien des mois une agréable
sensation de stabilité. La princesse des contes de fées qui
ne pouvait pas supporter la présence d'un petit pois sous
une pile de sept matelas n'aurait pas compris mon plaisir
à sentir sous moi la rugosité des pierres. C'était l'assurance

que nous étions sains et saufs, que le sol ne pouvait ni se briser sous nos pieds ni dériver.

De bonne heure le matin suivant, 15 avril, tous les hommes étaient debout. Au beau soleil, ils étendirent vêtements et fourniments pour les sécher ; la plage ressemblait à un camp de bohémiens de très mauvaise allure. Les vêtements et les chaussures étaient bien mal en point. J'avais décidé d'envoyer Wild avec le *Stancomb Wills* chercher une autre plage le long de la côte. Lui et moi discutâmes ce projet tout en déjeunant de tranches de phoque chaud et de graisse. Il s'agissait de trouver un camp où nous puissions vivre des semaines et même des mois sans crainte de la mer ni des plus rudes tempêtes d'hiver. Wild longerait la côte vers l'ouest avec quatre hommes des plus endurcis, Marston, Crean, Vincent et McCarthy, et s'il ne revenait pas avant la nuit, nous allumerions un feu à l'entrée du passage. À 11 heures du matin, le *Stancomb Wills* se mit en marche et disparut rapidement à un détour de l'île. Alors, avec Hurley, je partis en reconnaissance en quête d'une place pour camper dans les parages immédiats au cas où les recherches de Wild seraient infructueuses. Notre lambeau de plage était couvert de rocs détachés de la montagne. Après avoir grimpé par une brèche entre la falaise et un grand pilier de basalte et exploré tous les recoins sur une longueur de deux milles, il nous fallut retourner sans succès sur nos pas, après trois heures de fatigues inutiles. Cependant nous avions trouvé, sur un des côtés du pilier de basalte, une crevasse à l'abri de la mer – sauf peut-être par grande tempête, car des cailloux roulés prouvaient que les vagues y arrivaient de temps à autre. Je décidai de déposer dans cette fente dix caisses de rations Bovril, dans le cas d'un départ subit. Nous pourrions toujours revenir chercher ces provisions plus tard.

Au camp, les hommes se reposaient et réparaient leurs vêtements. Clark avait essayé de pêcher à la ligne entre les rochers et avait attrapé un ou deux petits poissons. La journée s'écoula tranquillement. On dérouilla les aiguilles en les frottant sur des pierres, et les habits furent bientôt rapiécés et reprisés. Une lourde sensation de fatigue – réaction naturelle après les efforts des jours précédents –, nous avait envahis. Mais la marée, montant plus loin sur la plage que les jours d'avant, troubla notre repos ; il fallut haler les bateaux un peu plus haut et rapprocher notre camp provisoire de la falaise. J'indiquai les places exactes des tentes, de la cuisine et des autres installations ; chaque pied de terrain avait de la valeur. À la nuit, le *Stancomb Wills* n'était pas rentré, et je fis allumer un feu de graisse à l'endroit convenu.

Vers 8 heures, un appel lointain nous parvint et bientôt, comme un pâle fantôme, le bateau émergea de l'obscurité avec les visages des hommes tout blancs à la lueur du feu. Wild l'amena sur la plage avec la houle, et en moins de deux minutes nous l'avions halé en sûreté. J'attendais avec quelque anxiété le rapport de Wild. Mon soulagement fut grand quand il me dit avoir découvert, à sept milles à l'ouest, une langue sablonneuse de deux cents yards environ à angle droit avec la côte et terminée vers la mer par un amas de rochers. Cette petite presqu'île se rattachait à la terre par une longue pente neigeuse, et il semblait possible d'établir une cagna dans la neige. De toute façon, cet endroit valait mieux que notre plage étroite – Wild ajouta d'ailleurs qu'il n'avait vu aucun autre terrain propre à un campement. Au-delà, à l'ouest et au sud-ouest, s'étendait une ligne farouche de falaises et de glaciers plongeant à pic dans la mer. Wild pensait que, par très fortes tempêtes du sud-ouest ou de l'ouest, l'écume arrivait peut-être jusqu'à cette plage, mais jamais les vagues. Les bateaux pourraient y être en sûreté.

Ces bonnes nouvelles ne faisaient qu'exciter ma hâte de lever le camp. Le vent était favorable à une course le long de la côte ; le temps, très beau depuis deux jours, pouvait changer à tout moment. J'annonçai aux hommes un départ matinal pour le lendemain. Un phoque fraîchement tué nous fournit le souper, lequel fut suivi d'un sommeil confortable jusqu'à l'aube.

Le matin du 17 avril se leva beau et clair. La mer était unie, mais au loin une ligne de pack semblait approcher. Nous avions déjà remarqué des packs et des icebergs poussés à l'est par un courant, puis parfois repoussés vers l'ouest. C'était un phénomène de ce genre qui avait retardé le retour de Wild. La vitesse du courant était d'au moins cinq milles à l'heure. À ce moment, la marée ne montait pas à plus de cinq pieds, mais elle augmentait, car la lune croissait et l'apparition de la glace rendait plus urgent encore notre départ ; il ne s'agissait pas d'être emprisonnés sur la plage par le pack. Les bateaux furent bientôt à flot et, après un déjeuner rapide, les hommes travaillèrent à embarquer provisions et équipements. Un grand désagrément survint : nous employions les rames comme rouleaux pour lancer les bateaux et trois d'entre elles se brisèrent. Les préparatifs furent plus longs que je ne l'avais escompté. Quelques hommes semblaient regretter vraiment l'abandon de cette petite plage et c'était sans ardeur qu'ils envisageaient de s'aventurer une fois de plus sur l'Océan. Mais le départ s'imposait. À 11 heures nous étions en mer, le *James Caird* en tête. Comme nous contournions la petite île occupée par le cercle des pingouins, un coup de vent balaya les falaises de quelque deux mille pieds d'altitude qui dominaient la plage, héraut d'une tempête de sud qui allait se lever moins d'une demi-heure après.

Bientôt nous avancions à la rame, le vent de côté. Jamais travail ne fut plus rude. Le vent tournait du sud au sud-ouest et les rames brisées nous manquaient sérieusement. Le *James Caird*, étant le plus chargé, avait gardé ses rameurs au complet, pendant que le *Dudley Docker* et le *Stancomb*

Wills suivaient de près, employant à tour de rôle un aviron dépareillé. La grande houle mugissait contre les falaises ; nous étions parfois presque entraînés contre les rochers par les vagues vertes ourlées d'écume. Nous longions la côte le plus près possible pour ne pas être entraînés par la mer démontée, toute blanche sous les rafales furieuses. Deux heures de ce travail exténuant nous épuisèrent. Par bonheur, une pointe de rochers nous offrit ensuite un abri relatif. Au-dessus de nous, des falaises en forme de tours se dressaient à plusieurs centaines de pieds ; les oiseaux de mer, rapetissés par la hauteur, s'échappaient sans cesse des fentes des rochers. Les canots s'élevaient et retombaient, portés par la grande houle, mais les vagues ne se brisaient pas dans notre petit port et nous en profitâmes pour manger nos rations froides pendant que quelques-uns d'entre nous restaient aux rames pour empêcher les bateaux de heurter la falaise. Après une demi-heure de repos, je donnai l'ordre du départ. Le *Dudley Docker* avançait avec trois avirons – le *Stancomb Wills* n'en avait qu'un – et par les grandes rafales il déviait sous le vent. Je surveillais anxieusement ce combat contre le vent et la mer. Il n'aurait servi à rien que le *James Caird* retournât aider le canot en difficulté ; il avait déjà assez de peine à avancer avec sa lourde charge. Il n'y avait qu'une chose à faire : continuer en espérant que tout irait bien. Les hommes étaient trempés jusqu'aux os, beaucoup souffraient cruellement du froid. Nous avancions lentement. Comme une tour dans la mer, un grand pilier rocheux s'élevait plus loin à une hauteur de deux mille quatre cents pieds. Une ligne de récifs entre la côte et ce pilier nous barrait la route. Nous nous préparions à affronter la mer furieuse pour en contourner l'obstacle, quand une interruption dans l'écume blanche nous révéla un passage au milieu des récifs. Nous en profitâmes, tout en recevant des nuages d'eau mousseuse à bâbord. Le *Stancomb Wills* suivit sans accident, mais dans l'écume cinglante je perdis de vue le *Dudley Docker*. J'imaginais qu'il dérivait trop sous le vent pour passer entre le pilier et la côte, mais je n'osais pas m'arrêter pour l'attendre. Ce fut un mauvais moment. Enfin, vers 5 heures, le *James Caird* et le *Stancomb Wills* entrèrent dans une eau relativement calme : la plage décrite par Wild s'étendait devant nous. Je cherchai vainement des yeux le *Dudley Docker*.

La petite presqu'île était entourée de récifs contre lesquels la mer se brisait avec violence. J'ordonnai au *Stancomb Wills* d'atterrir à un endroit en pente douce. Quelques instants après il avait réussi, et les hommes le tiraient à l'abri des vagues. Alors seulement je me décidai à engager le *James Caird*. Quelques-uns d'entre nous, sautant sur la plage, passèrent le câblot autour d'un roc pour empêcher le bateau d'être emporté par le remous. Les canots ne pouvant être halés avec leur chargement, nous nous mîmes à travailler avec une ardeur de possédés à débarquer provisions et équipement. Le fourneau vivement allumé, le cuisinier prépara une boisson chaude. Au plus fort de la besogne, je vis tout à coup Rickinson pâlir et tomber à la renverse. Je l'amenai auprès du feu, allumé à l'abri de quelques rochers. McIlroy, qui l'examina, diagnostiqua des troubles cardiaques, vraisemblablement dus aux trop grands efforts que le malheureux garçon avait fournis. Il lui fallait une prompte surveillance médicale. Certains veulent faire plus que leur part et entreprennent plus que leur force ne peut accomplir. Rickinson était une de ces âmes ardentes. Comme nombre de membres de l'expédition, il souffrait aussi de mauvaises brûlures d'eau salée. Nos poignets, nos bras et nos jambes étaient attaqués, affection provoquée par le contact perpétuel de la saumure et par le frottement des vêtements humides.

J'étais très inquiet du sort du *Dudley Docker* et, tout en aidant les hommes à décharger, mes yeux et mes pensées se tournaient incessamment vers l'est. Mais avant peu le bateau manquant apparut, peinant parmi les vagues blanches d'écume. Bientôt il atteignait le calme relatif de la baie. Nous le regardions approcher avec le même sentiment de soulagement qu'éprouve le marin en mettant la barre sur le port. La marée descendait rapidement. Worsley, avant d'atterrir, allégea le *Dudley Docker* de quelques caisses qu'il laissa sur un récif où on les reprit plus tard. Nous mettant tous au travail, les bateaux furent promptement déchargés et hissés sur la plage. Cette plage, rude, exposée aux vents, inhospitalière, n'était en aucune façon un terrain de campement idéal : une acre ou deux de galets, la mer mugissant tout autour, sauf du côté où une pente de neige s'élevait vers le glacier qui bornait l'horizon vers la terre. Mais quelques larges quartiers de roche nous abriteraient un peu du vent. Ce soir-là, ce fut une joyeuse réunion qui s'installa autour du fourneau, dont la fumée âcre se rabattait sur nous à la moindre saute de vent. En somme, c'était un pas de plus vers le home, et nous pouvions nous offrir le luxe d'oublier pour une heure le problème de l'avenir. La vie ne nous semblait plus si mauvaise ; le souper nous réchauffa, puis on fit sécher un peu de tabac pour fumer une pipe avant de dormir. Il nous avait été impossible de trouver sous la neige la marque des marées ; nous ne savions donc pas exactement jusqu'où la mer monterait, et, à 2 heures du matin, une petite vague se frayait un chemin jusqu'à moi. C'était la preuve en action que nous n'étions pas assez loin de la rive, mais, dans la demi-obscurité, comment se rendre compte de la sûreté des lieux ? Il était peut-être heureux que les circonstances nous aient habitués aux changements de camp subits. Les tentes furent transportées au bout de la plage contre un énorme rocher à l'abri du vent. Les gros cailloux qui jonchaient le sol faisaient de cet endroit une place de repos peu confortable et la neige tombait lourdement. Il fallut aussi tirer les bateaux plus haut sur la grève. Terrible mésaventure : deux de nos quatre sacs de vêtements, placés sous la carène du *James Caird*, furent emportés par une vague avant que nous ayons eu le temps de la voir arriver. Nous n'avions aucune chance de les retrouver et ce ne fut pas le dernier accident de la nuit : au petit matin, la grosse tente qui abritait huit hommes fut réduite en pièces. Quelques-uns des occupants purent se réfugier dans les autres tentes, mais plusieurs durent rester dans leurs sacs de couchage, à peine abrités par quelques lambeaux de toile déchirée, jusqu'au moment du lever.

Le matin du 18 avril, une tempête du sud soufflait et la neige en rafales couvrait tout. Le paysage manquait vraiment de charme, mais un énorme travail nous attendait et il n'était pas question que nous restions ce jour-là enfermés dans nos sacs. Quelques éléphants de mer dormaient sur la plage ; nous abattîmes plusieurs jeunes. Pour remplacer la grosse tente, le *Dudley Docker* fut tourné sur le côté, soutenu par des empilements de pierres qui jouaient le rôle de murs et protégeaient l'intérieur de cet habitacle improvisé. Enfin, on attacha le câblot et une autre corde à de gros rochers afin d'empêcher le bateau d'être renversé par le vent. Les deux sacs d'habits flottaient près de la plage parmi les glaces détachées du glacier, mais impossible de les atteindre. Tout le jour la tempête continua. À la neige du ciel s'ajoutait celle qui dérivait sur le front du glacier.

J'examinai attentivement la petite langue de terre : une partie de la plage était au-dessus de la limite des marées et, dans cette partie, des rochers nous abriteraient un peu. Par beau temps, on pourrait escalader les pentes de neige qui montaient vers le glacier, mais je décidai de ne pas m'y risquer pendant la tempête. Du côté du large s'étendait la ligne de récifs dont j'ai déjà parlé. En atterrissant, nous avions remarqué avec une grande satisfaction quelques milliers de ringed-pingouins et de gentoos assemblés sur ces rochers. Le ringed-pingouin n'est à aucun égard le meilleur des pingouins ; mais il peut fournir sa part de nourriture. À 8 heures ce matin-là, ces oiseaux s'assemblèrent en bon

ordre tout au bord de l'eau; je pensais qu'ils se préparaient à leur excursion de pêche journalière, mais bientôt
il devint évident qu'il s'agissait de quelque voyage important. Ils allaient émigrer; c'était beaucoup de nourriture
qui nous échappait. En hâte, armés de gourdins improvisés, nous nous dirigeâmes vers le rassemblement. Trop
tard! Les chefs poussèrent leur cri de commandement, et
les colonnes prirent la mer en rangs réguliers. Pour passer
devant la plage, les pèlerins, suivant l'exemple de leurs
chefs, plongèrent et reparurent un peu plus loin, hors
d'atteinte. Quelques-uns des plus faibles, effrayés, revinrent
à la plage, où ils tombèrent victimes de nos besoins, mais
le gros de l'armée se dirigea au nord et disparut bientôt.
Nous craignions que les gentoos ne suivissent l'exemple de
leurs cousins : heureusement ils n'étaient pas migrateurs
et de temps en temps venaient se promener sur la plage.
Le gentoo est le plus fortement coloré de toutes ces petites
variétés de pingouins; pour le poids, il dépasse de beaucoup
l'adélie, détail qui nous intéressait particulièrement.

Le rocher déserté était certainement hors de l'atteinte
des plus hautes marées; les pingouins ne s'y trompent pas.
Ce serait pour un campement une place de toute sûreté.
Évidemment une installation sur ce rocher ne manquerait pas d'inconvénients. L'odeur était forte, pour dire les
choses poliment, et quand la chaleur de nos corps dégèle-
rait la surface, elle ne s'atténuerait pas, loin de là. Mais le
choix était restreint. Donc, dans l'après-midi, on prépara
l'emplacement de deux tentes sur ce terrain animal, nivelé
pour l'occasion avec de la neige et des pierres. La tente n° 1,
la mienne, fut installée sous la falaise, et j'y vécus tout le
temps de mon séjour dans l'île; tout près, la tente de Crean;
à quelques yards, sur une belle neige, les trois autres. La
cinquième tente était composée de quelques lambeaux de
toile tendus sur une grossière carcasse de rames.

L'organisation du camp, la vérification du matériel, la

chasse et le dépeçage des phoques et des éléphants de mer occupèrent toute la journée jusqu'à l'heure (peu tardive) où nous retrouvâmes nos sacs de couchage. Une nuit agréable ne devait pas être le lot de mes camarades de tente ni de moi-même : la neige ayant fondu à la chaleur de nos corps, il se forma autour de nous une boue jaunâtre d'une puanteur infecte ; la neige dérivant des hauteurs pesait sur les côtés de la tente et, pour couronner le tout, une rafale s'abattit sur notre abri. Jusqu'au matin nous restâmes sous la toile chargée de neige. Avec l'orage qui faisait fureur et l'obscurité, redresser la tente aurait été un travail inutile.

Au matin du 19 avril, le temps était encore mauvais. Quelques hommes montraient des signes de démoralisation. Ils ne pensaient qu'au manque de confort du moment présent, oubliant la bonne fortune qui nous avait amenés sur cette terre relativement sûre. L'insouciance proverbiale des marins me fut démontrée une fois de plus par l'état des gants et des coiffures. Ces objets étaient gelés, raides (il aurait évidemment fallu les mettre pendant la nuit entre sa chemise et soi). Leurs propriétaires considéraient que ce désagrément leur donnait tous les droits pour grogner ; ils voulaient des vêtements secs et prétendaient que leur santé ne leur permettait aucun travail. Ils n'étaient pas disposés à quitter les tentes, et ce ne fut que par une méthode plutôt expéditive qu'ils se laissèrent persuader.

La tempête du sud amenait beaucoup de neige. Elle soufflait si fort qu'en allant tuer un phoque le long de la plage, je fus jeté à terre par un coup de vent. Au même moment, les gamelles de la tente n° 2 furent emportées dans la mer, tandis qu'une caisse de provisions était enlevée par une rafale. Heureusement ces gamelles n'étaient pas indispensables. La cuisine était installée contre les rochers, tout près de ma tente, dans un trou ménagé parmi les détritus laissés par les pingouins ; les caisses de provisions l'abritaient un peu du vent, et une voile étendue protégeait le cuisinier

pendant son travail. Il n'avait pas beaucoup de temps pour
paresser, ce cuisinier, car la quantité de phoques et d'éléphants de mer qu'a pu consommer notre groupe affamé est
presque incroyable. Il faut dire qu'il ne manquait pas d'aide,
le fourneau exerçant une grande attraction sur tous, mais il
mérite la gratitude de chacun pour son énergie inlassable
à préparer des repas savoureux et bienfaisants – au moins
pour nous, sinon pour lui. Nous avions vraiment besoin du
réconfort d'une nourriture chaude. Le souffle glacé de la
tempête s'infiltrait par chaque interstice de nos vêtements
usés et de nos tentes en lambeaux, la neige dérivant du
glacier et celle tombant du ciel nous enveloppaient, nous
et nos équipements, et tendaient des pièges à nos pieds
trébuchants ; la marée montante battait les rochers et les
galets et jetait des fragments de glace à quelques pas de nos
bateaux. Une fois, pendant la matinée, le soleil brilla entre
deux nuages, et un morceau de ciel bleu apparut. Mais le
beau temps n'était pas assuré. Malgré tout nous étions en
sûreté ; n'était-ce pas le principal ? Tous les hommes, désormais, allaient pouvoir se reposer et se restaurer à loisir.

LE VOYAGE EN BATEAU

La mer montante nous obligeait à tirer les bateaux toujours plus haut sur la grève : tous les hommes s'employaient à ce travail, veillant à attacher les câblots à de gros rochers.

Puis je discutai avec Wild et Worsley des chances d'atteindre la Géorgie du Sud avant que l'hiver nous fermât la mer. Il fallait à toute force essayer de chercher du secours. Les privations et les efforts avaient laissé leur empreinte sur nous, et la santé et l'état mental de beaucoup me causaient une sérieuse inquiétude. Les pieds de Blackborrow, gelés pendant le voyage en bateau, étaient en mauvais état, et les deux médecins craignaient qu'une opération ne fût nécessaire. Il faudrait amputer les orteils si la vie ne leur revenait pas avant peu. Les provisions étaient aussi une considération vitale. Un inventaire révéla que, si l'on exceptait les dix caisses laissées dans la crevasse du rocher de notre premier campement, il restait des rations complètes pour cinq semaines. Ces rations pourraient être prolongées jusqu'à trois mois si on les réduisait au minimum, et j'espérais que phoques et éléphants de mer y suppléeraient, sans pourtant y compter complètement ; car ces animaux désertaient la plage et l'hiver approchait. Notre stock comptait alors trois phoques et deux peaux et demie (avec la graisse qui s'y trouvait attachée). La graisse était notre seul combustible, et je décidai qu'il fallait nous limiter à un repas chaud par jour.

La conclusion de mes inventaires et de mes réflexions fut celle-ci : un voyage en bateau pour chercher du secours s'imposait sans retard. Le port le plus proche où nous trouverions assistance était Port-Stanley, dans les îles Falkland, à cinq cent quarante milles. Mais il était téméraire d'espérer y arriver dans un bâtiment frêle, avec peu de voiles, en luttant contre le vent nord-ouest prévalant dans ces parages. La Géorgie du Sud était plus loin – huit cents milles – mais dans la direction du vent, et nous pouvions espérer trouver des pêcheurs de baleines dans les stations de la côte est. Un petit groupe tenterait le voyage en bateau et reviendrait avec du secours avant un mois, pourvu cependant que la mer fût alors libre de glace et que le bateau résistât aux tempêtes. La Géorgie du Sud devait être notre objectif ; il n'y avait pas à hésiter, et je recommençai à faire des plans. Un voyage de huit cents milles à travers l'océan subantarctique, réputé pour ses colères, était évidemment hasardeux ; mais l'aventure mise au pire n'ajouterait rien aux risques des hommes restés sur l'île et nous serions moins nombreux à nourrir pendant l'hiver. Le détachement de secours ne prendrait pas plus d'un mois de rations pour six hommes ; si dans ce laps de temps nous n'atterrissions pas à la Géorgie du Sud, nous étions sûrs de n'atterrir jamais nulle part. Et puis il n'y avait aucune chance que l'on nous cherche sur l'île de l'Éléphant ; c'était une considération importante.

Le projet demandait à être examiné en détail. Tous les hommes savaient que les périls du voyage seraient extrêmes. Mais notre urgent besoin de secours justifiait une entreprise aussi risquée. Au milieu de mai, l'océan au sud du cap Horn est connu pour être le plus orageux de la planète. L'atmosphère est alors bouleversée, le ciel sombre et couvert, les tempêtes presque incessantes. Voilà ce qu'il nous fallait affronter dans un petit bateau déjà fatigué par le travail des mois précédents. Worsley et Wild approuvaient la tentative. Tous deux demandèrent à m'accompagner. Je répondis tout de suite à Wild qu'il lui faudrait rester. Je comptais sur lui pour diriger les autres en mon absence et, au cas où nous échouerions, pour tenter de les conduire jusqu'à l'île Déception au printemps. Je prendrais avec moi Worsley; j'avais une haute opinion de sa précision et de sa sagacité comme navigateur, spécialement quand il fallait faire le point dans des circonstances difficiles – opinion qui ne fit que se confirmer durant le voyage. Il nous fallait encore quatre hommes. Je décidai de faire appel à des volontaires, quoique vraiment je n'eusse pas été embarrassé pour choisir. Je pensais laisser Crean, comme bras droit de Wild; mais il demanda si ardemment à nous accompagner qu'après une consultation avec Wild, je me laissai convaincre. Je réunis tous les hommes, leur expliquai mon plan et demandai des volontaires. Beaucoup se présentèrent. Quelques-uns n'étaient pas en état de supporter l'effort qu'il faudrait fournir; d'autres, n'étant pas marins, n'avaient pas l'expérience nécessaire, bien que les aventures des mois précédents leur donnassent droit à quelque considération comme hommes de mer. McIlroy et Macklin désiraient vivement être du voyage, mais leur devoir était auprès des malades. Ils me suggérèrent l'idée de prendre Blackborrow pour qu'il eût au plus tôt abri et chaleur, mais je dus m'y opposer : le voyage serait déjà assez dur pour les hommes bien portants et vraiment je ne voyais pas comment un homme malade, couché sans mouvement au fond du bateau, pourrait survivre aux terribles températures que nous étions sûrs d'avoir à supporter. Finalement, je choisis McCarthy et Vincent. L'équipage semblait solide et, en le regardant, je sentais croître ma confiance.

Cette décision prise, j'allai, malgré le blizzard, avec Worsley et Wild examiner le *James Caird*. Ce bateau de vingt pieds n'avait jamais paru bien grand, mais quand je l'inspectai à la lumière de notre nouvelle décision, il me sembla avoir rétréci d'une manière mystérieuse. C'était un baleinier ordinaire, solide, mais les efforts qu'il avait fournis depuis l'enfoncement de l'*Endurance* avaient laissé sur lui des traces. Le trou fait en quittant le pack, heureusement au-dessus de la ligne de flottaison, avait été facilement réparé. Nous reportâmes nos regards sur la mer tumultueuse et bouleversée par la tempête, qui serait bientôt notre route. C'était évidemment tenter une grande aventure. Je demandai au charpentier s'il ne pourrait rien faire pour rendre le bateau plus apte à affronter l'océan. Il s'enquit d'abord s'il m'accompagnerait, et mon «oui» sembla l'enchanter. Il approchait les cinquante ans et n'était pas trop homme de mer, mais il connaissait bien les bateaux et c'était un esprit vif. McCarthy proposa de munir le canot d'une sorte de couverture en employant à cela les couvercles des caisses et les patins des traîneaux, que nous avions attachés à l'extérieur des embarcations en quittant le pack, pour le cas où nous viendrions à atterrir sur le Graham Land ou dans la baie de Wilhelmine. Le charpentier proposa de compléter la couverture avec un peu de toile, et il se mit tout de suite à faire ses plans.

Au cours de l'après-midi, la tempête redoubla de violence. Impossible de commencer les préparatifs. Le vent malmenait fort les tentes, la mer montait. Il aurait fallu creuser dans la neige de la pente un trou assez grand pour nous abriter tous. Je désirais que Wild et ses hommes pussent camper là en mon absence, car il était impossible que les tentes résistent longtemps aux attaques d'un tel vent ; mais, après examen, force fut de reconnaître que tous les trous creusés seraient rapidement comblés par la neige. À la nuit, vers 5 heures, chacun se mit dans son sac après un souper composé d'un petit pot de lait chaud, d'un de nos précieux biscuits et d'une patte de pingouin froide.

Le matin suivant, 20 avril, la tempête, plus forte que jamais, rendait tout travail impossible. Le blizzard était coupé d'accalmies soudaines suivies de violents retours. Pendant ces répits, nous pouvions voir au loin, à l'horizon nord-est, des icebergs de toutes formes et de toutes dimensions dérivant devant la tempête. Cette vue nous faisait apprécier notre position actuelle ; en comparaison de la lutte contre l'orage parmi les glaces, la lente dérive de notre glacier semblait peu de chose. Les rafales pouvaient nous jeter par terre, au moins c'était sur une terre ferme. Ce jour-là, deux phoques vinrent sur la plage, l'un d'eux à dix pas à peine de ma tente. Si urgent était notre besoin de nourriture et de graisse qu'au lieu de courir simplement sus à la bête pour essayer de la frapper sur le nez, j'appelai tous les hommes comme rabatteurs, afin de nous permettre de tomber dessus « en masse » au cas où elle essaierait de s'enfuir. L'animal fut tué avec un manche de pioche, et, en quelques minutes, des provisions pour cinq jours et du combustible pour six furent mis en sûreté, hors de l'atteinte de la marée. Ce jour-là le cuisinier, qui avait si bien travaillé sur la banquise et pendant le voyage, s'affaissa soudain. J'étais à la cuisine à ce moment-là et le vis tomber. Je l'emmenai dans sa tente et le mis dans son sac de couchage, avec ordre à ses compagnons de tente de ne pas l'en laisser sortir sans ma permission ou celle des médecins. Je le remplaçai aux fourneaux par un homme qui avait exprimé le désir de se coucher par terre et de mourir. La tâche difficile et fatigante d'entretenir le feu éloigna ses idées noires. Je le retrouvai un peu plus tard, surveillant gravement le séchage d'une paire de chaussettes – naturellement pas lavées – pendue à proximité de notre lait du soir. L'occupation avait ramené ses pensées aux petits soucis de l'existence.

Le 21 avril, une accalmie permit au charpentier de commencer à réunir les matériaux d'un pont pour le *James Caird*. Il établit le mât du *Stancomb Wills* horizontalement

de l'avant à l'arrière du canot de secours pour renforcer
la carène et empêcher le bateau de «s'arquer», ce qui est
à craindre par grosse mer. Il n'avait pas assez de bois pour
ponter complètement le canot, mais en employant les patins
des traîneaux et tous les couvercles de boîtes, il parvint
à établir une charpente qui courait du gaillard d'avant
jusqu'au réservoir d'arrière. C'était fait de beaucoup de
morceaux; mais recouvert d'une toile, ce serait un abri.
Nous avions encore avec nous une aune de toile gelée, tellement raide qu'il fallut la dégeler pied par pied pour pouvoir
la coudre. La chose faite donna au bateau une apparence de
sécurité, mais je ressentais à ce spectacle la même impression désagréable que vous donne un décor de théâtre qui
figure un mur de granit, alors qu'il n'est jamais qu'un vague
assemblage de toile et de lattes. Cette couverture devait
pourtant remplir convenablement son office, comme le
prouva la suite des événements; sans elle, nous n'aurions
certainement pas survécu à cette terrible traversée.

Le 22 avril, une autre violente tempête se leva, entravant
nos préparatifs. La gamelle de la tente n° 5 fut entraînée par
une rafale, et bien qu'on lui eût fait la chasse jusqu'au bord
de l'eau, elle disparut pour de bon. Les pieds de Blackborrow le faisaient beaucoup souffrir. McIlroy et Macklin
pensaient qu'une opération serait bientôt nécessaire. Ils
croyaient n'avoir plus de chloroforme, mais après notre
départ ils devaient en retrouver dans le coffre à pharmacie.

Ce même jour, j'envoyai chercher les caisses de provisions laissées sur un rocher lors de notre arrivée. Le reste
de la journée se passa à choisir dans notre petit stock les
provisions et l'équipement indispensables pour le voyage
en bateau. On remplit deux barils de dix gallons de glace
fondue récoltée au pied du glacier. Il fallut la nuit entière
pour mener à bien cette opération, les hommes de quart
passant tout leur temps de veille à fondre la glace dans
une gamelle avant de la verser dans les barils. Un groupe

de travailleurs entreprit enfin de creuser à quarante pieds environ au-dessus du niveau de la mer un trou dans la pente de neige afin d'y aménager un abri. Le trou se creusait rapidement, mais la neige qui ne cessait de glisser en suivant la pente le comblait, et il fallut abandonner ce projet.

Le 23 avril, le beau temps nous fit hâter nos préparatifs. Ce jour-là, j'arrêtai finalement que l'équipage du *James Caird* comprendrait Worsley, Crean, McNeish, McCarthy, Vincent et moi. Vers midi, un orage amena de la neige et de grandes bourrasques. De temps à autre, l'atmosphère s'éclaircissait pour quelques minutes, et nous pouvions voir alors une ligne de pack dérivant d'ouest en est. Cette vue accrut mon désir de partir au plus tôt : l'hiver avançait ; bientôt le pack emprisonnerait l'île et retarderait notre départ pour des jours, peut-être des semaines. J'espérais que l'île ne serait pas encerclée pendant tout l'hiver par la banquise ; les vents forts et les courants rapides qui règnent dans les parages devaient en principe maintenir la glace en mouvement. Nous avions remarqué des glaçons et des icebergs passant au large à une vitesse de quatre à cinq nœuds. Un amoncellement s'était formé vers le bout de notre presqu'île ; mais la mer était libre là où le bateau devait être lancé.

Je grimpai avec Worsley et Wild au sommet d'un rocher, le plus haut de la plage, pour examiner la glace. La ceinture de pack semblait suffisamment disloquée pour nous livrer passage. Je décidai donc le départ pour le matin suivant ; à chaque instant le pack pouvait nous cerner. Cette décision prise, je passai le reste du jour à veiller à l'équipement et à l'approvisionnement du bateau, et à discuter des plans avec Worsley et Wild.

Notre dernière nuit sur la terre ferme fut froide et inconfortable. Nous étions debout à l'aube. Après le déjeuner, le *Stancomb Wills* fut mis à l'eau, chargé du matériel et du lest qui devaient être transbordés sur le *James Caird* après le lancement de ce dernier. Le lest, d'un poids total d'environ mille livres, consistait en sacs faits de couvertures et remplis de sable. Nous y avions ajouté un certain nombre de cailloux ronds et environ deux cent cinquante livres de glace.

Voici la liste des provisions que nous emportions avec nous. Elles devaient permettre à six hommes de survivre pendant un mois :

30 boîtes d'allumettes ;
6 gallons et demi de pétrole ;
1 bidon d'essence méthylique ;
10 boîtes d'alcool solidifié ;
1 boîte de « blue light » ;
2 fourneaux Primus avec pièces de rechange ;
1 casserole Nansen en aluminium ;
6 sacs de couchage ;
Quelques paires de chaussettes ;
Quelques bougies et un peu d'huile de baleine.
Provisions de bouche :
3 boîtes de rations de traîneaux : 300 rations ;
2 boîtes de noix : 200 rations ;
2 boîtes de biscuits : 600 biscuits ;
1 boîte de sucre en morceaux ;
30 paquets de lait ;
1 boîte de cubes Bovril ;
1 boîte de sel Cérébos ;
36 gallons d'eau.
Instruments :
sextant et cartes marines ;
lunettes ;
boussole prismatique ;
baromètre anéroïde ;
ancre de large.

La houle était légère quand on lança le *Stancomb Wills*, et l'opération s'accomplit sans difficulté ; mais une demi-heure plus tard, quand vint le tour du *James Caird*, ce fut une autre affaire. À l'évidence, une brèche s'était ouverte dans la glace, qui laissait libre passage à la grande houle. En mettant le bateau à l'eau, plusieurs d'entre nous furent mouillés jusqu'à la ceinture, ce qui dans ce climat n'est pas une plaisanterie. Enfin, quand le *James Caird* fut à flot, il faillit chavirer dans les rochers avant que nous ayons pu le conduire hors de l'atteinte du ressac. Vincent et le charpentier furent jetés à la mer, vraie malchance, car ils ne pourraient guère se sécher après notre départ. Hurley, qui voyait les incidents avec les yeux d'un photographe, ne manqua pas d'en profiter, et je crois bien qu'il ne lui aurait pas déplu que les deux infortunés restassent à l'eau un peu plus longtemps encore, afin de lui permettre de prendre un instantané de près ; mais, sans égard pour ses désirs, nous les tirâmes immédiatement au sec.

Le *James Caird* fut conduit au large des brisants ; un long câble formé de toutes les cordes disponibles l'empêcha de dériver au nord-est. Le *Stancomb Wills* vint ensuite se ranger à son côté et, après avoir transbordé son chargement, retourna à la plage en chercher un autre. Cette fois, à l'instant de l'atterrissage, la mer le prit en poupe et le remplit d'eau ; il fallut le retourner et le vider. Chaque membre de l'équipage était mouillé jusqu'aux os. Au second trajet, les barils à eau furent simplement remorqués, mais la houle, qui augmentait toujours, poussa le bateau sur les rochers, où l'un des barils toucha légèrement. Plus tard, nous nous aperçûmes qu'un peu d'eau de mer avait dû s'infiltrer dans le récipient à cette occasion, rendant saumâtre la moitié de notre provision d'eau potable.

À midi, le *James Caird* était prêt à partir. Vincent et le charpentier avaient échangé des habits secs avec quelques-uns de leurs camarades restants. (J'ai su plus tard que les vêtements en question n'avaient pas été complètement secs avant quinze jours pleins.) L'équipage n'attendait que l'ordre de démarrer. Une brise modérée d'ouest soufflait à présent. Je retournai à terre et eus avec Wild, qui restait commandant en chef, un dernier entretien bref sur la marche à suivre dans le cas où notre tentative échouerait. En pratique, je laissais toute la maîtrise de la situation et la liberté d'action et de décision à son propre jugement, assuré, comme je le connaissais, qu'il agirait avec sagesse. Je lui confiais le groupe. Puis, après avoir dit adieu à tous, nous poussâmes au large, et en quelques minutes j'étais de nouveau à bord du *James Caird*. On échangea des poignées de main avec ceux du *Stancomb Wills*, puis le foc fut hissé, le câblot coupé, et le bateau vogua vers le nord-est. Les hommes, sur la plage, formaient un pathétique petit groupe, encadré par les hauteurs de l'île qui s'élevaient derrière eux et par la mer bouillonnant à leurs pieds ; ils nous faisaient des signaux et poussèrent trois hourras cordiaux. Leurs cœurs étaient pleins d'espoir dans le secours que nous allions chercher.

Je fis établir toutes les voiles, et bientôt le *James Caird* perdit de vue la plage et les petites silhouettes sombres. Le vent d'ouest nous poussa rapidement dans le pack ; en y entrant, je me mis debout, mon bras autour du mât, pour indiquer la direction à suivre parmi ces masses en mouvement. Le pack devenant de plus en plus compact nous força à tourner presque droit sur l'est ; nous courions devant le vent vers une trouée que j'avais repérée le matin depuis le rocher de la plage. Je ne pouvais pas la voir, mais elle ne devait pas être loin ; je commençais pourtant à croire que la dérive de l'est l'avait entraînée. À 4 heures après midi, nous la trouvâmes enfin, beaucoup plus étroite qu'il ne m'avait semblé le matin, mais encore navigable. Amenant les voiles, nous nous en tirâmes sans toucher une seule fois la glace, et à 5 heures du soir nous étions hors du pack, la mer libre devant nous. Une heure plus tard, dans l'obscurité, nous dépassâmes encore une masse flottante ; mais le pack était

loin derrière et, avec un bon vent dans les voiles, notre petit
canot plongea dans la nuit vers son but lointain, centre de
nos espoirs. La houle était devenue très forte, et quand vint
l'heure de notre premier repas, nous eûmes toutes les peines
à tenir la lampe Primus allumée et à empêcher le hoosh
de sauter hors du pot. Il fallait trois hommes pour faire
la cuisine : un pour tenir la lampe et deux pour surveiller
le pot d'aluminium et le soulever à chaque mouvement
du bateau. Puis il fallait préserver la lampe de l'eau, car
l'écume sautait par-dessus bord et notre pont n'était pas
imperméable. Toutes ces opérations se déroulaient sur le
pont ; les hommes ne pouvaient s'y mouvoir que couchés ou
agenouillés entre les angles des caisses et le lest. Ce n'était
pas confortable ; mais sans le pont nous n'aurions pu faire
aucune cuisine.

Les seize jours suivants ne furent qu'une lutte de chaque
instant contre les eaux agitées. L'océan subantarctique
soutint sa réputation diabolique. Je décidai de profiter
du vent pour courir au nord pendant deux jours, afin
d'atteindre une zone plus chaude ; après, nous retournerions
vers l'est.

On se relayait toutes les deux heures à la barre. Les
hommes qui ne veillaient pas s'enfonçaient dans leurs sacs
de couchage trempés et essayaient d'oublier leurs maux
pendant un moment. Il n'y avait pas à bord un pouce
d'espace confortable ; les sacs et les caisses semblaient
vivants, tant ils mettaient d'insistance à présenter toujours
leurs angles les plus aigus à nos corps en quête de repos. On
pouvait s'imaginer un bref instant avoir trouvé une position
agréable ; bientôt quelque pointe indocile vous entrait dans
les muscles et dans les os. La première nuit fut pour nous
tous excessivement pénible, et ce fut une délivrance que
de voir poindre l'aube, annonciatrice des préparatifs d'un
déjeuner chaud.

Ce récit de notre voyage vers la Géorgie du Sud est relaté

ici d'après de courtes notes prises au jour le jour. Ces notes n'indiquent en général que la relation sèche des distances, des positions et des températures, mais nos mémoires ont retenu les incidents de ces journées à jamais inoubliables. En courant au nord les deux premiers jours, j'espérais trouver une température plus chaude et par là même éviter les lignes de pack qui pouvaient se détacher du corps principal de la banquise.

Engourdis dans nos étroits quartiers, continuellement trempés par l'écume, le froid nous fit cruellement souffrir pendant tout le voyage. Nous luttions contre la mer et les vents, et il nous fallait faire un effort constant pour nous maintenir en vie. Parfois nous fûmes en terrible péril. Les tempêtes étaient presque incessantes. En général, la certitude que nous avancions vers le pays sauveur nous soutenait; mais il y avait des jours et des nuits où, les voiles descendues, nous étions entraînés au gré de la tempête sur la mer blanche d'écume, guettant avec intérêt plutôt qu'avec appréhension les masses d'eau rugissantes projetées par la nature dans l'orgueil de sa force. Profondes, au regard de notre petit bâtiment, semblaient les vallées entre les vagues vertigineuses. Hautes les collines quand il se perchait pour un instant en haut d'une crête géante. Si frêle était notre bateau et si monstrueuses les vagues que, souvent, les voiles pendaient paresseuses au-dessus de l'abri formé par deux crêtes. Puis soudain, grimpant une pente, nous nous retrouvions en pleine furie, les eaux blanches comme la laine se brisant tout autour de nous.

Nous avions cependant des moments de gaieté, rares il est vrai, mais sincères, et même lorsque les lèvres craquées et les bouches enflées empêchaient le sourire, nous n'étions pas insensibles à la plaisanterie. Le sens de l'humour chez l'homme est toujours facilement excité par les petites mésaventures de son entourage. Je n'oublierai jamais les efforts de Worsley, un certain jour, pour replacer le pot d'aluminium sur le poêle Primus après une chute due à un fort roulis. Avec ses doigts paralysés par le froid, il le ramassait, le laissait retomber, le ramassait encore, et semblait jouer avec lui aussi délicatement que s'il se fût agi de quelque fragile article de la toilette d'une dame. Nous riions, ou plus exactement gloussions de rire.

Le vent gagnait rapidement en violence et, le troisième jour, se changea en une tempête de nord-ouest. Nous maintenions le cap à l'est. Notre pont se révélait bien faible sous l'assaut des vagues : les rafales continuelles déplaçaient les couvercles de boîtes et les patins de traîneaux, et l'eau s'accumulait sur la toile, après quoi des gouttes gelées se mettaient à rouler de l'avant à l'arrière. Les clous arrachés des caisses à l'île de l'Éléphant pour clouer les lattes étaient trop courts pour maintenir solidement la charpente, et nos moyens pour la consolider étaient très limités ; l'eau pénétrait donc dans le bateau par une bonne douzaine de failles. Il aurait fallu aménager un véritable système d'écoulement ; rien de ce que nous pouvions faire n'empêchait le matériel d'être trempé. Vraiment, nous aurions encore préféré les douches d'écume soudaines et nettes aux gouttes hésitantes qui filtraient incessamment de tous côtés. Pendant nos heures de veille, couchés sous les bancs de nage, nous tentions vainement de les éviter ; mais il n'y avait pas une place sèche dans le bateau. À la fin, nous rabattions sur notre tête un pan de nos burberrys et endurions ainsi le supplice. L'évacuation de l'eau était une tâche épuisante pour les hommes de quart. Du repos réel, nous n'en avions jamais : le perpétuel mouvement du bateau le rendait impossible, et puis nous étions glacés, blessés, inquiets. Sous le pont, nous nous traînions sur les mains et les genoux dans la demi-obscurité, et de 6 heures du soir à 7 heures le lendemain dans l'obscurité complète. Nous avions avec nous quelques bouts de chandelle, mais on les économisait soigneusement pour le temps des repas.

Il n'y avait dans le bateau qu'une place à peu près sèche, sous le tillac d'avant. Nous y mettions quelques biscuits pour les préserver de l'eau salée. Malgré cela, je ne crois pas qu'aucun de nous ait jamais eu la bouche préservée d'un affreux goût de sel tout le temps que dura la traversée.

La difficulté de se mouvoir dans le bateau aurait eu son côté humoristique si elle ne nous avait pas causé tant de maux et de douleurs. Nous devions ramper sous le pont, et nos genoux nous faisaient cruellement souffrir. Quand les veilleurs se relayaient, il me fallait de la voix guider les hommes un par un, afin de les aider à se diriger. Si tous s'étaient mis à quatre pattes en même temps, il en aurait résulté beaucoup de bruit et une terrible confusion.

La vie était ainsi ordonnée : quatre heures sur le pont, quatre heures dessous, et cela trois par trois. Il nous fallait en effet être trois pour le quart : un à la barre, un autre aux voiles, le troisième préposé à l'évacuation de l'eau. Quand celle-ci était réduite à de raisonnables proportions, on pouvait employer la pompe – laquelle, fabriquée par Hurley avec la boîte de la boussole du navire, était relativement efficace malgré sa capacité réduite. On pompait dans la casserole, qu'on versait ensuite par-dessus bord. Nous avions bien trouvé un truc pour que l'eau aille directement de la pompe dans la mer par un trou ménagé dans le plat-bord ; mais il fallut boucher ce trou après qu'on eut découvert qu'il prenait l'eau quand le bateau roulait.

Pendant que les hommes de quart grelottaient dans le vent et l'écume, ceux de l'équipe relevée se faufilaient à tâtons dans les sacs de couchage trempés, essayant de dérober un peu de la chaleur du dernier occupant. Mais il ne nous était pas toujours possible de trouver ce petit confort, car, avant de nous coucher, il nous fallait souvent ranger les pierres prises comme lest pour équilibrer le bateau et dégager l'accès de la pompe. Celle-ci était au reste souvent obstruée par les poils des sacs de couchage ; ces sacs en peau de renne perdaient leurs poils sous l'effet de l'humidité continuelle, et les bords en devinrent bientôt complètement chauves. Il est difficile de s'imaginer combien pénible et fatigant était ce perpétuel transport des pierres ; nous en vînmes à connaître chacune d'elles par le toucher non moins que par la vue, et encore aujourd'hui j'ai le souvenir absolument vivant de tous les angles de leurs aspérités. Comme spécimens géologiques, elles auraient été d'un intérêt considérable ; comme lest, elles étaient assurément utiles ; et comme poids à mouvoir, épouvantables. Elles n'épargnaient aucune partie de nos pauvres corps. Un autre de nos maux venait du frottement des vêtements humides sur nos jambes. L'intérieur de nos cuisses n'était qu'une plaie vive, et un tube de « hazeline » trouvé dans la boîte à pharmacie n'allait pas loin dans le soulagement de nos douleurs, accrues par la morsure de l'eau salée. Nous pensions parfois ne jamais pouvoir dormir. Quand il nous arrivait de nous assoupir, une nouvelle douleur ou un nouvel effort à faire nous rappelait rapidement à la réalité. Mon propre lot s'aggravait d'une crise de sciatique bien développée, qui avait commencé sur la banquise plusieurs mois auparavant.

Malgré les tempêtes, nos repas avaient lieu à heure fixe. C'était essentiel, puisqu'une dépense d'énergie s'imposait constamment. À 8 heures, le déjeuner consistait en un pot de hoosh chaud, deux biscuits, quelques morceaux de sucre. Le lunch, à 1 heure, comprenait des rations Bovril, mangées crues, et un pot de lait chaud pour chacun. À 5 heures, même menu. Enfin, pendant la nuit, nous prenions encore une boisson chaude, du lait généralement. Les repas étaient notre seul réconfort dans ces jours froids et orageux ; la chaleur et le bien-être qu'ils nous apportaient nous rendaient notre optimisme.

Nous avions deux bidons de virol en réserve. Le besoin se faisant sentir d'une lampe à huile pour prolonger notre provision de bougies, un des bidons fut vidé et pourvu d'une mèche faite d'un bout de toile. Pleine d'huile, cette lampe donna une lumière qui, bien qu'éteinte facilement, nous fut d'une grande assistance la nuit. Le combustible ne manquait pas, puisque nous avions six gallons et demi de pétrole.

Le quatrième jour, une terrible tempête de sud-ouest nous força à un arrêt. J'aurais voulu courir devant le vent, mais la mer était très grosse et nous risquions d'être chavirés. C'était vexant, cet arrêt ! Jusque-là, nous avions fait de soixante à soixante-dix milles par jour ; bonne avance si l'on considérait notre pauvre jeu de voiles. Les ris doublés dans la grand-voile, nous attendîmes donc que la tempête cesse. Dans l'après-midi, des épaves passèrent près de nous, restes probables de quelque infortuné bâtiment sombré dans l'une de ces terribles tourmentes qui sévissent au sud du cap Horn. Le cinquième jour, les conditions atmosphériques ne changèrent pas ; la tempête devint même si violente qu'il nous fallut amener la grand voile et hisser le petit foc. Le bateau était assez haut pour subir l'assaut du vent, aussi jetâmes-nous une ancre de large pour maintenir le *James Caird* debout à la lame. Cette ancre consistait en un sac de toile triangulaire attaché au bout du câblot. Les crêtes des vagues se frisaient droit au-dessus de nous et nous embarquions beaucoup d'eau, ce qui nécessitait un incessant pompage. Nous voyions les immenses vagues se creuser comme des cavernes avant de s'écrouler. Un bon millier de fois, il sembla que le *James Caird* allait être englouti ; mais il résista. La tempête avait dû naître au-dessus du continent antarctique, et son haleine glacée abaissait la température fort loin au-dessous de zéro. L'écume, en gelant, recouvrait notre petit bâtiment d'une lourde cotte de mailles. Cette accumulation de glace, réduisant l'élasticité du bateau, augmentait le péril, mais, avantage inappréciable, l'eau cessait de s'infiltrer à travers la toile et l'écume ne tombait qu'à peine par l'écoutille. Il ne fallait pourtant pas laisser le poids de la glace s'accumuler : à tour de rôle, nous rampions sur le pont afin de briser cette carapace en nous aidant de tous les instruments possibles. Le matin du sixième jour, quand la lumière parut, nous vîmes et sentîmes que le *James Caird* ne rebondissait plus ; il ne s'élevait plus sur les vagues. Le poids de la glace formée pendant la nuit avait métamorphosé notre bateau en une lourde bûche. La situation exigeait une action immédiate. D'abord les avirons de rechange, caparaçonnés de blanc, furent dégagés et jetés par-dessus bord, sauf deux d'entre eux dont nous aurions besoin pour l'atterrissage ; deux des sacs de couchage en fourrure, jetés par-dessus bord aussi ; ils étaient tellement mouillés et gelés qu'ils ne devaient pas peser moins de quarante livres chacun. Il restait quatre sacs ; c'était assez, puisque nous ne dormions que trois par trois, et il était toujours plus agréable de se coucher dans le sac humide de son prédécesseur que d'avoir à dégeler le sien avec la chaleur de son misérable corps. On garda le quatrième sac pour le cas où l'un de nous serait malade. Le bateau se trouva quelque peu soulagé par cette réduction de poids, et surtout par de vigoureux grattages. Encore, dans notre ardeur à gratter, nous fallait-il faire attention de ne pas mettre la hache ou le couteau dans la toile gelée du pont. Bientôt cependant le *James Caird* délivré s'éleva sur la pointe des vagues, aussi léger qu'avant.

Vers 11 heures du matin, le bateau refusa soudain de se maintenir debout à la lame ; il restait dans l'entre-deux des vagues. Le câblot venait de se détacher ; l'ancre était perdue. C'était grave ! Nous n'avions aucune chance de retrouver l'ancre ni la corde, grâce auxquelles le *James Caird* gardait l'avantage du vent... à moins de nous risquer à hisser les voiles dans la tempête. C'était d'ailleurs la seule chose qu'il nous restait à faire : tandis que le *James Caird* roulait lourdement, nous battions les toiles gelées pour enlever le plus gros de la glace. Enfin, les voiles établies non sans peine, notre canot reprit le vent et nous respirâmes plus librement. La gelée nous faisait toujours souffrir : de larges ampoules se formaient sur nos doigts. Je porterai toujours sur la main gauche la marque d'une de ces morsures du froid, qui s'enflamma mauvaisement après avoir éclaté.

Le reste du jour, le bateau se maintint tant bien que mal dans le vent, sous le ciel sombre et menaçant, inlassablement balloté par les grandes vagues. Chaque soulèvement de la mer était un ennemi qu'il fallait surveiller et circonvenir ; aussi nos pensées se concentraient-elles toutes sur les nécessités du moment. Nous dégustions nos petits repas, soignions nos blessures... tout en espérant un lendemain meilleur. La nuit tomba tôt, et, pendant les longues heures de l'obscurité, nous reprîmes courage en constatant un changement de temps. Le vent tombait, les rafales de neige se faisaient moins fréquentes, la mer s'apaisait. Quand l'aurore du septième jour parut, le vent était redevenu presque modéré ; les ris furent largués et, une fois de plus, la barre mise sur l'île de Géorgie.

Le soleil se montra bientôt, brillant et clair, et Worsley tenta d'établir la longitude. Nous espérions que le soleil resterait visible jusqu'à midi pour avoir la latitude. Nous avions vécu six jours sans prendre une observation, et la route suivie était incertaine. Ce matin-là, le bateau présentait un aspect étrange : tous les hommes se chauffaient au soleil ; les sacs de couchage étaient pendus tout le long du mât, et les chaussettes et autres vêtements répandus sur le pont. Dès que la tempête avait commencé à se relâcher, la glace s'était détachée du *James Caird*. Des marsouins venaient respirer autour du canot, et des pigeons du Cap tournaient et descendaient à quelques pieds de nous. Ces petits oiseaux blanc et noir avaient un air d'amitié que n'ont pas les grands albatros, qui tournent éternellement en rond. Ils nous avaient semblé gris pendant l'orage, quand ils volaient au-dessus de nos têtes en poussant des cris plaintifs. Les albatros, d'une variété noire, nous regardaient quant à eux avec des yeux durs et brillants et semblaient se désintéresser des efforts que nous déployions pour nous maintenir sur la mer démontée. Un pétrel vint aussi voler au-dessus de nous ; puis il y eut un petit oiseau inconnu de moi, affairé et faiseur d'embarras. Il semblait déplacé dans ce paysage et il m'irritait, cet oiseau ; il n'avait pour ainsi dire pas de queue et il voletait au hasard, comme en quête d'un membre perdu. J'en arrivai à désirer qu'il retrouve sa queue et qu'il en finisse avec ses manières insensées.

Ce jour-là, nous nous ébattions dans la bonne chaleur du soleil. La vie n'était pas si mauvaise après tout. Nous nous sentions sur le bon chemin, notre équipement séchait et nous pouvions compter sur un repas chaud. La houle, encore forte, ne se brisait pas, et le bateau avançait facilement. À midi, Worsley fit le point en se balançant sur le plat-bord et en s'accrochant d'une main à l'étai du grand mât. Le résultat fut plus qu'encourageant : nous avions fait trois cent quatre-vingts milles, et nous serions bientôt à mi-chemin de notre but ! Enfin, nous avions quelques chances d'y toucher dans les délais prévus.

Dans l'après-midi, le vent se changea en une forte brise et le *James Caird* fit des progrès satisfaisants. Jusqu'à ce que le soleil apparaisse, je ne m'étais pas aperçu de la petitesse de notre bateau. Était-ce l'influence de la lumière et de la chaleur qui ramenait à l'esprit les souvenirs de jours plus heureux et des comparaisons avec d'autres traversées ? Nous avions dans ce temps-là de solides ponts sous les pieds, une nourriture illimitée, d'agréables cabines, toutes nos aises enfin. Et nous nous trouvions à présent ballottés sur le plus frêle esquif, « seul, seul, tout, tout seul, seul sur la grande, grande mer »...

Nous étions si bas sur l'eau que chaque soulèvement de la houle nous coupait la vue de la ligne d'horizon. Nous n'étions qu'un fétu sur l'immense océan – l'océan qui est ouvert à tous et qui n'a de merci pour personne, qui menace même quand il semble caresser et qui jamais n'a de pitié pour la faiblesse. Par moments, la pensée des forces déchaînées contre nous nous accablait. Puis l'instant d'après, notre bateau s'élevait sur la crête d'une vague, dans une ondée aussi brillante que la vapeur couleur d'arc-en-ciel qui s'élève au pied d'une chute d'eau, et la confiance renaissait.

Par précaution, j'avais embarqué mon fusil à double canon et quelques cartouches pour le cas où la nourriture manquerait. Mais nous n'étions pas disposés à détruire nos petits voisins, les pigeons du Cap, même pour le plaisir d'avoir de la viande fraîche. Nous aurions pu tuer un albatros ; mais ce familier de l'Océan nous inspirait un peu le même sentiment qu'au *Vieux Marin* du temps jadis. Aussi le fusil resta-t-il inemployé et les oiseaux continuèrent à nous suivre sans dommage.

Les huitième, neuvième et dixième jours comptèrent peu d'événements dignes d'être notés. Le vent soufflait à merveille et notre navigation se poursuivait avec régularité. Aucun iceberg ne se montrait à l'horizon ; nous étions complètement dégagés des champs de glace. Chaque jour ramenait son petit lot de troubles... et de compensations – sous forme de nourriture surtout. Notre espoir s'affermissait ; nous sentions approcher le but. Les difficultés avaient été rudes, et pourtant nous risquions de finir vainqueurs. Le froid nous faisait toujours cruellement souffrir, bien que la température s'élevât peu à peu ; mais nos forces déclinaient par suite du manque de nourriture, de l'exposition à l'air, de la nécessité de nous tenir incessamment dans une position contrainte. Je trouvais maintenant absolument nécessaire de faire préparer du lait chaud pour tout le monde pendant la nuit, afin d'entretenir en nous un soupçon d'énergie vitale jusqu'à l'aurore ; allumer la lampe Primus supposait cependant une grande dépense d'allumettes. Il était de règle de ne pas user d'allumettes quand la Primus brûlait. Nous n'avions pas de falot pour la boussole, et, pendant les premiers jours du voyage, le pilote craquait une allumette quand il désirait voir la direction, la nuit ; mais plus tard, une stricte économie s'imposant, cette habitude fut suspendue. Nous disposions d'une boîte d'allumettes étanche. Et j'avais mis au fond d'une de mes poches, en cas de soleil, la loupe d'un des télescopes ; mais elle fut inutile, car le soleil brilla assez rarement. Une nuit, le verre de la boussole cassa ; nous réussîmes à le réparer à l'aide d'un fil adhésif pris dans la boîte à pharmacie.

Un des souvenirs de ces jours qui me revient le plus volontiers à l'esprit est celui de Crean chantant à la barre. Il chantait toujours quand il gouvernait, personne n'a jamais pu savoir quelle chanson. La voix détonnait un peu, monotone comme la prière d'un moine bouddhiste. Et pourtant, il fallait du courage pour chanter en de tels instants. Dans ses moments d'inspiration, Crean attaquait *The Wearing of the Green*, le célèbre chant patriotique irlandais.

La dixième nuit Worsley, après son tour au gouvernail, se trouva incapable de se redresser. Il était tellement engourdi qu'il fallut le tirer sous le pont et le masser avant qu'il puisse se déplier et se glisser dans son sac de couchage. Le onzième jour, 5 mai, un rude vent d'ouest souffla, qui plus tard dans l'après-midi tourna au sud-ouest. Le ciel était couvert et d'interminables rafales de neige ajoutaient au désordre d'une mer terriblement bouleversée, la plus terrible, je crois, de tout notre voyage. À minuit, j'étais au gouvernail. Soudain, vers le sud, m'apparut une ligne claire dans le ciel. J'en prévins les autres ; puis, après un instant, je compris que la clarté en question n'était pas un reflet dans les nuages, mais la crête blanche d'une énorme vague ! Après vingt-six ans de navigation, je connaissais l'océan dans toutes ses humeurs, mais jamais je n'avais rencontré sur ma route une vague aussi gigantesque. C'était un puissant soulèvement qui n'avait rien de commun avec les hautes lames coiffées de blanc, nos ennemies inlassables. Je hurlai :

– Pour l'amour de Dieu, tenez bon, nous y sommes !

Suivit un moment d'incertitude qui nous sembla interminable ; puis le bateau se souleva et fut projeté dans un chaos d'eau bouillonnante, tourbillonnant comme un bouchon dans l'écume blanche qui se brisait autour de nous, brutalisé, faisant eau de toutes parts. Prenant tous les ustensiles qui nous tombaient sous la main, nous écopions avec l'énergie d'hommes combattant pour leur vie. Après dix minutes d'angoisse, nous sentîmes que le canot retrouvait son aplomb ; il cessa de faire des embardées, comme un homme ivre, sous les attaques de la mer. Ardemment, nous désirions ne jamais revoir de telles vagues.

Après ce déluge, notre confort se trouva encore réduit. Tout notre équipement était de nouveau complètement trempé, le fourneau avait flotté dans le fond du bateau, et des portions du dernier hoosh semblaient avoir tout imprégné. Ce ne fut pas avant 3 heures du matin – nous étions alors transis aux limites du possible – que nous pûmes allumer la lampe et chauffer quelque boisson. Le charpentier souffrait particulièrement, mais il restait vaillant et en train. Vincent avait cessé depuis une semaine d'être un membre actif de l'équipage. Cela m'étonnait, car physiquement il était l'un des plus forts. De plus, il était jeune et avait servi sur les chalutiers de la mer du Nord ; je l'aurais cru plus capable de supporter les fatigues que McCarthy, qui semblait loin d'avoir sa force.

Le jour suivant, 6 mai, le temps s'améliora et nous eûmes un rayon de soleil. L'observation faite par Worsley montra que nous n'étions pas à plus de cent milles du nord-ouest de la Géorgie. Deux jours de vent favorable, et nous verrions la terre promise. J'espérais qu'il n'y aurait aucun retard, car notre provision d'eau baissait beaucoup. La boisson chaude était indispensable la nuit; je décidai de réduire la ration journalière à une demi-pinte par homme. Nous vivions sur nos deux barils, et notre soif s'avivait de ce que nous étions maintenant réduits à puiser dans le récipient endommagé au départ, à présent rempli d'eau saumâtre.

De ce jour, la soif nous posséda. Je n'osais pas augmenter la ration d'eau; il fallait compter qu'un vent contraire pouvait nous retarder et allonger beaucoup notre voyage. Le manque d'eau est la plus terrible privation à laquelle un homme puisse être condamné. Tout comme lors de notre voyage au sortir du pack, l'écume qui nous arrosait incessamment le visage changeait rapidement notre soif en une douleur brûlante; il me fallait être très ferme pour refuser la moindre avance de boisson sur le lendemain. Nous accomplissions les actes nécessaires, comme hébétés, en ne pensant qu'à la terre à atteindre. J'avais mis la barre droit sur l'est pour être sûr de ne pas dépasser l'île, qu'il aurait été impossible de regagner ensuite si nous avions été trop au nord. Nous nous dirigions d'après un débris de carte. Ce jour et le suivant s'écoulèrent pour nous dans une sorte de cauchemar. Nous avions la bouche sèche et la langue enflée. Le vent encore fort et une grosse mer nous obligeaient à apporter beaucoup d'attention à la navigation; mais toute pensée de péril de la part des vagues disparaissait devant le torturant désir d'eau qui nous habitait. Les seuls bons moments étaient ceux où chacun recevait sa timbale de lait chaud, durant les heures longues et amères consacrées à la veille. Les choses allaient mal pour nous dans ces jours-là; mais la fin approchait...

Le matin du 7 mai, temps bouché et orageux avec rafales de nord-ouest. Nous scrutions le brouillard, cherchant un indice de terre. Bien que rien de nouveau n'apparût à nos yeux, la conviction que le but était là, tout proche, nous soutenait. Vers 10 heures, nous aperçûmes un menu débris d'algues flottantes, signe certain qu'une terre était proche, et, une heure plus tard, deux cormorans installés sur une sorte d'îlot de varech. Nous devions être à dix ou quinze milles de la côte ; ces oiseaux indiquent la proximité de la terre aussi sûrement que le ferait une lumière, car ils ne s'aventurent jamais loin en mer. Nous observions le brouillard avec une ardeur croissante, et à 12 h 30, à travers une déchirure des nuages, McCarthy entrevit les collines noires de l'île. Il y avait quatorze jours exactement que nous avions quitté l'île de l'Éléphant. Ce fut un heureux moment. Mourants de soif, trempés et faibles comme nous l'étions, le bonheur nous transportait cependant. L'aventure touchait à sa fin.

Nous approchâmes de la côte, à la recherche d'une place propice à l'atterrissage, et bientôt nous pûmes distinguer les touffes d'herbe verte de la plage. Devant nous et au sud, de sombres bouillonnements indiquaient la présence de récifs non consignés sur la carte. Çà et là, ces récifs affleuraient presque, et les grandes vagues qui se brisaient sur eux roulaient puis lançaient leur écume à trente ou quarante pieds en l'air. La côte rocheuse tombait abrupte dans la mer. Notre désir d'eau et de repos touchait au désespoir ; mais tenter d'accoster à cet endroit eût été un suicide. La nuit approchait et les conditions atmosphériques ne s'amélioraient pas. Il n'y avait rien d'autre à faire qu'à rester au large jusqu'au matin suivant. Après nous être éloignés de la côte, nous nous maintînmes dans la grande houle d'ouest. Les heures s'écoulèrent, lentes, dans l'attente de l'aurore qui serait, nous l'espérions, la dernière de notre voyage. La soif nous tourmentait sans cesse et nous pouvions à peine toucher à la nourriture ; le froid transperçait nos corps affaiblis. À 5 heures du matin, le vent tourna au nord-ouest et rapidement se changea en l'un des plus terribles ouragans qu'aucun de nous eût jamais vus. La grande mer en colère bondissait et le vent hurlant arrachait littéralement les crêtes des vagues, qu'il convertissait en un brouillard d'écume cinglante. Précipité au fond des gouffres, lancé sur les hauteurs, notre petit bateau, ballotté, brave toujours, peinait horriblement; le vent et la mer le poussaient à la côte, et nous n'y pouvions rien. L'aube éclaira une mer démontée, et la matinée s'écoula sans changement; à 1 heure, dans une déchirure du brouillard d'écume, nous eûmes un aperçu des énormes rochers de l'île. Alors notre position sembla désespérée. La tempête nous poussait vers les falaises invisibles d'une côte inabordable. Nous pouvions juger de leur rapprochement par le mugissement du ressac. Je fis doubler les ris dans l'espoir que nous nous éloignerions de la côte; mais le bateau en ressentait d'autant plus rudement le choc des lames et embarquait beaucoup d'eau. La soif fut oubliée devant l'imminence du danger; il fallait écoper sans arrêt et surveiller le lest. La côte se rapprochait toujours. Je savais qu'au sud se dressait la petite île Annewkow; mais notre carte, pauvre et inexacte, indiquait des récifs probables entre les deux îles et je n'osais guère m'aventurer dans ces parages. Nous pouvions cependant essayer de nous diriger sous le vent de la petite île.

L'après-midi se passa à longer la côte avec, dans les oreilles, le tonnerre du ressac; et le soir nous surprit à quelque distance encore de l'île Annewkow. Dans le crépuscule, nous aperçûmes obscurément une montagne coiffée de neige se dressant devant nous. Bien problématiques paraissaient les chances de survivre à cette nuit, avec la tempête et la mer implacable qui nous forçaient contre la côte. Je crois bien que chacun d'entre nous sentait alors sa fin proche. Mais vers 6 heures du soir, l'obscurité tombée, alors que notre petit bateau était toujours ballotté dans le remous des vagues écumantes qui sautaient contre les récifs, alors que tout semblait au pire, la face des choses changea. Je me suis souvent émerveillé de la limite imperceptible qui sépare le succès de la faillite et du rebondissement soudain qui change un désastre apparemment certain en une réussite relative. Le vent tomba subitement, ce qui nous permit de regagner le large. Juste comme la tempête venait de cesser, la cheville qui tenait le mât tomba. Un tel incident fût-il survenu pendant l'ouragan, rien n'aurait pu nous sauver, le mât eût été arraché comme une carotte. Une fois déjà auparavant, notre galhauban avait été emporté, et il n'était pas très solidement fixé. Nous pouvions vraiment être pleins de reconnaissance envers la Providence, qui avait maintenu la cheville à sa place au plus fort de la tempête.

Fatigués jusqu'à l'apathie, nous nous éloignâmes encore une fois de la côte. Il n'y avait plus d'eau potable depuis longtemps déjà. La dernière pinte avait été bue après avoir été filtrée dans un morceau de gaze de la boîte à pharmacie. Les affres de la soif nous torturaient avec une intensité redoublée. Je sentis qu'il nous fallait atterrir à tout prix le jour suivant. La nuit s'écoula lentement. Quand enfin l'aube arriva, en ce matin du 10 mai, le vent était presque tombé, mais la mer était encore très houleuse. Avec prudence, nous fîmes voile en direction de la côte. Vers 8 heures, le vent tourna au nord-ouest et une autre tempête menaça. Nous avions remarqué une grande découpure dans le rivage – King Haakon Bay, supposais-je. Je décidai d'accoster là. La barre mise sur la baie, le bateau courut devant le vent. Bientôt des récifs menaçants nous entourèrent. Les grands glaciers descendant dans la mer n'offraient aucune place propice à l'atterrissage. Les vagues sautaient sur les récifs avec un bruit de tonnerre. Vers midi une ligne d'écueils, comme une rangée de dents noires, nous barra l'entrée de la baie. De l'autre côté de cette ligne, l'eau relativement calme s'étendait jusqu'au fond du golfe, profond de huit à neuf milles. Nous finîmes par distinguer au milieu de ces récifs un passage qui nous parut praticable, mais la fatalité s'acharnait encore sur nous : le vent se mit soudain à souffler de l'ouest. Nous apercevions le passage, mais impossible de l'approcher. Après cinq tentatives infructueuses, la manœuvre réussit enfin, et au crépuscule nous entrâmes dans la large baie.

Du côté sud, une petite crique avec une plage parsemée de galets, gardée par un récif, interrompait les falaises. La barre fut mise dans cette direction. De l'avant, j'indiquais la marche à suivre pour passer le récif. L'entrée était si étroite qu'il fallut lever les avirons ; la houle passant par-dessus les écueils entrait jusque dans la crique. En un rien de temps, le *James Caird* réussit à franchir le passage et dans l'obscurité tombante, porté par la houle, il toucha la côte. Sautant sur la plage avec le câblot, je retins le bateau au moment du reflux. Puis, à la seconde vague, trois des hommes sautèrent et se saisirent du câblot pendant que, tenant en main la plus longue de nos cordes, j'escaladais quelques rochers. Une glissade sur la roche humide, haute de vingt pieds en cet endroit, aurait terminé ma part de l'aventure juste au moment de la réussite, si un rocher en dents de scie ne m'avait retenu tout en me meurtrissant rudement. Cependant je fixai l'amarre et, quelques minutes après, nous étions tous sur la plage sains et saufs. Un glouglou – douce musique – parvint à nos oreilles : nous découvrîmes bientôt un courant d'eau fraîche, presque à nos pieds, et en un instant nous étions à genoux, buvant à longs traits l'eau pure et glacée qui nous rendait la vie. Ce fut un moment merveilleux.

Ensuite il fallut sortir les provisions du bateau pour les mettre en sécurité. Toutes les choses précieuses furent portées au-dessus de la marque de l'eau, et les sacs de sable et de pierres que nous connaissions si bien jetés près du bateau. Puis, le canot vide, nous voulûmes le tirer sur la plage, mais cet effort nous révéla notre faiblesse : nos forces réunies ne réussirent pas à sortir le *James Caird* de l'eau. Nous tirions ensemble, par à-coups, sans avancer ; il nous fallait prendre nourriture et repos avant de continuer. Le bateau fut donc amarré à un gros rocher, et un guetteur

établi pour l'empêcher de heurter les récifs. J'envoyai
Crean en reconnaissance à quelque trente yards de là vers
la gauche, où j'avais remarqué une petite excavation. Il ne
vit pas grand-chose dans l'obscurité, mais rapporta que
l'endroit promettait quelque abri. Les sacs de couchage
y furent transportés. C'était une simple caverne dans la
falaise ; le sol, recouvert de cailloux roulés, descendait en
pente rapide vers la mer.

Alors seulement l'on pensa à un repas chaud ; après quoi
j'ordonnai à tous de se reposer. Il était environ 8 heures du
soir. Je pris le premier quart à côté du *James Caird*, toujours
à flot au bord de la plage.

C'était un terrible travail que d'empêcher le bateau de
heurter les rochers dans l'obscurité. Il était sans cesse poussé
contre la plage par les vagues qui entraient dans la baie. Je
trouvai une roche plate pour reposer mes pauvres pieds en
triste état par suite du froid, de l'humidité et du manque
d'exercice, et pendant les heures suivantes je parvins tant
bien que mal à maintenir le *James Caird* éloigné de la côte.
Parfois il me fallait me précipiter dans l'eau bouillonnante ;
puis, quand la vague se retirait, je surveillais le bateau qui
tirait sur sa corde, pour éviter une trop forte secousse. Le
plus solide câblot avait été perdu avec l'ancre de large. Je
ne distinguais qu'à peine le canot, les hautes falaises entre-
tenant dans la baie une obscurité presque complète. Mon
désir de sommeil, devenant irrésistible, à 1 heure, j'appelai
Crean. Je l'entendis grogner en trébuchant sur les rocs de la
plage. Au moment où il me relevait, le bateau fut entraîné
par le flot et nous eûmes un moment d'anxiété. Heureusement la houle le ramena sans mal vers la rive. La perte ou
la destruction du bateau à ce moment eût été chose grave.
Comment quitter la crique autrement que par mer ? Les
falaises et glaciers alentour n'offraient aucun sentier praticable. Je divisai la veille entre les autres pour le reste de la
nuit et pris jusqu'à l'aube ma place parmi les dormeurs.

Aux premières heures du matin, 11 mai, la mer se retira. Après le lever du soleil, un repas nous ayant rendu des forces, nous travaillâmes à amener le bateau à terre. Nous étions tous encore très faibles. Pour alléger la charge, tous les instruments amovibles furent sortis et une partie du plat-bord démontée. Enfin, comme «la grande neuvième vague» de Byron soulevait le *James Caird*, nous le tirâmes à terre, et par grands à-coups, pouce par pouce, il fut halé jusqu'aux touffes d'herbe. Là, il ne risquait plus rien, étant au-dessus de la marque des eaux. La marée montait à cinq pieds environ, et aux marées de printemps l'eau ne devait qu'à peine atteindre les premières herbes. L'esprit libéré de cette inquiétude, nous pûmes examiner les alentours et faire des plans pour le prochain voyage. Le jour brillait clair.

King Haakon Bay découpe la côte de l'île sur une profondeur de huit milles, direction est. Ses côtes nord et sud sont couvertes de puissants glaciers, prolongements de la grande nappe de glace qui couvre les hautes montagnes de l'intérieur. Il était évident que ces glaciers, non moins que les pentes abruptes des montagnes, nous barraient le chemin de la terre. Il nous faudrait donc contourner la baie à la voile. Les nuages et l'écume nous avaient obscurci la vue de l'entrée de la baie; mais quelques pentes de neige aperçues au loin nous faisaient espérer que, par là, il serait possible de pénétrer à l'intérieur. Entre les glaciers, au pied des montagnes, s'étendait un terrain ingrat et marécageux parsemé de touffes d'herbe. Plusieurs pics magnifiques, aux flancs abrupts, miraient leur front neigeux dans les eaux brillantes du golfe.

Notre crique se trouvait sur la côte sud de King Haakon Bay. À cet endroit les falaises, hautes d'environ cent pieds, s'entrouvraient pour former l'entrée de notre crique, qu'elles bordaient de chaque côté. Au fond, elles s'adoucissaient en collines dont la pente escarpée descendait jusqu'à la plage. Cette pente était interrompue par deux petites terrasses

marécageuses qui accueillaient les eaux de deux mares
gelées et de deux ruisselets. À l'extrémité gauche de la
plage, notre caverne se découpait dans la falaise ; les galets
jetés là par les vagues étaient amoncelés en un tas que nous
nous employâmes à niveler. Des herbes sèches amassées
sur le sol firent un lit presque doux pour poser nos sacs de
couchage. À l'entrée de la caverne pendaient des glaçons
longs de quelque quinze pieds : ils nous abritaient à leur
façon, et quand les voiles du bateau, soutenues par les
avirons, furent tendues par-devant, notre installation put
être considérée comme confortable. Au moins, c'était sec.
La caverne avait environ huit pieds de profondeur et douze
de large à l'entrée. Une place à feu fut aménagée au centre
de cet espace, et les sacs et couvertures furent disposés tout
autour.

Pendant que le camp s'organisait, je grimpai avec Crean
la pente au fond de la plage. Arrivés à un promontoire qui
surplombait l'anse, nous trouvâmes des nids d'albatros,
qui contenaient de jeunes oiseaux gras et vigoureux. Nous
n'hésitâmes pas à décider leur mort malgré leur âge tendre.
À ce moment, le manque de combustible nous inquiétait.
Il restait des rations pour dix jours encore, et nous savions
maintenant où trouver de jeunes oiseaux, mais, pour avoir
des repas chauds, il nous fallait du combustible ; la provision de pétrole était au plus bas, et il fallait en garder un
peu pour le voyage que nous devions entreprendre à travers
l'intérieur des terres. Un éléphant de mer ou un phoque
aurait bien fait notre affaire, mais aucun n'apparaissait
dans le voisinage. Dans la matinée, on alluma un feu dans
la caverne avec le bois découpé dans le bateau ; la fumée
dense du bois humide irritait nos yeux fatigués ; mais la
chaleur et la perspective d'une nourriture chaude compen-
saient largement cet inconvénient. Crean fut cuisinier ce
jour-là. Je lui suggérai l'idée de chausser ses lunettes vertes,
et le fait est qu'elles lui furent d'un grand secours quand

il se penchait sur le feu pour surveiller le ragoût. Et quel ragoût! Les jeunes albatros pesaient à peu près quatorze livres chacun, frais tués, et au moins six livres prêts à mettre au pot; on en fit cuire quatre pour six hommes, le tout assaisonné d'une ration Bovril. Leur chair était blanche et succulente et leurs os, incomplètement formés, fondaient presque dans la bouche. Ce fut un repas mémorable. Après nous être vraiment rassasiés, nous fîmes sécher un peu de tabac sur les braises, ce qui nous permit de fumer.

Une première tentative pour sécher nos vêtements imprégnés d'eau fut de peu d'effet. Nous n'osions user le combustible pour autre chose que la cuisine tant que nous n'aurions trouvé ni graisse ni bois flottant.

Il fallait penser à la dernière étape du voyage. L'état du détachement en général et de McNeish et de Vincent en particulier nous interdisait de reprendre la mer, sauf en cas de nécessité absolue; d'autre part, le découpage des œuvres mortes rendait le bateau moins résistant, et je doutais que nous puissions doubler l'île en cet équipage. Cent cinquante milles par mer nous séparaient encore de la station baleinière de Stromness. À part cela ne s'offraient que deux possibilités : tenter la traversée de l'île ou, si c'était impossible, amasser nourriture et combustible en quantité suffisante pour nous entretenir tout l'hiver. Mais cette dernière éventualité ne pouvait être envisagée sérieusement. Sur l'île de l'Éléphant, vingt-deux hommes attendaient un secours, et nous seuls pouvions le leur assurer. Leur sort était pire que le nôtre. De quelque manière, il nous fallait agir.

Plusieurs jours s'écouleraient avant que nous eussions retrouvé assez de forces pour ramer ou mettre à la voile afin de franchir les neuf milles de la baie. Nous les emploierions à faire les quelques préparatifs possibles et à sécher nos vêtements petit à petit, en profitant de la moindre bribe de chaleur du feu qui cuisait nos repas. Cette nuit-là, nous dormîmes de bonne heure, et je me souviens avoir rêvé de la grande vague. Je réveillai mes compagnons par un cri d'alarme, en apercevant de mes yeux ensommeillés les falaises en forme de tour du côté opposé de la baie.

Un peu avant minuit, une tempête s'éleva du nord-ouest avec pluie et grésil. Une coulée de glace dévala le glacier jusque dans la crique et, vers 2 heures du matin, 12 mai, notre petit havre se trouva rempli de glaçons qui se heurtaient bruyamment, poussés par la houle sur la plage. Les solides rochers que nous sentions sous nos pieds nous faisaient voir les choses sans inquiétude. Quand la lumière parut, la pluie tombait lourdement et la température était plus haute qu'elle ne l'avait été depuis bien des mois. Les glaçons, à l'entrée de la caverne, fondaient, et il fallait nous faire tout petits pour entrer et sortir, de peur d'en recevoir quelque fragment sur la tête. L'un d'eux, pesant quinze ou vingt livres, se détacha pendant le déjeuner. Cette nuit-là Worsley, réveillé par une sensation de brûlure aux pieds, avait demandé à ses voisins si son sac n'offrait pas par hasard quelque aspect anormal, mais les autres ne virent rien. Nous avions tous les pieds plus ou moins gelés, ce qui se traduit par des sortes de brûlures. Worsley pensa qu'il ne fallait pas chercher plus loin la cause de cette chaleur; il resta donc dans son sac et céda bientôt au sommeil; mais en se levant le matin, il découvrit que le feu s'était mis dans l'herbe répandue sur le sol et, après avoir longtemps couvé, avait fait un large trou dans son sac. Heureusement ses pieds n'avaient aucun mal.

Le jour s'écoula tranquille, à ranger les vêtements et les divers matériels, à vérifier les provisions, à manger, à se reposer. Quelques albatros firent une noble fin dans notre pot. Ces oiseaux avaient leur nid sur un petit plateau à main droite de notre plage.

Nous avions fait une triste découverte : celle de la perte du gouvernail. La chose avait dû se produire dans la nuit du 10 mai; quand nous avions accosté, le *James Caird* avait violemment heurté à l'arrière. La plage et les rochers scrutés attentivement ne rendirent pas l'objet perdu. La perte était d'importance. Au crépuscule, la glace de la crique poussée par la houle se brisait sur la plage, et quelques fragments arrivèrent jusque devant notre caverne, quelques-uns à moins de deux pieds de Vincent, qui occupait la place la plus basse, et à moins de quatre pieds de notre feu.

Dans l'après-midi, Crean et McCarthy rapportèrent encore six jeunes albatros. Nous étions donc bien approvisionnés en nourriture fraîche. Cette nuit-là, le thermomètre ne descendit probablement pas plus bas que 3 ou 4° au-dessus de zéro, mais cette chaleur inaccoutumée nous mettait mal à l'aise dans notre campement étroit. Aussi nos sentiments envers nos voisins changèrent-ils brusquement. Quand la température descendait au-dessous de 10 ou 12° de gel, nous ne pouvions jamais être assez serrés les uns contre les autres ; chacun voulait se blottir plus près de son voisin ; mais si la température s'élevait de quelques degrés, la chaleur de l'autre cessait d'être une bénédiction. Cette nuit-là, la glace et les vagues avaient une voix menaçante ; mais je l'entendis seulement à travers mes rêves.

Le matin du samedi 13 mai, la baie était encore pleine de glace, mais la marée emporta tout dans l'après-midi. Alors arriva une chose étrange : notre gouvernail, qui avait toute la largeur de l'Atlantique pour naviguer, les côtes de deux continents pour se poser, arriva dans notre petite crique. C'était avec des yeux anxieux que nous le guettions alors qu'il avançait, reculait, puis avançait encore sous l'influence capricieuse du vent et des vagues. Peu à peu, il approcha ; nous l'attendions, avirons en main, et enfin il fut atteint. Sauvetage vraiment extraordinaire.

Le jour était brillant et clair ; nos habits séchaient, nos forces revenaient. L'eau faisait une douce musique en courant sur les pentes herbeuses et parmi les pierres. Nous montâmes nos couvertures sur la colline pour essayer de les sécher dans la brise, à trois cents pieds au-dessus de la mer. Dans l'après-midi, on commença à préparer le *James Caird* pour la traversée de King Haakon Bay. Ce jour-là, le point donna la latitude 54° 10' 47" S. La carte allemande indiquait la position 54° 12' S. Il est probable que l'observation de Worsley est la plus exacte. Nous pûmes garder le feu allumé jusqu'au moment de dormir, car, en escaladant les rochers au-dessus de la crique, j'avais vu au pied d'une falaise une rame brisée jetée là par les vagues. Nous avions pu l'atteindre et, grâce à cette petite réserve, nous pouvions brûler plus librement les fragments des plats-bords du *James Caird.*

Le matin de ce jour, 13 mai, j'entrepris avec Worsley une reconnaissance dans la direction nord-est pour avoir une vue d'ensemble de la baie et récolter quelques indications pour la prochaine étape par terre. Ce fut une marche éreintante. Après avoir couvert deux milles et demi en deux heures, nous avions une vue étendue sur l'est de la baie. C'était un spectacle magnifique, même pour des yeux rassasiés de magnificence et affamés de la vue des choses humbles et familières : les eaux vert-bleu étaient battues par une furieuse tempête de nord-ouest. Alentour, les montagnes, «pics austères qui défient les étoiles», perçaient les brouillards, et entre elles d'énormes glaciers déversaient par leurs pentes les glaces des champs de l'intérieur. Douze glaciers s'offrirent bientôt à nos regards, et quelques minutes ne se passaient pas sans que le grondement causé par les masses de glace qui se détachaient des principaux d'entre eux parvinssent à nos oreilles. Mais du pays qu'il nous faudrait traverser pour atteindre la station baleinière, nous ne voyions pas grand-chose. Après avoir franchi plusieurs ruisseaux et marécages gelés, à un certain endroit, il nous fallut revenir jusqu'au rivage. Là, quelques épaves gisaient : une pièce de bois de dix-huit pieds – probablement un morceau de mât –, plusieurs pièces de charpente et une petite coque de navire qui avait dû être un jouet d'enfant. À quelle tragédie cette pauvre petite chose avait-elle assisté? Quelques pingouins gentoos se trouvèrent sur notre chemin, ainsi qu'un jeune éléphant de mer que Worsley abattit sans attendre.

À 3 heures après midi, nous rentrions au camp, fatigués, affamés, mais assez contents. Un repas splendide, composé d'un ragoût d'albatros, nous attendait. Dans nos blouses nous rapportions, pour la plus grande surprise des autres, une bonne provision de graisse et le foie de l'éléphant de mer. Nous avions failli abandonner notre butin dans les rudes ascensions qu'il nous avait fallu accomplir pour rentrer au camp ; mais, sans égard pour nos vêtements, nous avions persévéré, et nous trouvions au camp notre récompense.

Le 14 mai, on prépara le départ pour l'aube du lendemain, si le temps s'y prêtait. Nous espérions ramasser les restes de l'éléphant de mer en remontant la baie. Nous étions remis à présent des blessures causées par le frottement de nos vêtements humides. Nos jambes avaient été sérieusement attaquées, et, plusieurs jours encore après notre atterrissage, tout mouvement nous était excessivement pénible. Une dernière visite fut rendue aux nids d'albatros sur le petit plateau onduleux, parmi les touffes d'herbe, les plaques de neige et les mares gelées. Chaque nid consiste en un tertre, haut d'un pied environ, formé d'herbes, de racines et de terre amassées. Les albatros y déposent un œuf, rarement deux. Les petits, couvés en janvier, sont nourris dans le nid par les parents pendant presque sept mois avant de prendre la mer et de se débrouiller seuls. Vers quatre mois, ce sont de belles masses de duvet cotonneux tout blanc ; mais quand nous arrivâmes sur la scène, leur plumage était presque poussé. Très souvent, un des parents veillait auprès du nid. Cela ne nous réjouissait guère d'attaquer ces oiseaux ; mais la faim ne connaît pas de loi, et puis ils étaient d'un goût si agréable et contribuaient si bien à nous rendre des forces qu'à chaque fois que nous venions à en tuer un, notre remords s'en trouvait singulièrement diminué.

Le 15 mai fut un grand jour. Après avoir pris du hoosh chaud à 7 h 30, le bateau fut chargé et mis à l'eau. Il avait plu fortement pendant la nuit, et maintenant un vent du nord-ouest soufflait en rafales sous des ondées de pluie fine. Le *James Caird* se maintenait debout à la lame comme si encore une fois il désirait la bataille. Il passa l'étroite entrée de la crique entourée de vilains récifs et encombrée d'algues ondulantes, et tourna à l'est, vers le fond de la baie. Le soleil, perçant les nuages, faisait miroiter les eaux agitées. En ce brillant matin, nous nous sentions heureux, des chants s'élevaient. Il est probable que nous présentions un curieux aspect; mais n'eût-ce été notre apparence à la Robinson Crusoé, on – s'il y avait eu un *on* – eût pu croire que nous partions en pique-nique au fond de quelque fjord norvégien, ou dans l'une des belles baies de la côte ouest de la Nouvelle-Zélande. Le vent soufflait frais et fort, et les vagues courtes se brisaient sur la côte. Les récifs étaient trop dangereux pour que nous pussions songer à atterrir sur la grève où gisait la carcasse de l'éléphant de mer, et je décidai d'aller jusqu'au fond de la baie sans rien risquer, d'autant que nous trouverions à coup sûr d'autres animaux de même espèce dans ces parages. Ces grosses créatures recherchent les endroits tranquilles à l'abri des vagues. Nous espérions trouver aussi des pingouins. Notre attente ne fut pas trompée quant aux éléphants de mer. Comme nous arrivions au fond de la baie, les rugissements des mâles nous parvinrent et, peu après, nous pouvions voir leurs formes massives et pesantes couchées sur une plage en pente. Après avoir doublé le haut cap d'un glacier sur la côte nord, à 12 h 30 nous accostions une plage basse de sable et de galets. Une centaine d'éléphants de mer étaient couchés là. Toute inquiétude pour la nourriture disparaissait; il y avait devant nous de la viande et de la graisse en quantité suffisante pour nous permettre de subsister pendant plusieurs années.

Nous avions atterri à un mille et demi environ à l'ouest du fond de la baie. À l'est, un glacier s'avançait en pointe sur la plage, laissant cependant un passage le long de la mer. Une pluie froide et bruineuse commençant à tomber, nous quêtâmes un abri au plus vite. Le *James Caird*, halé au-dessus de la marque des marées et retourné, nous en procura un, orienté à l'abri du vent et face au glacier de l'est, dont il était séparé par une moraine à vingt ou trente pieds au-dessus du niveau de la mer. Bientôt le bateau, calfaté avec des herbes, fut converti en une très confortable cabine «à la Peggoty»; quelques pierres soulevant le bateau à l'une de ses extrémités réservaient une entrée basse. Quand l'installation fut terminée, il semblait que le canot eût littéralement poussé là. McCarthy y pénétra avec une joie non dissimulée. Un éléphant de mer nous approvisionna en nourriture et en combustible, et le soir descendant sur le camp Peggoty y trouva des hommes bien nourris et enchantés de leur sort.

Notre camp, comme je l'ai déjà dit, était situé sur la côte nord de King Haakon Bay. La route qu'il nous faudrait suivre pour atteindre l'intérieur de l'île contournait le glacier en pointe du côté de la mer, puis montait une pente neigeuse conduisant probablement à un défilé dans la grande chaîne des Allardyce – chaîne qui court du nord au sud sur le flanc ouest de l'île et forme la colonne vertébrale de la Géorgie du Sud. Une nappe de glace recouvre en grande partie l'intérieur, remplissant les vallées et voilant la configuration du pays, dont n'apparaissent que de grandes arêtes, des rochers escarpés et des nunataks. Au-dessus du camp Peggoty, deux passages faciles s'offraient; mais dans cette direction (Possession Bay), l'île était inhabitée. Il fallait nous tourner vers l'est, et du camp il était impossible de rien découvrir des obstacles à affronter.

Je projetai d'escalader la pente de neige et ensuite de nous guider d'après la configuration du pays, toujours vers l'est, dans la direction de Stromness Bay, où les stations baleinières étaient établies dans des criques : Seith, Husvik et Stromness. Une chaîne de montagnes, avec des pentes abruptes, des pics menaçants et de larges glaciers, qui s'étendait au sud de King Haakon Bay, semblait la continuation de la chaîne principale. Entre cette chaîne secondaire et le défilé au-dessus de notre camp, un grand plateau neigeux s'élevait vers l'intérieur jusqu'à une arête rocheuse tendue au travers de notre route comme pour nous barrer le chemin. Cette arête, contrefort à angle droit de la grande chaîne, profilait sur le ciel quatre pics rocheux, mais il apparaissait de loin que des passages devaient s'ouvrir entre ceux-ci.

Le mardi 16 mai, le temps était mauvais ; nous restâmes à l'abri du bateau presque toute la journée. Nous n'étions pas au large, mais bien préservés du mauvais temps, et nous considérions notre petite cabine avec beaucoup de satisfaction. D'abondants repas de tranches de viande et de foie d'éléphant de mer ajoutaient à notre contentement. Ce jour-là, McNeish prétendit avoir vu des rats grignoter nos restes ; mais cette curieuse observation ne put être confirmée. C'était assez inattendu de trouver là ces animaux ; peut-être avaient-ils échappé eux aussi à un naufrage.

Le matin suivant, mercredi 17 mai, une fraîche brise ouest-sud-ouest soufflait avec des rafales de bruine, de grésil et de pluie. J'emmenai Worsley reconnaître la première partie de notre route vers l'ouest. Après avoir contourné le glacier et marché près d'un mille sur un terrain caillouteux et couvert de neige, il nous fallut traverser quelques moraines. Le chemin reconnu était praticable pour un traîneau jusqu'au coin nord-est de la baie, mais nous ne pûmes en voir davantage, parce que des rafales de neige obscurcirent la vue. Après un quart d'heure d'attente, le temps ne s'éclaircissant pas, il nous fallut retourner sans rien voir de plus. Ce trajet m'avait cependant persuadé que nous pouvions atteindre l'intérieur du pays en suivant la pente neigeuse des montagnes. D'après la carte, Worsley estima que la distance de notre camp à Husvik pouvait être de dix-sept milles à vol d'oiseau ; mais il ne fallait pas espérer suivre la ligne droite. Le charpentier se mit à construire un traîneau dans la perspective de notre voyage. Le matériel à sa disposition laissait à désirer en quantité et surtout en qualité.

Le jeudi 18 mai, nous fîmes l'essai du traîneau le long du glacier. Il était lourd et encombrant et dans les mauvais endroits rocheux on ne pouvait le tirer que vide. Je compris qu'il serait une charge beaucoup trop lourde pour trois hommes parmi les plaines de neige, les glaciers et les pics de l'intérieur. Après une brève consultation avec Worsley et Crean, qui m'accompagnaient, il fut décidé que nous laisserions les sacs de couchage et que les charges seraient réduites au minimum : trois jours de provisions pour chacun sous forme de rations de traîneau et de biscuits, le tout emballé en trois paquets ; la lampe Primus remplie d'huile, la petite casserole, la doloire du charpentier pour servir de pic dans la glace et la corde alpine qui avait une longueur totale de cinquante pieds – elle serait nécessaire pour descendre les pentes abruptes ou les crevasses des glaciers. La lampe pleine chaufferait six repas : rations bouillies avec des biscuits.

Il restait deux boîtes d'allumettes, l'une pleine, l'autre à moitié. Ceux du camp gardèrent la pleine ; l'autre, qui contenait quarante-huit allumettes, fut pour nous. Mes chaussures laissaient à désirer ; j'avais abandonné sur la banquise ma paire de grosses bottes Burberrys, et celles que je portais étaient légères et misérables. Le charpentier me mit aux semelles plusieurs clous – arrachés au *James Caird* – pour m'empêcher de glisser.

Cette nuit-là, nous nous retirâmes de bonne heure, mais le sommeil ne vint pas pour moi ; mon esprit était concentré sur la tâche du lendemain. C'étaient des hommes bien faibles que nous laissions derrière nous : Vincent, toujours dans le même état, ne pouvait pas marcher ; McNeish était très démoli. Ni l'un ni l'autre n'aurait été capable de se suffire, et McCarthy dut rester pour les soigner. La tâche de ce dernier serait difficile si nous ne réussissions pas à atteindre l'une des stations de l'autre côte. D'après la carte, la distance jusqu'à Husvik était de dix-sept milles en ligne droite, on l'a vu ; mais nous n'avions qu'une faible idée de la conformation de l'île. En aucun point, personne n'avait jamais pénétré à plus d'un mille vers l'intérieur de cette terre, et les baleiniers que je connaissais regardaient la contrée comme inaccessible. Ce jour-là nous avions aperçu trois canards sauvages volant vers l'est au fond de la baie. Peut-être la présence de ces oiseaux indiquait-elle que nous rencontrerions un peu d'herbe à l'intérieur, au milieu des champs de neige et des glaciers. Mais cet espoir n'avait pas grand fondement.

Le vendredi matin, lever à 2 heures. La pleine lune brillait dans un ciel sans nuages. Ses rayons étaient réfléchis splendidement par les sommets et les aspérités des glaciers alentour. Les immenses pics se détachaient sur le ciel et projetaient leurs ombres noires dans les eaux de la baie. On ne gagnait rien à attendre et tout de suite après le repas, vers 3 heures, nous partîmes. McNeish nous accompagna pendant deux cents pas ; il ne pouvait faire plus. On se dit adieu, et il retourna au camp.

Il fallait d'abord doubler le glacier, qui projetait jusque dans la mer des pointes comme des doigts. Les vagues atteignaient les bouts de ces doigts, et il nous fallait profiter du recul de la houle pour nous précipiter d'un renfoncement dans un autre.

Sur le côté est du glacier, un grand mouvement se produisait. On était frappé des changements survenus depuis les dernières vingt-quatre heures. Quelques énormes masses de glace s'étaient détachées et poussaient vers la mer des amas de boue et de pierres. Le glacier avançait comme une gigantesque et irrésistible charrue. À ses pieds, sur la plage, de nombreuses épaves évoquaient le souvenir de bien des navires perdus : des étançons en bois de teck largement incurvés, provenant de bateaux d'ancien modèle, des poutres cerclées de fer rouillé, des barils défoncés, toutes les épaves habituelles que roule l'océan. En passant près de ce cimetière de la mer, nos difficultés et nos inquiétudes furent oubliées un instant. Que de tragédies évoquaient ces fragments de vaisseaux usés par les vagues ! Sans nous arrêter, nous montâmes la pente neigeuse droit sur l'est. La dernière étape de notre long voyage commençait.

La surface de neige était déconcertante. Deux jours auparavant, nous avancions rapidement sur une neige dure et compacte, et maintenant, à chaque pas, nous enfoncions jusqu'au-dessus des chevilles. Après deux heures de lente ascension, nous dominions la mer de deux mille cinq cents pieds.

Le temps continuait à être beau et calme. Le brillant clair de lune nous révéla une contrée effroyablement bouleversée. Les hauts pics, les falaises infranchissables, les pentes neigeuses escarpées, les glaciers abrupts, alternant avec des étendues glacées recouvertes de neige, donnaient au pays sa physionomie. La pente, que nous montions en droite ligne, arrivait à une arête. La lune – elle se montra bonne amie pendant tout le voyage – nous dévoila, sous la forme d'une grande ombre, un trou sur notre chemin. Ainsi prévenus à temps, nous évitâmes une énorme crevasse capable d'engloutir une armée. Nous étions maintenant à trois milles de la baie, et le continuel grondement du grand glacier nous parvenait encore. Ce glacier, nous l'avions remarqué pendant notre séjour au camp Peggoty, travaillait continuellement.

J'avais espéré avoir, du haut de la pente, une vue d'ensemble sur la contrée ; mais comme nous arrivions au sommet, une brume épaisse tomba. La lune ne donna plus dès lors qu'une lumière diffuse, plus fatigante encore que l'obscurité, car elle illuminait le brouillard sans nous guider. Nous nous attachâmes les uns aux autres par précaution contre les trous, les crevasses et les précipices, et je traçai la piste dans la neige molle. En déployant toute la longueur de la corde entre moi et le dernier des trois, nous pouvions nous diriger presque droit, car si je virais à droite ou à gauche dans le brouillard, le dernier m'indiquait la direction d'après la courbe de la corde. De cette manière, aux commandements « bâbord », « tribord », « tout droit », comme un navire, nous nous dirigeâmes à travers le brouillard pendant deux heures.

Quand l'aube se leva, la brume se déchira. Nous vîmes alors, à trois mille pieds en bas, un immense lac gelé avec ses côtes lointaines confuses à demi plongées dans le brouillard. Une halte nous permit de manger une miette de biscuit, en discutant s'il valait mieux descendre et traverser la surface unie du lac ou rester sur l'arête que nous avions atteinte. Je décidai de descendre, puisque le lac se trouvait sur notre chemin. Après une heure de marche relativement facile dans la neige, nous remarquâmes de minces crevasses. Bientôt d'autres plus larges et des fractures nous indiquèrent que nous traversions un glacier. Au jour, le brouillard se dissipa et le lac apparut plus nettement ; mais il nous était encore impossible de découvrir sa côte est. Un peu plus tard, le brouillard complètement levé nous dévoila que notre lac s'étendait jusqu'à l'horizon. Ce que nous regardions, c'était la mer, la mer sur la côte est de l'île ! Une légère pulsation sur la plage prouvait qu'elle n'était même pas gelée ; le mauvais éclairage nous avait trompés. Nous devions être en face de Possession Bay. En cet endroit, du fond d'une baie à l'autre, l'île ne devait pas avoir plus de cinq milles de large.

Une fois de plus, notre carte se montrait inexacte. Il n'y avait rien d'autre à faire que de retraverser le glacier. Il était environ 7 heures du matin, et, à 9 heures, nous avions regagné le terrain perdu. Nous nous enfonçâmes alors au sud-est, car la carte indiquait deux autres découpures profondes dans la côte avant Stromness. C'était un réconfort de penser que nous ne perdrions pas l'eau de vue à l'est pendant notre voyage, bien qu'il n'y eût aucun chemin praticable le long des côtes, à cause des falaises escarpées et des glaciers. Sur cette côte est, des hommes vivaient dans des maisons éclairées à l'électricité. Là nous trouverions des nouvelles du monde extérieur. Et là surtout, nous aurions les moyens de secourir les vingt-deux hommes laissés à l'île de l'Éléphant.

À TRAVERS LA GÉORGIE DU SUD

Le soleil levant annonçait un beau jour ; en frayant notre chemin dans la neige molle, nous avions chaud. Devant nous s'allongeaient les arêtes et les contreforts d'une gigantesque chaîne de montagnes, celle que l'on pouvait remarquer depuis la baie. Nous avancions sur un plateau qui s'élevait en pente douce, et au bout d'une heure nous avions tellement chaud que c'en était presque insupportable. À l'occasion d'une expédition antérieure, des années auparavant, je m'étais promis de ne plus jamais gémir de la chaleur du soleil, et ma résolution s'était affermie durant la dernière traversée. Je m'en souvins alors que le soleil tapait cruellement sur la neige aveuglante.

Après la traversée d'une surface crevassée, on fit halte pour le premier repas. Un trou creusé dans la neige avec la doloire abrita la lampe Primus. Il n'y avait pas de vent ; mais une rafale soudaine pouvait arriver. Après avoir pris notre hoosh bien chaud, il nous fallut traverser – et ce fut laborieux – une arête aiguë entre deux des pics déjà mentionnés. Vers 11 heures, nous avions presque atteint la crête. La pente se faisait raide et nous obligeait à tailler des escaliers en avançant. La doloire se montra pour cela un excellent instrument ; un coup suffisait à faire une entaille assez large pour le pied. Avec anxiété, mais aussi plein d'espoir, je coupai les quelques dernières marches et parvins sur le sommet aigu. Les deux autres, toujours encordés, attendaient derrière moi les nouvelles. Quelle déception! Sous mon nez, un précipice de quinze cents pieds aboutissait à un chaos de glace plissée, et aucun chemin ne s'offrait pour descendre. À l'est un grand plateau neigeux s'étendait sur une distance de sept ou huit milles, haut de quatre mille pieds; au nord, ce plateau se terminait en glaciers tombant à pic dans la baie; au sud, il était coupé par d'énormes chutes de la nappe de glace. La route à suivre courait entre les glaciers et les chutes; mais d'abord il nous fallait descendre.

Taillant des marches avec la doloire, nous avançâmes latéralement en contournant la base d'une dolomite qui nous bloquait la vue au nord. Vers le nord-est, une pente neigeuse semblait offrir un chemin de descente. Taillant de nouveau des marches dans la pente qu'il nous avait fallu trois heures pour grimper, nous la descendîmes en une heure. La fatigue de cette marche inaccoutumée commençait à se faire sentir; depuis janvier nous étions peu entraînés à marcher.

Longeant la base de la montagne, nous arrivâmes à un gigantesque *bergschrund* long d'un mille et demi et profond de mille pieds. Cet effrayant ravin, creusé dans la glace et la neige par les rudes vents soufflant autour de la montagne, avait une forme semi-circulaire et se terminait par une pente douce. Après l'avoir traversé en longeant de hautes tours de glace, le besoin d'un autre repas et d'un court repos se fit sentir. Il était midi trente. Un demi-pot de ration Bovril fumant nous réchauffa, et après ce réconfort la pente glacée, inclinée de 45°, ne nous sembla plus aussi formidable qu'avant.

Une fois encore il fallait monter. Après une ascension pénible, nous fûmes tout près de toucher le sommet.

Là-haut, sur la glace bleue de l'arête, il n'y avait qu'une mince couche de neige et il fallut tailler des marches pour les derniers cinquante yards. En bas se creusait le précipice, et mes yeux y cherchèrent vainement un chemin. La surface de la neige, amollie par le soleil, était maintenant trompeuse, et il nous fallait choisir avec grand soin où poser le pied. Derrière nous, un brouillard s'élevait qui, dans la vallée, en rencontrait un autre venant de l'est. Ces nuages traînants étaient un avertissement : il nous fallait descendre rapidement avant d'être enveloppés dans la brume.

Les pics qui hérissaient la crête nous barraient la vue sur la droite et sur la gauche. Je décidai de reprendre en sens inverse le chemin par lequel nous étions arrivés. L'après-midi s'avançait et un brouillard de mauvais augure arrivait de l'ouest. Il était très important d'atteindre la prochaine vallée avant la nuit. Nous étions maintenant à quatre mille cinq cents pieds et, à cette altitude, la nuit ne devait pas être chaude. Nous n'avions ni tente ni sac de couchage, et nos vêtements étaient complètement usés, depuis dix mois que nous les traînions par tous les temps. Malgré la distance, nous apercevions des touffes d'herbe dans la vallée à nos pieds. Si nous y arrivions, nous pourrions, en creusant un trou dans un banc de neige et en le remplissant d'herbes sèches, nous faire un lit presque confortable. Nous revînmes donc sur nos pas et, après un détour, nous atteignions au crépuscule une autre crête. Après un rapide coup d'œil, je me tournai vers les visages anxieux de mes deux compagnons.

– Allons, les enfants !

En une seconde ils étaient à côté de moi. Devant nous la pente descendait rapide, mais s'adoucissait bientôt. Nous ne distinguions pas clairement le fond à cause du brouillard et de la faible lumière. Il se pouvait que la pente finît à pic ; mais le brouillard montant ne permettait pas d'hésiter. Nous descendîmes donc, lentement d'abord, taillant des marches dans la neige dure, puis, la surface plus molle indiquant que

la pente était moins rude, ce fut une glissade et une dégrin-
golade comme aux beaux jours de notre enfance. Au pied de
la pente se trouvait un banc de neige; nous avions descendu
au moins neuf cents pieds en deux ou trois minutes.
Derrière nous, les doigts gris du brouillard dépassaient la
crête comme à la poursuite des intrus qui osaient affronter
les solitudes inviolées; mais nous lui avions échappé.

À l'est, un plateau couvert de neige séparait les glaciers de
la côte nord des chutes de glace du sud. Du sommet nous
avions pu nous rendre compte que notre route courait entre
deux énormes masses crevassées; nous pensions qu'au-delà
le chemin devait se dégager. Cet espoir et le froid grandissant nous poussèrent à abandonner l'idée de camper. On
s'arrêta seulement pour un repas à 6 heures. Une petite
brise rendait la cuisine difficile malgré l'abri d'un trou.
Crean cuisinait pendant que Worsley et moi, couchés sur
la neige du côté du vent, faisions un paravent de nos corps.
Le repas fini, nous recommençâmes une longue ascension
sur une pente assez douce. La nuit était tombée, et pendant
une heure l'obscurité presque complète rendit la marche
très pénible; nous guettions anxieusement les apparences
de crevasses. Puis, vers 8 heures, un reflet derrière les pics
pointus annonça la levée de la pleine lune et nous traça
un sentier argenté. Ainsi, sous la garde de la lune, nous
avançâmes avec sûreté entre les crevasses dont les ombres
se découpaient en noir de chaque côté du chemin. Nous
montions dans la neige molle, nous reposant çà et là sur
des épaulements de sol dur qui brillaient sous la lumière
blanche. À minuit, nous étions de nouveau à une hauteur de
quatre mille pieds. Nous voyions toujours clair, car au fur et
à mesure que la lune tournait vers le nord-est, notre sentier
s'incurvait dans cette direction. L'astre amical semblait
piloter nos pieds fatigués. Nous ne pouvions pas trouver un
meilleur guide, et à la lumière du jour nous n'aurions pas
suivi un autre chemin.

Minuit nous trouva près d'un grand champ de neige parsemé de nunataks qui projetaient leurs longues ombres comme des rivières noires sur la blanche étendue. Une douce pente au nord-est attirait nos pas, trop disposés à suivre cette direction. Nous croyions fermement qu'en bas de cette pente se trouvait Stromness Bay.

Après une descente de trois cents pieds, un vent léger se leva. Il y avait maintenant près de vingt heures que nous marchions, ne nous arrêtant que pour de brefs repas. Des bandes de nuages chevauchant les hauts pics du sud annonçaient l'approche du vent et de la neige. Vers 1 heure du matin, la lampe Primus fut allumée à l'abri d'un trou. La nourriture chaude nous donna un renouveau d'énergie. Worsley et Crean chantaient leurs vieilles chansons. Les rires étaient dans nos cœurs, sinon sur nos lèvres desséchées et craquelées.

Une demi-heure après, nous marchions déjà, toujours dans la direction de la côte. Nous avions la quasi-certitude d'être alors au-dessus de Stromness Bay. En bas de la pente, une silhouette sombre évoquait Mutton Island, qui est au large de Husvik. Le désir donnait des ailes à notre imagination, et nous nous indiquions joyeusement des points de repère que nous croyions reconnaître à la lumière vagabonde de la lune, dont le visage ami était à présent balayé par les nuages. Hélas! nos beaux espoirs s'évanouirent bientôt. Des crevasses nous avertissaient que nous étions sur un glacier, et nous arrivions presque au bord de la grande masse de glace qui tombait droit dans la mer. Je savais qu'il n'y avait aucun glacier à Stromness, nous devions être sur Fortuna Glacier. Quel désappointement! Retournant sur nos pas, il nous fallut regrimper toute la pente de glace en obliquant vers le sud-est. Nous étions à bout de forces.

À 5 heures nous arrivions près d'un éperon rocheux. À la fatigue s'ajoutait le souffle froid du vent des hauteurs, qui nous transperçait. Décidés à prendre un peu de repos, nous nous installâmes à l'abri d'un rocher. Nos bâtons et la doloire posés sur la neige nous servirent de siège et, aussi serrés que possible les uns contre les autres, nous nous enlaçâmes mutuellement de nos bras. J'espérais qu'ainsi nous pourrions nous réchauffer un peu et prendre une demi-heure de repos. Le vent amenait une neige légère et la poussière blanche nous recouvrait. En moins d'une minute, mes deux compagnons dormaient profondément. Si nous nous assoupissions tous, ce serait un désastre, car dans de telles conditions le sommeil peut très bien se terminer par la mort ; aussi au bout de cinq minutes je les rappelai à eux en leur faisant croire qu'ils avaient dormi une demi-heure, et donnai l'ordre du départ. Pendant les deux ou trois cents premiers yards, nous marchions sans déplier les genoux tant nous étions raides. En face de nous se dressait une ligne de pics irréguliers, où s'ouvrait une brèche – comme une dent brisée. C'était la chaîne qui part de Fortuna Bay et court direction sud. Pour gagner Stromness, il fallait la traverser.

Un vent glacé soufflait par la brèche. Après une rude montée, nous la franchissions à 6 heures du matin, le cœur anxieux et le corps anéanti. Si la pente suivante se montrait impraticable, notre situation toucherait au désespoir. Mais, une fois de plus, le pire tourna en bien. À l'aube apparaissaient devant nous les rochers ondulants et contournés du havre de Husvik. Sans dire un mot, nous nous serrâmes la main. Dans notre pensée le voyage était terminé, bien que, à la vérité, il y eût encore douze milles à franchir dans un pays difficile. À nos pieds une pente douce descendait vers une vallée, reliant notre montagne aux collines situées juste en arrière de Husvik. Comme nous étions arrêtés là, regardant devant nous, Worsley dit gravement :

– Patron, ça semble trop beau pour être vrai !

Bientôt, à deux mille cinq cents pieds au-dessous de nous, la mer apparaissait. Nous pouvions voir la petite ondulation des vagues sur la plage sombre, les pingouins se prélassant de-ci de-là, et des objets noirs qui semblaient être des phoques paresseusement vautrés sur le sable. C'était un bras est de Fortuna Bay, séparé par la grande chaîne de montagnes de celui que nous avions aperçu au cours de la nuit. La pente que nous avions à descendre semblait finir en un précipice au-dessus de la plage ; mais notre courage ranimé ne se laisserait pas abattre par les difficultés de la dernière étape. Nous campâmes joyeusement pour déjeuner. Pendant que Worsley et Crean creusaient un trou pour la lampe et cuisinaient, je grimpai un peu, en me taillant des marches avec la doloire, pour avoir une vue d'ensemble de la contrée. À 6 h 30, je crus entendre le son d'un sifflet à vapeur. Je n'osais pas en être certain ; mais je savais qu'à la station baleinière les hommes sont réveillés vers ce moment-là. Redescendant au campement, je racontai la chose, et avec une ardeur intense nous guettâmes 7 heures sur le chronomètre, heure où les baleiniers sont appelés au travail. À la minute exacte, le bruit du sifflet à vapeur nous parvint nettement, porté par le vent. Jamais personne n'entendit plus douce musique. C'était le premier écho de vie civilisée qui parvenait à nos oreilles depuis que nous avions quitté Stromness Bay en décembre 1914. Ce sifflet nous disait que des hommes vivaient là, tout proches, que les bateaux étaient prêts ; qu'avant quelques heures nous serions en route vers l'île de l'Éléphant, au secours de ceux qui nous y attendaient. Ce moment est difficile à décrire. Les peines, les souffrances, les navigations, les marches, la faim, la fatigue disparaissaient dans les limbes des choses oubliées. Ne restait que la joie de la tâche accomplie.

Mon inspection depuis la hauteur n'apportait pas grands renseignements sur le pays. J'exposai la situation devant Worsley et Crean. Il était évident que pour atteindre Husvik il fallait descendre la pente neigeuse que nous avions repérée.

– Boys, leur dis-je, cette pente semble finir par un préci-pice ; mais je n'en suis pas sûr. Si nous ne la descendons pas, il nous faut faire un détour d'au moins cinq milles. Que faire ?

Ensemble ils répondirent : «Risquer la pente.» Donc, abandonnant la lampe Primus vide et n'emportant qu'une ration et un biscuit chacun, nous entreprîmes la descente. Il nous fallut frayer un passage dans la neige très épaisse qui se collait à nos pieds. Après cinq cents pas de descente, au lieu du chemin praticable que nous espérions trouver, ce fut une pente escarpée de glace bleue. Après avoir creusé avec la doloire un solide point d'appui pour leurs pieds, Worsley et Crean me descendirent avec la corde alpine et je taillai des marches sur cinquante pieds – la longueur de la corde –, puis je fis une entaille assez large pour nous accueillir tous les trois. Empruntant à leur tour les marches que je venais de tailler, mes compagnons vinrent m'y rejoindre. Mon bout de corde solidement ancré à la doloire, je me tenais ferme dans mon trou, prêt à secourir celui qui glisserait. Après quoi, de ce trou, je recommençai à descendre en taillant d'autres marches. De cette laborieuse façon, deux heures furent nécessaires pour descendre de cinq cents pieds. À mi-chemin, nous trouvâmes prudent de biaiser à gauche, car les fragments de glace détachés par la doloire faisaient au bas de la pente un saut dans l'espace. Parfois, pour notre bonheur, quelque roc protubérant remplaçait une marche. Nous vîmes bientôt qu'un dangereux précipice s'étendait exactement en dessous de l'endroit où nous avions commencé la descente. Pour finir, une rapide glissade nous amena en bas – la doloire et la casserole les premières – non sans dommages considérables à nos pantalons déjà très éprouvés.

Nous n'étions plus alors qu'à quinze cents pieds au-dessus de la mer, et la pente devenait relativement douce. L'eau courait sous la neige et formait des poches entre les rochers qui émergeaient au-dessus de la surface blanche. Sur ces poches, la croûte de neige était une trappe pour nos pieds ;

mais sans nous arrêter, nous arrivions bientôt à la zone des
touffes d'herbe, et quelques minutes plus tard à la plage
de sable. On y relevait les traces de quelques animaux.
Mais lesquels ? La réponse nous embarrassa jusqu'à ce
que je me souvinsse que des rennes, amenés de Norvège,
vivaient maintenant le long des basses terres de la côte est.
Sans nous attarder à une investigation – tous nos désirs
se tendaient vers les lieux habités par les hommes –, nous
longeâmes la plage aussi vite que possible. Bientôt l'évidence de la proximité de l'homme nous apparaissait dans
une œuvre de destruction, comme c'est si souvent le cas :
un phoque récemment tué gisait là, et non loin plusieurs
autres portant des marques de balles. J'appris plus tard que
les baleiniers de Stromness vont parfois chasser en bateau
jusqu'à Fortuna Bay.

Midi nous trouva montant une pente en direction
est-sud-est. Une demi-heure plus tard nous atteignions un
plateau. Une arête encore à franchir et ce serait la descente
sur Husvik. Je frayais la piste sur le plateau, quand soudain
je me trouvai dans l'eau jusqu'aux genoux et continuant à
enfoncer dans la croûte de neige. Je m'étendis afin de répar-
tir mon poids sur plus de surface et criai aux autres d'en
faire autant. Nous étions à l'extrémité d'un petit lac couvert
de neige. Au bout de quelques instants, de nouveau sur
pied, nous marchions aussi délicatement qu'Agag, jusqu'à
ce que, au bout de deux cents yards, l'élévation du terrain
nous indiquât la fin du lac.

À 1 h 30 après midi, une dernière arête franchie, nous
apercevions un petit steamer baleinier entrant dans la baie à
deux mille cinq cents pieds en dessous de nous et, quelques
instants plus tard, le mât d'un voilier à quai. De minuscules silhouettes circulant alentour furent l'objet de notre
admiration. Et quand les cabanes et la factorerie de Stromness s'offrirent à notre vue, nous nous arrêtâmes pour nous
serrer les mains – forme de congratulation qui nous avait

semblé nécessaire en quatre occasions déjà : la première
en atterrissant à l'île de l'Éléphant ; la deuxième à l'arrivée en Géorgie ; la troisième quand, au premier jour de la
traversée de l'île, nous avions découvert du sommet d'une
arête la pente de neige qui devait nous conduire au port, et
enfin à la vue des rochers de Husvik.

Ce fut avec précaution qu'il fallut descendre la pente
en bas de laquelle nous trouverions chaleur et confort. La
dernière étape se montrait extraordinairement difficile :
vainement nous cherchâmes un chemin sur l'abrupt glacé
de la montagne. Le seul sentier praticable était un ruisseau
découpé par les eaux. Nous le suivîmes dans l'eau glacée,
mouillés jusqu'à la ceinture, grelottants et fatigués. Bientôt
un son tout à fait désagréable – bien qu'il eût pu passer pour
musical – parvint à nos oreilles : c'était le clapotement d'une
chute d'eau. Du haut de la chute, un coup d'œil circonspect
découvrait un saut de vingt-cinq à trente pieds, encadré
de part et d'autre par d'infranchissables falaises de glace.
Remonter, fatigués comme nous l'étions ? L'idée n'était pas
soutenable. Un seul chemin s'offrait : la chute elle-même.
Un bout de la corde ayant été fixé à un rocher, non sans
difficulté car la pierre était polie par l'eau courante, Worsley
et moi descendîmes Crean, le plus lourd de nous trois. Il
disparut complètement dans l'eau, et en sortit haletant
quelques coudées plus bas. Je glissai à mon tour le long de la
corde, et Worsley, le plus léger et le plus agile, vint le dernier.
Enfin nous nous retrouvions sur un terrain sec. Impossible
de reprendre la corde. D'en haut nous avions jeté la doloire,
le livre de loch et la casserole, enveloppés dans une de nos
blouses. C'était, avec nos vêtements trempés, tout ce que
nous rapportions de l'Antarctique, où nous nous étions
engagés un an et demi auparavant avec un bateau bien gréé,
un équipement fourni et d'immenses espoirs. C'était tout,
en fait de choses tangibles ; mais en souvenir nous rapportions des richesses. Nous avions pénétré le placage extérieur

des choses. Nous avions souffert et triomphé, rampant par terre en cherchant à saisir la gloire, grandissant au contact de l'immensité. Nous avions vu Dieu dans sa splendeur, entendu la voix de la Nature. Nous avions touché l'âme humaine dépouillée de tout artifice.

Fini maintenant des difficultés. Grelottants et cependant le cœur léger, nous nous dirigeâmes vers la station baleinière, à peine distante d'un mille et demi. Nous tentions de nous redresser : peut-être y avait-il des femmes à la station. Cette pensée nous rendait pénible le sentiment de notre apparence sauvage : barbes longues, cheveux emmêlés, pas lavés, vêtements traînés depuis près d'un an, en lambeaux et souillés ; on aurait difficilement pu imaginer trois bandits de plus mauvaise apparence. Worsley retrouva en quelques coins de ses habits plusieurs épingles de sûreté et entreprit quelques réparations temporaires qui, en vérité, accentuaient encore son piteux état.

Nous nous hâtions. Tout près de la station, rencontrant deux petits garçons de dix à douze ans, je leur demandai où se trouvait la maison de l'administrateur. Sans répondre, ils nous lancèrent un regard – un regard tout à fait significatif – puis s'enfuirent à toutes jambes. Nous traversâmes la station. Le «restaurant» était sombre à l'intérieur. À l'autre bout de la salle, un vieil homme s'enfuit comme s'il avait vu le diable en personne, sans nous laisser le temps de poser une question. Cet accueil n'avait rien d'amical. Alors, dirigeant nos pas vers l'entrepôt, je demandai à l'homme préposé à la surveillance si Mr Sorlle (l'administrateur) était à la maison.

– Oui, fit-il en nous dévisageant.

– Nous voudrions le voir, dis-je.

– Qui êtes-vous ?

– Notre bateau est perdu et nous arrivons par l'intérieur de l'île.

– Vous arrivez par l'intérieur de l'île ! lâcha-t-il avec le ton du doute le plus parfait.

Sur quoi il se rendit chez l'administrateur, où nous le suivîmes. J'appris plus tard qu'il nous avait annoncés ainsi :

– Il y a là trois hommes bizarres. Ils disent qu'ils sont arrivés par l'intérieur de l'île et qu'ils vous connaissent. Je les ai laissés dehors.

Précaution très nécessaire à son point de vue.

Mr Sorlle vint sur le pas de la porte.

– Eh bien ?

– Ne me reconnaissez-vous pas ?

– Je connais votre voix, répliqua-t-il en hésitant. Vous êtes le second du *Daisy*.

– Je m'appelle Shackleton.

Immédiatement il tendit la main.

– Entrez, entrez donc…

– Dites-moi quand a fini la guerre, demandai-je.

– La guerre n'est pas finie. Il y a des millions de tués. L'Europe est folle. Le monde est fou.

L'hospitalité de Mr Sorlle n'avait pas de bornes. Il nous laissa à peine le temps d'enlever nos bottes avant d'entrer chez lui ; il nous offrit des sièges dans une chambre chaude et confortable. Nous n'étions vraiment pas en état de nous asseoir dans une maison civilisée avant de nous être lavés et changés ; mais la bonté de l'administrateur l'emporta sur le désagrément d'être en notre compagnie. Il nous offrit du café et des gâteaux à la mode norvégienne et nous conduisit à la salle de bains… où, dépouillant nos haillons, nous nous lavâmes vigoureusement et avec volupté.

La générosité de Mr Sorlle ne se borna pas à prendre soin des trois voyageurs qui étaient venus frapper à sa porte. Pendant que nous étions occupés à nous nettoyer, il donna des ordres pour qu'un des vaisseaux baleiniers fût tenu prêt à partir la nuit suivante à la recherche des trois hommes restés de l'autre côté de l'île. Les baleiniers connaissaient King Haakon Bay, bien qu'ils n'eussent jamais à travailler sur cette côte.

Propres, vêtus avec délices d'habits neufs pris dans les magasins de la station, débarrassés de nos cheveux surabondants, en moins de deux heures nous étions redevenus des hommes civilisés. Puis Mr Sorlle nous offrit un repas splendide, tout en nous mettant au fait des arrangements qu'il avait pris. Nous discutâmes enfin des moyens de secourir ceux de nos camarades qui étaient restés sur l'île de l'Éléphant.

Je décidai que, pendant que je me mettrais aux préparatifs de secours, Worsley irait sur le baleinier pour indiquer la place exacte où campaient le charpentier et ses deux compagnons. On espérait leur retour pour lundi matin. Le bateau devait s'arrêter à Grytviken Harbour, port d'où nous étions partis en décembre 1914, afin d'informer le magistrat résidant du sort de l'*Endurance*. Il se pouvait que des lettres nous attendent là.

Ce soir-là, à 10 heures, Worsley s'embarqua sur le baleinier, où il dormit. Le jour suivant, le bateau mouillait dans King Haakon Bay et un canot atteignait le camp Peggoty. Les trois hommes furent ravis d'apprendre que nous avions réussi la traversée de l'île, ravis aussi que leur attente à l'abri du *James Caird* eût pris fin. Chose curieuse, ils ne reconnurent pas Worsley ; le bandit sale et chevelu qu'ils avaient quitté revenait pimpant et rasé. Ils le prenaient pour un des baleiniers. L'un d'eux demanda pourquoi aucun des trois n'était revenu avec le bateau de secours.

– Que voulez-vous dire ? fit Worsley.

– Nous pensions que le patron ou l'un des autres reviendrait, expliquèrent-ils.

– Qu'est-ce qui vous prend ? reprit Worsley.

Soudain ils comprirent qu'ils parlaient à celui qui, pendant un an et demi, avait été leur proche compagnon.

En quelques minutes les baleiniers transportèrent dans leur canot notre petit fourniment. Le *James Caird*, remorqué, fut hissé à bord. Et dès le lundi au crépuscule, le navire regagnait Stromness Bay. Les hommes de la station se rassemblèrent sur la plage pour recevoir les rescapés et examiner avec un intérêt professionnel le petit bateau qui avait navigué huit cents milles sur l'océan orageux qu'ils connaissaient si bien.

Quand je regarde en arrière, je ne doute pas que la Providence nous ait guidés aussi bien à travers les champs de neige que sur la mer écumante qui sépare l'île de l'Éléphant de la Géorgie. Pendant cette marche longue et torturante de trente-six heures parmi les montagnes et les glaciers inconnus, il me semblait souvent que nous étions quatre et non pas trois. Je n'en parlai pas à mes compagnons ; mais plus tard Worsley me dit :

– Patron, pendant la marche, j'ai eu la bizarre impression qu'une autre personne nous accompagnait.

Crean confessa avoir eu la même idée. On sent «l'impuissance des mots humains, la pauvreté des discours mortels» quand on essaie de décrire des choses intangibles ; mais un rapport de notre voyage serait incomplet sans la mention d'un sujet qui nous tient à cœur.

LE SECOURS

Quelle béatitude que notre première nuit à la station! Crean et moi occupions une belle chambre dans la maison de Mr Sorlle, avec la lumière électrique et deux lits chauds et doux. Nous nous sentions si bien, qu'il nous était impossible de dormir. Tard le soir, un steward nous apporta thé, pain, beurre, gâteaux. Couchés dans nos lits, nous savourions la douceur de tout ce luxe. Dehors une violente tempête de neige, qui commença deux heures après notre arrivée et dura jusqu'au lendemain, tourbillonnait et hurlait sur les pentes des montagnes. Nous étions vraiment reconnaissants d'avoir un abri; il n'aurait pas fait bon dormir là-haut cette nuit-là.

Le matin suivant, une neige épaisse recouvrait tout. Après déjeuner, Mr Sorlle nous emmena dans une chaloupe à vapeur jusqu'à Husvik. Nous écoutions avidement tout ce qu'il nous racontait de la guerre et des événements arrivés pendant notre vie loin des humains. Nous étions comme des hommes qui ressuscitent dans un monde devenu fou. Nos esprits s'accoutumaient avec peine aux récits des nations en armes, des traits de courage magnifique, des massacres inimaginables, du conflit mondial qui dépassait toutes les conceptions, des vastes champs de bataille rouges de sang, qui contrastaient d'une manière si effroyable avec la blancheur glaciale que nous venions de quitter.

Le lecteur ne peut pas comprendre combien ce fut difficile pour nous de nous représenter près de deux ans de cette guerre, la plus prodigieuse de l'histoire. Le blocus des armées dans les tranchées, le torpillage du *Lusitania*, le meurtre de l'infirmière Cavell, l'usage des gaz empoisonnés et du feu liquide, la guerre sous-marine, la campagne de Gallipoli, les cent autres incidents du conflit... tout cela nous étourdissait de prime abord. Il nous fallut quelque temps avant que nos esprits coordonnent les événements et en tirent des vues d'ensemble. Je suppose que notre sensation fut unique. Quels autres hommes civilisés auraient pu ignorer aussi parfaitement le choc mondial?

La première rumeur de la mésaventure de l'*Aurora* dans la mer de Ross me parvint par Mr Sorlle. Notre hôte n'en savait que très peu. Il avait entendu dire que l'*Aurora*, entraîné par la dérive loin des quartiers d'hiver de McMurdo Sound, était arrivé à la Nouvelle-Zélande et qu'on ne savait rien du détachement parti sur la côte. Ces informations manquaient de détails. Ce ne fut qu'en atteignant les îles Falkland, quelque temps après, que j'eus un rapport précis du voyage de l'*Aurora*. Cependant la rumeur parvenue à la Géorgie rendait plus pressant encore le sauvetage des naufragés de l'île de l'Éléphant, car il me faudrait peut-être aider aussi à secourir le détachement de la mer de Ross.

Quand nous atteignîmes Husvik, ce dimanche matin, le magistrat (Mr Bernsten), que je connaissais depuis longtemps, et les autres membres de la petite communauté nous accueillirent chaudement. Dans le port était amarré un des plus grands baleiniers, le *Southern Sky*, équipé par une compagnie anglaise, mais à ce moment désarmé pour l'hiver. Impossible d'avoir des communications rapides avec les propriétaires. Moyennant mon acceptation de toutes les responsabilités, Mr Bernsten fit des arrangements pour me permettre d'emmener le bateau à l'île de l'Éléphant. J'écrivis à la Lloyd (compagnie d'assurances maritimes) pour assurer le bâtiment.

Le capitaine Thom, un vieil ami de l'expédition, était à Husvik avec son bateau, l'*Orwell*, chargeant de l'huile pour la fabrication des munitions britanniques. Tout de suite il s'offrit à nous accompagner comme volontaire à n'importe quel titre. Je lui demandai d'être capitaine du *Southern Sky*. Il ne fut pas difficile de trouver un équipage, les baleiniers ne demandaient qu'à participer à la délivrance de nos camarades en détresse. Dès ce dimanche, ils commencèrent à préparer et à arrimer le bateau. Grâce à ces hommes de bonne volonté, le travail fut vite terminé, bien qu'une partie des machines eût été débarquée. Je pris dans les magasins de la station provisions, vêtements et même quelques douceurs pour ceux que nous espérions ramener. Dès le mardi matin, le *Southern Sky* était prêt au départ.

Je dois – et c'est un plaisir – remercier ici les baleiniers norvégiens de la Géorgie du Sud de nous avoir tendu des mains si compatissantes. De tous les bienfaits reçus dans les pays lointains, l'hospitalité et l'aide trouvées à la Géorgie restent parmi mes souvenirs les meilleurs. Il y a une fraternité de la mer. Les hommes de mer, servant et souffrant, menant la lutte sans fin contre le caprice du vent et de l'océan, participent étroitement aux périls et aux travaux de leurs frères.

Le mardi matin, le *Southern Sky* prêt, à 9 heures nous quittions la baie. Les sifflets de la station nous souhaitèrent amicalement bon voyage. Le lundi soir, à bord du bateau du capitaine Thom, nous avions rencontré plusieurs capitaines baleiniers qui élevaient leurs fils dans leur profession. C'étaient de «vieux routiers» aux visages ridés battus par les tempêtes d'un demi-siècle. Ils se montraient plus intéressés que les plus jeunes générations par le récit de notre traversée depuis l'île de l'Éléphant, et ils nous félicitaient de cette navigation vraiment extraordinaire. Je ne veux pas amoindrir notre succès par une feinte humilité. Grâce à la Providence, nous avions triomphé de grandes difficultés. C'était un plaisir d'en faire le récit à des hommes qui connaissaient ces mers sombres et traîtresses.

McCarthy, McNeish et Vincent, arrivés le lundi après-midi, reprenaient déjà quelques forces au régime de la chaleur et de la nourriture abondante. Le charpentier m'apparut pitoyablement maigre au sortir du bain. Il devait avoir sur lui toute une masse de vêtements en débarquant, car ce ne fut qu'en le voyant lavé et changé que je jugeai de son épuisement. C'était un homme d'environ cinquante ans, et l'effort l'avait usé plus qu'aucun autre. Pour lui, le secours arrivait à temps.

La première partie du voyage vers l'île de l'Éléphant s'accomplit sans événement. Le mardi 23 mai, à midi, nous étions en mer, avançant à dix nœuds vers le sud-ouest. L'avance était satisfaisante; mais la température, tombant très bas, m'inquiéta un peu; il se pouvait que nous rencontrions des glaces. La troisième nuit, le silence de la mer s'accentua. Regardant par-dessus bord, je vis l'eau recouverte d'une mince pellicule de glace. La mer gelait alentour et la glace s'épaississait, réduisant notre vitesse à cinq nœuds. Puis des fragments d'un pack ancien apparurent parmi la glace nouvelle. Avancer à travers le pack était hors de question. La structure du steamer, forte pour affronter les vagues, ne supporterait cependant pas le choc des masses glacées, aussi orientai-je le bateau sur le nord, et à l'aube du vendredi nous sortions du pack. Le matin du 28, temps sombre et couvert avec un peu de vent. De nouveau la barre fut mise sur le sud-ouest; mais à 3 heures du soir une ligne nette de pack s'étendait à l'horizon. Nous étions à soixante-dix milles environ de l'île de l'Éléphant; mais il était impossible de faire traverser la glace au steamer. Il fallait mettre le cap au nord-ouest. Le jour suivant, nous

étions exactement au nord de l'île ; un autre mouvement fut
tenté vers le sud, mais l'immense pack formait une barrière
impénétrable.

Être si près et échouer ! C'était dur. Mais il fallait céder
devant les faits : le *Southern Sky* ne pouvait pas affronter
la glace, même d'épaisseur moyenne ; il était tard dans
la saison, et rien ne disait que la glace dût s'ouvrir avant
des mois – bien qu'à mon avis le pack ne pût pas se fixer
longtemps dans ces parages, même en hiver, à cause des
grands vents et des courants. D'autre part, le *Southern Sky*
ne pouvait prendre du charbon que pour dix jours, et nous
étions partis depuis six jours déjà. Les îles Falkland étaient
alors à cinq cents milles de nous et la Géorgie à six cents
milles. Je décidai donc – puisqu'il nous était impossible
d'attendre que le pack s'entrouvre – d'aller aux Falkland
chercher un bateau plus capable, ou d'en faire venir un
d'Angleterre.

Après avoir essuyé un très mauvais temps, de bonne
heure dans l'après-midi du 31 mai nous arrivions à Port-
Stanley. Là, un câble nous reliait au monde extérieur. Le
capitaine du port vint à notre rencontre. L'ancre jetée,
j'allai à terre et me rendis chez le gouverneur, Mr Douglas
Young. Il m'offrit tout de suite son assistance et téléphona à
Mr Harding, l'administrateur de la station. À mon extrême
regret, j'appris qu'il n'y avait aux îles aucun bâtiment du
type requis. Ce soir-là, je câblai un message à Sa Majesté le
roi, à Londres, premier rapport de la perte de l'*Endurance* et
des aventures qui avaient suivi. Le lendemain je recevais le
message suivant :

« Enchanté de vous savoir arrivé sain et sauf dans les îles
Falkland, et espère que vos camarades sur l'île de l'Éléphant
seront bientôt secourus.

« George R. I. »

Je n'entrerai pas dans les détails de ce qui se passa pendant les jours qui suivirent notre arrivée aux Falkland. J'avais l'esprit tendu, uniquement occupé par les moyens de délivrer ceux de l'île de l'Éléphant au plus tôt. L'hiver avançait; j'avais conscience que la vie de quelques-uns de mes camarades pouvait être le prix d'inutiles délais. La proposition m'avait été faite d'envoyer d'Angleterre un bateau de secours; mais il ne pourrait pas arriver dans les mers du Sud avant des semaines. J'entrai donc en communication par sans-fil et câble avec les gouvernements des républiques de l'Amérique du Sud, pour leur demander s'ils ne pouvaient pas mettre un bateau à ma disposition. Il fallait un bâtiment construit en bois, capable de pénétrer dans la glace disloquée, ayant une bonne vitesse et une capacité de charbon suffisante.

De toutes les parties du monde m'arrivaient des messages de congratulation. La bonté de tous ces amis m'était un vrai réconfort en cette heure d'anxiété et de détresse.

L'Amirauté m'informa qu'aucun bâtiment approprié n'était disponible en Angleterre, et qu'on ne pourrait envoyer aucun secours avant octobre. Je répondis qu'octobre serait trop tard. Sur quoi le ministre britannique à Montevideo me télégraphia pour me proposer un chalutier nommé *Instituto de Pesca n° 1*, propriété du gouvernement uruguayen. C'était un solide petit vaisseau. Le gouvernement avait généreusement offert de l'équiper en charbon, provisions, habits, et de l'envoyer me prendre aux îles Falkland, avant de mettre le cap sur l'île de l'Éléphant. J'acceptai cette offre avec joie, et, le 10 juin, le chalutier entrait à Port-Stanley. Nous partîmes immédiatement vers le sud.

Malgré le mauvais temps, le chalutier avançait à six nœuds environ, et dans l'aube claire et brillante du troisième jour nous aperçûmes les pics de l'île de l'Éléphant. Grande était notre espérance. Mais notre vieil ennemi le pack

nous attendait à moins de vingt milles de l'île : le chalutier
était arrêté à son tour par une impénétrable barrière de
glace. Le pack s'étendait devant l'île, en forme de crois-
sant ; à l'ouest, une corne pointait vers le nord. Avançant
nord-est, nous atteignîmes l'autre corne : le pack épais et
dense s'allongeait vers l'est. Nous tentâmes d'y engager le
chalutier ; mais la glace était si compacte qu'il fut arrêté
tout de suite et se trouva bientôt serré entre d'énormes
glaçons. Aussi fallut-il, rapidement et avec précaution, faire
machine arrière. L'hélice, heureusement ne fut pas endom-
magée. Impossible d'approcher l'île. L'ingénieur uruguayen
m'apprit qu'il ne restait du charbon que pour trois jours.
Ainsi il nous fallait retourner. Une bande de brouillard
voilait le bas de l'île ; les hommes campés sur la plage ne
pouvaient donc pas apercevoir le bateau. La barre fut mise
sur le nord. Après avoir essuyé une nouvelle tempête, nous
touchâmes de nouveau Port-Stanley, les soutes presque
vides, les machines détériorées. Le *HMS Glasgow* était au
port, et les marins anglais nous souhaitèrent la bienvenue
à notre arrivée.

Le gouvernement uruguayen nous offrit alors d'envoyer
le chalutier à Punta Arenas [1], son bassin de construction,
pour le préparer à une nouvelle tentative. Une des difficultés du voyage venait de ce que le chalutier, qui était censé
faire dix nœuds avec six tonnes de charbon par jour, ne
faisait en réalité que six nœuds avec dix tonnes par jour. Le
temps était précieux et les réparations nécessaires auraient
pris trop longtemps. Je remerciai le gouvernement de son
offre généreuse. Les services que les Uruguayens nous ont
rendus à ce moment méritent une chaude reconnaissance. Je
mentionne aussi l'assistance que me prêta le lieutenant Ryan,
officier de la marine de réserve, qui amena le chalutier aux
îles Falkland et le conduisit au long de sa route vers le sud.

1. Au Chili.

L'*Instituto de Pesca* retourna donc à Montevideo, et je me mis en quête d'un autre bateau.

Le paquebot britannique *Orita* ayant eu l'à-propos de s'arrêter à Port-Stanley, je m'y embarquai avec Worsley et Crean, et il nous déposa à Punta Arenas, dans le détroit de Magellan. L'accueil que nous firent les membres de l'association britannique de Magellan fut des plus chaleureux. Mr Allan McDonald se montra infatigable dans l'aide qu'il nous prêta. Il travailla jour et nuit, et c'est principalement à lui que nous devons d'avoir, en trois jours, levé une somme de quinze cents livres parmi les membres de l'association afin d'affréter et d'équiper la goélette *Emma*. C'était une goélette en chêne, vieille de quarante ans, forte et résistante à la mer, avec une machine auxiliaire. Les dix hommes qui formaient l'équipage étaient de huit nationalités différentes ; mais, tous bons garçons, ils comprenaient parfaitement ce que nous désirions. Le gouvernement chilien nous prêta en outre le petit steamer *Yelcho* pour nous remorquer une partie de la route ; construit en acier, ce bâtiment ne pouvait pas affronter la glace. À sa remorque, le 12 juillet, nous partions vers le sud. Le jour suivant, le mauvais temps nous obligea à jeter l'ancre. Mais je ne pouvais pas attendre longtemps, et, malgré la tempête, le 14 nous levions l'ancre. La tension de la corde de halage était trop forte et, avec un bruit de coup de fusil, elle rompit. Le jour suivant, la tempête continuait. Je citerai le livre de loch de l'*Emma*, tenu par Worsley, officier des montres :

« Neuf heures du matin, tempête grandissante, grosse mer. Dix heures, corde de halage rompue ; établi la voile de misaine et le petit foc, direction sud-est-sud. Trois heures, le *Yelcho* nous hèle pour nous prévenir que sa cale est pleine d'eau (nos ponts l'étaient aussi) et qu'ils sont à court de charbon. Sir Ernest leur dit de retourner au port. Le *Yelcho* part dans la direction de San Sebastian Bay. »

Après trois jours de tempête continuelle, nous voilà seuls

pour essayer une fois de plus de secourir nos vingt-deux compagnons. Je commençais à avoir de grandes craintes sur leur compte.

Le vendredi 21 juillet, à l'aube, nous étions à moins de cent milles de l'île ; dans la lumière naissante, la glace nous apparut. Au plein jour, j'essayai de passer au travers. Notre petit bâtiment était rudement ballotté dans la grosse houle. Il n'y avait pas dix minutes qu'il était entré dans le pack qu'il heurta un bloc ; la sous-barbe fut brisée et la conduite d'eau de la machine toucha la glace. Je vis bientôt que la goélette, ballottée comme un bouchon, était plus légère que les masses alentour. Avancer dans ces conditions ? La question ne se posait pas. Aussi le navire, dès sa sortie du pack, fut-il maintenu à l'est. La nuit suivante, je le ramenai vers le sud malgré une ligne de pack ; mais dans cette direction la glace, s'étendant aussi loin que la vue pouvait atteindre, nous força une fois de plus à tourner au nord-est. L'ancre fut jetée pour la nuit, qui durait alors seize heures. L'hiver était bien avancé et les conditions atmosphériques extrêmement mauvaises. La glace progressait rapidement du sud vers le nord. Et avec nos machines détériorées, nous dépendions désormais uniquement de nos voiles.

Le jour suivant, nous faisions de nouveau quelques progrès vers le sud. Midi nous trouva à cent huit milles de l'île. Cette nuit-là, dans la tempête, nous jetâmes l'ancre au large du pack. Le lendemain une carapace de glace recouvrait la goélette ; les cordes avaient l'épaisseur du bras d'un homme. Si le vent avait augmenté, il nous aurait fallu couper les voiles, puisqu'il n'y avait plus moyen de les descendre. Quelques-uns des membres de notre équipage bigarré souffraient du froid et du fort mouvement du bateau. La goélette, longue d'environ soixante-dix pieds, subissait l'agitation de la mer démontée d'une manière qui aurait déconcerté le marin le plus salé.

À tout hasard le navire fut une nouvelle fois lancé vers le

sud ; mais toujours la barrière de glace bloquait le passage. L'ingénieur – un Américain – essaya de réparer les machines ; mais il ne put pas les maintenir en marche. Nous avions vent debout. C'était dur d'échouer une troisième fois, cependant je compris qu'il nous serait impossible d'atteindre l'île dans ces conditions. La barre mise au nord, après une traversée orageuse, nous rentrions à Port-Stanley une fois encore. Malgré ce troisième échec, je persistais à croire que la glace ne stationnerait pas longtemps autour de l'île de l'Éléphant, quoi qu'en puissent dire les experts depuis leur fauteuil.

Le 8 août, la goélette rentrait à Port-Stanley. Là, j'appris que le *Discovery* allait quitter l'Angleterre et arriverait vers le milieu de septembre. Mon bon ami le gouverneur me conseilla de l'attendre tranquillement – ce serait l'affaire de quelques semaines. La grand-rue de ce port, longue d'environ un mille et demi, se termine à un bout par l'abattoir, à l'autre par le cimetière. La principale distraction est de se promener de l'abattoir au cimetière ; pour varier, on peut aller du cimetière à l'abattoir. Ellaline Terriss [1] est née à Port-Stanley – les habitants ne l'oublient pas ; mais elle n'y vécut pas longtemps. Je ne pouvais pas prendre mon parti d'attendre inactif six ou sept semaines, sachant qu'à six cents milles de là mes camarades enduraient de cruelles privations. Je demandai au gouvernement chilien d'envoyer le *Yelcho* pour remorquer la goélette jusqu'à Punta Arenas. Le consentement donné promptement, comme il le fut toujours à mes requêtes, nous partions par une tempête de nord-ouest, et après avoir échappé de peu à un désastre, nous touchions Punta Arenas le 14 août.

Je ne pouvais pas espérer trouver un bateau approprié. Le temps se trouvant meilleur, je demandai au gouvernement chilien de me laisser le *Yelcho* pour une dernière tentative,

---

1. Star du music-hall, aujourd'hui quelque peu oubliée.

en promettant de ne pas le faire entrer dans la glace. Le gouvernement ayant consenti, le 25 août je partais au sud pour la quatrième fois. Et la Providence nous favorisa. Par un temps relativement beau, le petit steamer nous rapprocha rapidement de l'île. La glace n'y séjournait plus ; une tempête de sud l'avait repoussée pour un temps. Le *Yelcho* approcha l'île dans un brouillard épais.

Le 30 août, à 10 heures du matin, nous dépassions quelques icebergs échoués. Bientôt la mer qui se brisait sur un récif m'indiqua que nous étions tout près de l'île. Ce fut un moment d'anxiété : il fallait trouver le camp, et on ne pouvait pas espérer que le pack nous laisserait le temps d'une recherche prolongée ; mais bientôt le brouillard, se levant, découvrit les falaises et les glaciers de l'île. Je dirigeai le bateau sur l'est, et, à 11 h 40, les yeux aigus de Worsley dénichaient le camp, presque invisible sous sa couverture de neige. En même temps, de la plage, les hommes nous apercevaient et nous les voyions – minuscules silhouettes sombres – courir et faire des signaux. Nous étions à un mille et demi du camp, et en moins d'une demi-heure, je touchais la plage avec Crean et quelques-uns des marins chiliens. Sur un récif, une petite silhouette se dressait ; je reconnus Wild. En l'approchant, je criai :

– Vous allez tous bien ?

Il répondit :

– Nous allons tous bien, patron.

Trois hourras me parvinrent. Quand je fus à portée, je lançai des paquets de cigarettes sur la plage. Tous tombèrent dessus comme des tigres affamés : je savais bien que, depuis des mois, on rêvait et parlait de tabac.

Plusieurs hommes étaient en assez piteux état, mais Wild avait su maintenir l'union parmi eux et l'espoir vivant dans les cœurs. On n'avait pas le temps d'échanger des nouvelles et des compliments. Je ne descendis même pas sur la plage pour voir le camp, que Wild me décrivit très amélioré. La mer était grosse et, à tout moment, un changement de vent pouvait ramener la glace. Je hâtai l'embarquement, emportant seulement les archives de l'expédition et l'équipement essentiel. Avant une heure tout le monde était à bord du *Yelcho*, et le petit steamer marchait vers le nord à sa meilleure allure. La glace était encore écartée. Seul un océan orageux nous séparait à présent de l'Amérique du Sud.

Pendant la traversée, j'écoutai le récit de Wild, et je bénis de nouveau la gaieté et les ressources qui étaient en lui, grâce auxquelles le groupe avait vécu avec courage pendant quatre mois et demi de privations sur le précaire pied-à-terre de cette petite langue de sable, entre les champs de glace menaçants et la mer traîtresse.

Les provisions touchaient à leur fin quand le *Yelcho* avait atteint l'île. Wild avait prolongé aussi longtemps que possible le petit stock de nourriture et combattu de son mieux les démons du découragement et du désespoir. Parfois le pack s'était ouvert ; mais le plus souvent il barrait le chemin vers le nord. Le *Yelcho* était arrivé au bon moment. Deux jours plus tôt, il n'aurait pas pu passer, et quelques heures plus tard le pack pouvait être redevenu impénétrable.

Wild prévoyait le secours pour août. Chaque matin il empaquetait ses affaires avec une anticipation joyeuse et contagieuse – et je sais bien pourquoi il le faisait. Je m'étonnai cependant auprès de l'un des hommes.

– Ainsi, vos paquets étaient toujours prêts ?

– Voyez-vous, patron, répliqua-t-il, Wild n'a jamais cessé d'espérer, et même quand le pack cernait l'île il roulait son sac de couchage et disait à tous : « Roulez vos sacs, mes enfants ! le patron peut venir aujourd'hui. »

Et ainsi le temps s'écoula jusqu'au moment où nous émergeâmes du brouillard.

Les provisions avaient pu être prolongées grâce à la viande de phoque et de pingouin, aux coquillages et aux plantes marines. Les phoques s'étaient montrés rares, mais heureusement pas les pingouins pendant les trois premiers mois. Au moment de notre arrivée, il ne restait plus qu'une ration Bovril – la seule forme de boisson chaude – et des vivres à peine pour quatre jours.

Le camp se trouvait par ailleurs en danger permanent d'être enseveli sous la neige qui dégringolait sans cesse des hauteurs ; les hommes travaillaient à enlever les masses tombées en s'aidant de tous les instruments imaginables. Il était à craindre aussi que, du large, le camp devînt complètement invisible et qu'un bateau de secours le cherchât en vain.

« Il était convenu que le bateau de secours tirerait un coup de fusil en approchant de l'île – c'est Wild qui parle – et souvent, quand des fragments de glacier se détachaient avec un bruit de détonation, nous pensions que vous arriviez ; mais à la fin nous nous méfiions. En somme, nous avons aperçu le *Yelcho* avant de rien entendre. C'est un événement qu'on n'oubliera pas facilement. Nous nous réunissions pour le lunch au cri de : "Lunch O." Je servais la soupe – particulièrement bonne ce jour-là : os de phoque bouillis avec coquillages et algues – quand on entendit un autre appel de Marston :

« – Bateau O !

« Quelques-uns crurent à un nouveau signal pour le "lunch O". Mais un second cri de Marston enleva au lunch toute attraction. Le bateau était à environ un mille et demi. Il était convenu qu'on devait signaler le camp par une fumée. Attrapant un vêtement à je ne sais qui, avec une pioche je perçai un bidon de kerosine préparé pour ce cas, le versai sur le vêtement et y mis le feu. Cela flambait au lieu de fumer ; c'était sans importance ; vous aviez déjà repéré le camp et le *Yelcho* approchait. »

Nous eûmes un mauvais temps pour la traversée, et le petit *Yelcho* peinait durement ; mais à bord les cœurs étaient légers. Le 3 septembre, le bateau entrait dans le détroit

de Magellan, et à 8 heures du matin atteignait Rio Secco.
J'allai à terre téléphoner au gouverneur et à mes amis de
Punta Arenas que mes compagnons étaient sauvés. Deux
heures plus tard, nous étions à Punta Arenas, où l'on nous
fit un accueil qu'aucun de nous n'est prêt d'oublier. Les
Chiliens ne se montraient pas moins enthousiastes que
les résidents britanniques. La police avait reçu l'ordre de
répandre la nouvelle du retour du *Yelcho* et, de peur que le
message ne parvienne pas à tous, on avait sonné la cloche
à incendie. Je crois que le peuple entier se trouvait dans
les rues. Ce fut une réception grandiose, et, après ces longs
mois d'anxiété et de fatigue, nous étions d'humeur à nous
réjouir.

Les semaines suivantes furent triomphales ; mais je ne
veux pas entreprendre d'en évoquer ici le détail. De tous
les coins du monde je reçus des félicitations, des messages
d'amitié et d'encouragement. Qu'on sache seulement que
je suis reconnaissant à tous ceux qui ont eu la bonté de
penser à nous, malgré les terribles événements des champs
de bataille.

Le gouvernement chilien mit encore une fois le *Yelcho*
à ma disposition pour conduire les hommes à Valparaíso
et à Santiago. Le 27 septembre, nous atteignîmes Valparaíso. Dans le port, tout ce qui pouvait servir de bateau
vint à notre rencontre ; les équipages des navires de guerre
chiliens faisaient la haie ; trente mille personnes au moins se
pressaient dans les rues. Le soir suivant, à Santiago, je parlai
pour la Croix-Rouge britannique et pour une œuvre navale
chilienne. Le drapeau chilien et l'Union Jack flottaient côte
à côte. L'orchestre joua l'hymne national chilien, le *God save
the King* et *La Marseillaise*. Le ministre chilien des Affaires
étrangères parla et épingla une décoration sur mon habit.
Je remerciai le président de l'aide prêtée par son gouvernement à l'expédition britannique ; quatre mille livres, rien
qu'en charbon, avaient été dépensées. En réponse, il rappela

la part prise par les marins anglais dans la formation de la marine chilienne.

Le service des chemins de fer chiliens nous procura un train spécial pour traverser les Andes. Je me rendis à Montevideo afin de remercier personnellement le président du gouvernement de l'Uruguay de son aide généreuse. Tout au long de la route, nous étions royalement reçus. Après une courte visite à Buenos Aires, nous traversions de nouveau les Andes. J'avais alors pris des arrangements pour assurer le retour en Angleterre des membres de l'expédition. Tous les hommes avaient hâte de prendre leur place parmi les forces combattantes de l'empire. Pour moi, mon devoir immédiat était de m'occuper du secours du détachement abandonné dans la mer de Ross. J'avais eu quelques détails sur la longue dérive de l'*Aurora* et son retour en tristes conditions en Nouvelle-Zélande. Worsley m'accompagnerait.

Nous hâtant vers le nord par Panamá – les compagnies de navigation et de chemins de fer nous donnaient partout la plus cordiale et la plus généreuse assistance –, nous attrapâmes à San Francisco un steamer qui nous déposa en Nouvelle-Zélande à la fin de novembre. J'avais été prévenu que le gouvernement de Nouvelle-Zélande prenait des dispositions pour le sauvetage du groupe de la mer de Ross ; mais mes informations étaient imprécises et je désirais vivement être sur place moi-même aussi vite que possible.

SUR L'ÎLE DE L'ÉLÉPHANT

D'après différentes notes journalières prises par les hommes, et par les détails appris à la faveur de conversations pendant le voyage de retour vers les pays civilisés, j'ai pu établir un compte rendu précis de l'existence des vingt-deux hommes restés sur l'île de l'Éléphant sous le commandement de Wild pendant quatre mois et demi.

La première nécessité, plus importante même que la nourriture, était de trouver un abri. La demi-stagnation durant la dérive sur la banquise, ajoutée à l'exposition à toutes les intempéries pendant la traversée et après notre atterrissage sur l'île, avait laissé des marques sur un bon nombre d'entre nous. Rickinson, qui avait tenu bon si longtemps, ressentait des troubles au cœur. Blackborrow et Hudson ne pouvaient plus marcher. Tous étaient atteints par le gel à différents degrés et les vêtements, portés sans interruption depuis six mois, ajoutaient à leur misère.

Le blizzard qui s'était levé le jour de l'atterrissage à Cap Wild dura une quinzaine, soufflant souvent à la vitesse de soixante-dix à quatre-vingt-dix milles à l'heure, parfois plus. Les tentes, qui avaient tant enduré et si bien résisté, furent lacérées, sauf la carrée, occupée par Hurley, James et Hudson. Les sacs de couchage et les vêtements étaient trempés à tordre. La situation, si elle durait, risquait fort d'anéantir le moral de la troupe. Sous les deux bateaux retournés, un plat-bord posé sur la neige et l'autre soulevé de deux pieds sur des pierres et des caisses, les matelots, quelques-uns des scientifiques et les deux invalides Rickinson et Blackborrow avaient trouvé un abri, au moins pour leurs têtes. Le besoin d'un refuge contre le mauvais temps, et de chaleur pour sécher les vêtements, se faisait impératif. Aussi Wild hâta-t-il l'excavation de la sape dans la glace, commencée avant mon départ.

Mais quand la température s'élevait, l'eau gouttait continuellement du toit et des murs de cette cave, et comme vingt-deux hommes devaient y vivre, il fallait compter que la température n'y serait jamais très basse ; on ne pouvait donc pas espérer y être au sec. Aussi, sous la direction de Wild, creusant la neige, ils rassemblèrent de grandes pierres plates et érigèrent deux murs solides de quatre pieds de haut et de dix-neuf de côté.

« Étant tous ridiculement faibles, ce travail nous fatigua à l'excès et prit deux fois plus de temps qu'il n'en eût fallu à l'ordinaire. Nous étions obligés de nous mettre à deux ou trois pour porter des pierres qui eussent été la charge d'un homme en santé normale ; et, par malchance, les pierres appropriées se trouvaient à l'extrémité la plus éloignée de la plage, à quelque cent cinquante yards. Notre faiblesse évoquait celle qui suit une longue maladie : on se sent bien portant, mais sans nerf.

« L'emplacement choisi pour la hutte était celui où, la première nuit de notre arrivée, nous avions installé le fourneau. C'était entre deux larges roches qui, si elles ne pouvaient servir de murs, nous abriteraient au moins du vent. Au nord, au bout de la plage, l'élévation appelée colline des Pingouins nous protégeait aussi.

« Les murs achevés et équarris, les deux bateaux furent posés par-dessus, retournés côte à côte. Il fallut un peu de temps pour les ajuster exactement. C'était d'importance capitale si la hutte devenait notre abri permanent, comme nous l'espérions. Une fois en place, calfaté et bien fixé aux rochers, les quelques pièces de bois en notre possession mises en travers de quille à quille, le tout fut recouvert de la toile d'une des tentes déchirées, accrochée à la roche par des vergues. Marston tendit ingénieusement les murs intérieurs à l'aide de la toile des tentes, maintenant inutiles : dans les tiges d'une paire de bottes imperméables, il découpa des bandes étroites et, comme on borde de galons la tapisserie d'une chaise, posant ces bandes sur la toile, il cloua cette dernière tout autour à l'intérieur des plats-bords des deux bateaux ; comme une draperie, la toile pendait jusqu'à terre, où des bouts de mâts et des avirons la retenaient. Comme porte : deux couvertures superposées, remplacées un peu après par une porte en forme de sac. Représentez-vous une sorte de tube en toile, cousu sur la toile de tente qui tapissait la hutte. Pour entrer ou sortir, les hommes rampaient dans ce tube, qu'ils fermaient en le liant comme le haut d'un sac. C'est certainement la porte la mieux adaptée à ces conditions qui ait jamais été inventée.

« Pendant que les uns travaillaient à ces arrangements, d'autres remplissaient les interstices des pierres avec de la neige. Cette neige, très poudreuse, s'agglomérait mal. On y suppléa au moyen de l'unique couverture de réserve et d'un manteau. Tout ce travail, accompli avec nos doigts glacés et un matériel limité, était des plus pénibles.

« La hutte enfin terminée, nous fûmes invités à y apporter nos sacs trempés. Tentes et bateaux avaient été réquisitionnés pour la construction de cette nouvelle résidence, tout l'équipement était resté pendant plusieurs heures sous la bruine.

« Sous la direction de Wild, chacun s'installa. On n'entendit aucune querelle pour les meilleures places, bien qu'on pût noter un mouvement qui ressemblait à une charge lorsqu'il fut question d'attribuer les bancs de rameurs dans les bateaux. Rickinson, encore malade et très faible – mais toujours gai –, obtint une place dans un bateau au-dessus du fourneau. Les matelots qui pendant quelques jours avaient vécu à l'abri du *Stancomb Wills* retourné sur la plage l'adoptèrent tacitement pour leur propriété, et y montèrent comme un seul homme. Il restait un billet de logement à l'étage supérieur dans ce bateau. Wild l'offrit à Hussey et à Lees, proposant qu'il soit au premier qui y installerait son sac. Pendant que Lees pesait le pour et le contre, Hussey plaçait son sac, et quand Lees se décida pour, il était trop tard. Donc quatre hommes occupaient le travers du *Dudley Docker*, les cinq matelots et Hussey, celui du *Stancomb Wills*; les autres s'installèrent par terre.

« Le sol recouvert de neige et de glace fut nettoyé, et le reste des toiles étendu sur des galets. À l'abri de ce cantonnement réduit – un palais pour nous –, la bonne humeur reprit ses droits. Cependant le blizzard trouva bientôt les défauts de notre architecture; la fine neige tourbillonnante se fraya un chemin dans les interstices des pierres à chaque extrémité des murs. Des sacs de couchage Jaeger et des manteaux étendus à l'extérieur, avec de la neige entassée par-dessus et bien gelée, firent malgré tout un barrage efficace contre la neige.

« On avait d'abord établi la cuisine dehors, à l'abri de quelques rochers et d'un mur de caisses de provisions. Un jour de blizzard extraordinairement violent, on tenta de cuisiner dans la hutte. Comme il était impossible d'échapper à la fumée qui montait de la graisse, et qui piquait les yeux, les occupants passèrent un assez mauvais moment; quelques-uns souffrirent d'une sorte d'aveuglement – similaire à celui que produit parfois la neige – très douloureux et nécessitant l'intervention des médecins. Kerr s'employa rapidement à installer une cheminée : la paroi d'une boîte à biscuits ayant été fixée entre les quilles des deux bateaux au moyen d'une bague de fer-blanc solidement cousue à la toile du toit, les inconvénients de la fumée furent vite oubliés. Puis un vieux bidon à huile servit de tuyau, et il y eut bientôt place pour poser deux casseroles sur le fourneau.

«Ceux qui avaient leur billet de logement près du poêle subissaient les effets du dégel; mais l'inconvénient était compensé par l'avantage de pouvoir réchauffer à volonté les portions de viande et de hoosh qui restaient des repas – et de rendre le même service à ceux qui se trouvaient moins bien placés, cela contre un modeste paiement (en général une part du hoosh ou bien un ou deux morceaux de sucre).

«Chacun avait son tour pour la corvée de cuisine. Le cuisinier et ses aides, réveillés à 7 heures, s'affairaient au déjeuner, généralement prêt pour 10 heures. Puis on rangeait les boîtes de provisions en un large cercle autour du fourneau, et ceux qui avaient la bonne fortune d'en être proches séchaient leur équipement. Pour que tous puissent bénéficier de cet avantage, on changeait chaque jour les places des convives, selon un ordre tournant. Ainsi tous purent se sécher et dès lors la vie commença à sembler moins sombre.

«Le grand inconvénient de la hutte était le manque de lumière : les murs en toile, couverts de suie de graisse, et la neige accumulée alentour de la hutte, n'en laissaient pas passer, et les habitants vivaient dans une nuit perpétuelle. On fabriqua des lampes avec des boîtes de sardines et des morceaux de pansements en guise de mèches, mais il n'y avait pour les entretenir que de l'huile de phoque extraite de la graisse – or les tissus fibreux, considérés comme très délicats, étaient parcimonieusement distribués au lunch, et cette huile donnait une lumière qui servait plus à économiser notre petit stock d'allumettes qu'à nous éclairer.

«Wild fut le premier à parer à cet inconvénient en cousant dans les murs de toile le couvercle de verre d'une boîte de chronomètres. Par la suite, on ajouta trois autres "fenêtres" taillées dans les panneaux en celluloïd d'une boîte de photographies. Grâce à quoi les occupants des billets de parterre pouvaient lire et coudre, ce qui rompait considérablement la monotonie des jours.

« Notre bibliothèque consistait alors en deux livres de poésies, un autre sur l'expédition Nordenskjöld, un ou deux volumes déchirés de l'*Encyclopædia Britannica* et un livre de cuisine d'un penny, propriété de Marston. Nos vêtements n'étaient plus guère présentables, qui portaient les traces de dix mois de fatigue, et il fallait les rapiécer continuellement pour les maintenir entiers.

« Le sol de la hutte, surélevé grâce à un socle de galets, était assez sec par temps froid ; mais quand la température s'élevait tant soit peu au-dessus du point de glace – ce qui arrivait quelquefois –, la hutte devenait la mare d'écoulement de toutes les collines environnantes ; Wild le premier s'en aperçut un matin où son sac flottait presque. Les autres étaient dans le même cas ; aussi entreprit-on sur-le-champ des travaux d'écoulement. Des pierres furent enlevées, un large trou creusé dans lequel on voyait l'eau s'élever rapidement. À l'aide d'une casserole, on écopa de la sorte cent gallons d'eau sale, le lendemain cent cinquante et cent soixante pendant les vingt-quatre heures suivantes. Toute la nuit les hommes se relayaient à la corvée. Dans l'un de nos journaux, je note cette remarque assez pathétique : "Voilà ce qu'un temps beau et doux nous amène ! Il n'est pas étonnant que nous préférions le froid." Pour en finir, une partie d'un des murs ayant été déplacée, un long canal creusé presque jusqu'à la mer résolut le problème. De plus, après chaque blizzard, on rejeta la neige qui, s'amassant autour de la hutte, la recouvrait parfois entièrement. »

L'immense glacier qui s'élevait derrière la hutte faillit mettre une fin à leur histoire. Des blocs de glace de plusieurs tonnes se détachaient, roulaient dans la mer et leur chute soulevait de grandes vagues. Un jour Marston découpait à coups de pioche du phoque gelé pour le lunch, quand un bruit de barrage d'artillerie l'arrêta. Une terrible vague, haute de trente pieds, fondait sur eux, menaçant de balayer la hutte et ses habitants. Un cri d'alarme fit sortir les hommes. Heureusement les glaces flottantes ralentirent la progression du mur liquide, qui se brisa juste au pied de la hutte, mais sans rien emporter. Ils l'échappèrent belle ; si la vague les eut entraînés, rien n'aurait pu les sauver.

Ils s'étaient accoutumés peu à peu à l'obscurité et à la saleté ; cependant quelques passages extraits des notes personnelles prouvent que parfois ils se rendaient compte de l'état de choses…

« La hutte devient de jour en jour plus noire. Tout est enduit de suie. Nous en sommes à un degré où l'on ne remarque plus si cela fume ou ne fume pas. C'est au moins consolant de sentir qu'il n'y a pas moyen de devenir plus sale. Je crois que si nous pouvions voir le sol de la hutte à la pleine lumière, cela nous ferait frémir – oui, même nous ! De l'huile, des poils de renne, des débris de viande, des herbes, des plumes de pingouin forment un conglomérat qui cimente les galets. De temps à autre, nous faisons un nettoyage ; mais il n'est pas toujours possible de renouveler le sol de la hutte, les galets étant en général gelés ou ensevelis sous la neige. Tel est notre *home, sweet home*.

« À force de coucher sur le sol pierreux qui nous sert de lit, toutes nos articulations nous font souffrir. »

Quelque temps après, un autre écrit :

« Maintenant que la fenêtre de Wild permet à un rayon de lumière de pénétrer dans notre hutte, on commence à s'y reconnaître. Avant cela, pour se guider vers la porte, on ne pouvait se fier qu'à son sens du toucher, renforcé des remarques de ceux dont on heurtait le visage par inadvertance. En regardant en bas, à une extrémité de la hutte, on observe dans la demi-obscurité deux petits reflets fumeux éclairant confusément une rangée de cinq silhouettes, qui en profitent pour faire passer le temps en lisant ou en discutant. Ce sont Macklin, Kerr, Wordie, Hudson et Blackborrow, ces deux derniers invalides.

«Au centre de la hutte un amas de caisses sert de table au cuisinier; on y range aussi la viande et la graisse, et un objet qui semble une momie, et qui n'est autre que Lees dans son sac de couchage. À l'autre extrémité se dresse le fourneau, avec Wild et McIlroy d'un côté, Hurley et James de l'autre. La plus grande partie de la nuit – et du jour – Marston occupe un hamac en travers de l'entrée. Comme il est assez large et l'entrée plutôt étroite, ceux qui entrent et qui sortent le heurtent inévitablement. À ces moments-là, son vocabulaire est des plus intéressants.

«Dans la mansarde formée par les deux bateaux retournés vivent dix locataires négligents et sans ordre; ils laissent tomber sur ceux de l'étage inférieur bottes, moufles et autres articles d'habillement. Les poils de renne pleuvent jour et nuit à chaque mouvement qu'ils font dans leur sac trempé. Ces poils, avec quelques plumes de pingouin et un peu de gravier, assaisonnent le hoosh à l'occasion. Grâce au ciel, l'homme est un animal adaptable. Si nous habitons cette hutte un peu longtemps, nous sommes capables d'oublier comment on marche; notre plafond – quatre pieds six pouces en son faîte –, nous oblige à marcher courbés en deux ou à quatre pattes.

«Notre porte – Cheetham entre justement, apportant avec lui un nuage de neige – était d'abord comme celle d'une tente. Maintenant, celui qui veut sortir délie la corde, rampe à travers et s'exclame : "Dieu merci, voilà de l'air!" Cette exclamation suffit à décrire l'atmosphère de la hutte, qui n'est agréable que saturée de l'odeur appétissante du pingouin brûlé.

«Une curieuse collection de vêtements graisseux mis à sécher se balance un peu partout et l'on rampe littéralement au travers. Nos toiles de tente laissent passer à peu près autant de lumière qu'on pourrait en attendre d'une jalousie fermée. Il est étonnant de constater combien nous sommes habitués à tous ces inconvénients. Nous adoptons maintenant des habitudes qui, il y a peu de temps, nous auraient répugné. Nous ne possédons pas de fourchette, mais chacun un couteau et une cuiller, celle-ci souvent taillée dans un couvercle de boîte. Le couteau sert à de nombreux usages. Il tue, dépouille, découpe phoques et pingouins, taille des lambeaux de graisse pour le feu, racle la neige pour dégager la hutte et, après un frottage négligent sur une peau de pingouin huileuse, devient couteau de table. Nous sommes aussi indifférents que des Eskimos à la noirceur et à la malpropreté. Depuis notre départ du bateau – près de dix mois – nous n'avons pas pu nous laver. D'abord, n'ayant emporté que le strict indispensable, nous ne possédons ni savon ni serviette, et, si nous en avions, notre provision de combustible ne permettrait pas de fondre la glace pour autre chose que pour boire. Si un homme se lavait, une demi-douzaine d'autres n'auraient pas à boire pendant une journée. Il est impossible d'apaiser sa soif en suçant de la glace ; par ce froid, cela fait craquer les lèvres et brûle la langue. Malgré tout, nous sommes tous de bonne humeur. »

Pendant tout le séjour à l'île de l'Éléphant, Wild décrit la température comme épouvantable. Sur cette plage étroite et sablonneuse, entourée de hautes montagnes, ils voyaient très peu le soleil pendant les rares moments où le ciel était clair. La plupart du temps, l'atmosphère était chargée de la neige arrachée aux hauteurs environnantes. L'île de l'Éléphant se trouve à la limite du pack, et les vents, qui passent sur un océan relativement chaud avant de l'atteindre, la revêtent d'un perpétuel linceul de brouillard et de neige.

Le 25 avril, lendemain de notre départ pour la Géorgie, l'île fut cernée par un large pack et enveloppée de neige et de brouillard humide. Le jour suivant fut plus calme ; mais le 27, ils endurèrent – je cite un journal de route – « le temps le plus pitoyable qu'on puisse imaginer. Pluie toute la nuit et la journée, vent violent. Mouillés jusqu'aux os ». Le lendemain amena un épais brouillard, du grésil, et le blizzard persista. Avril finit par une terrible tempête qui faillit détruire la hutte. En mai, cela n'alla pas mieux. Un jour typique est décrit comme suit : « Vent terrifiant, menace de disloquer notre abri. C'est une succession d'ouragans et de rafales qui balaient le glacier au sud-sud-ouest de la hutte. Chaque rafale s'annonce par un long grondement suivi d'un roulement de tonnerre. Neige, pierres, graviers volent ; tout ce qu'on a laissé dehors sans mettre de lourdes pierres dessus est emporté dans la mer. »

De gros ballots d'herbes marines et des boîtes servant à la cuisine furent ainsi balayés. Un jour, le vent enleva un tapis de tente dont six hommes secouaient la neige. Une autre fois, Hussey découpait la viande du jour, gelée à terre, quand une rafale le surprit et le poussa au bout de la plage vers la mer. Par bonheur, arrivant sur un sol de sable et de galets au-dessous de la marque des marées, il put y enfoncer sa pioche, à laquelle il se cramponna à deux mains jusqu'à ce que l'ouragan fût passé. Ces rafales arrivent souvent avec une soudaineté alarmante et sans aucun avertissement.

Il y eut quelques jours – très rares – de beau temps calme et clair. Les reflets du soleil mourant sur les glaciers et les montagnes remplissaient alors d'étonnement et d'admiration même les plus matérialistes. Ces jours étaient parfois suivis de belles nuits claires, si belles que sans le froid, les hommes seraient restés toute la nuit sur la plage.

Vers le milieu de mai, un blizzard terrifiant s'éleva, soufflant à soixante-dix et quatre-vingts milles à l'heure. Wild éprouva de sérieuses craintes pour la hutte. Ce blizzard présentait une curieuse particularité : le vent éparpillait des morceaux de glace larges comme des carreaux de fenêtre et épais d'un quart de pouce. C'était comme une avalanche d'éclats de verre qui rendait toute sortie très dangereuse. Ces vents du sud et du sud-ouest, quoique toujours accompagnés de neige et de grands froids, étaient cependant bien accueillis : ils éloignaient le pack du voisinage immédiat de l'île et ainsi permettaient d'espérer l'arrivée du secours, tandis que les vents du nord-est, remplissant la baie de glace et amenant un temps brumeux, ne laissaient aucun espoir.

À la fin de mai régna une période de calme profond, et la glace enserra l'île. Puis les vents du nord-est amenèrent des brouillards. Au début de juin, un nouveau blizzard se déchaîna. «Pendant la nuit, le blizzard a empiré et les terribles rafales nous ont causé une vive inquiétude pour la sûreté de notre hutte. On a peu dormi, car tous appréhendaient que le toit de toile ne fût arraché et les bateaux emportés dans la mer.»

Ainsi des blizzards du sud-ouest, pendant lesquels les hommes étaient confinés dans la hutte, alternèrent avec des vents de nord-est, qui amenaient le froid, l'humidité, le brouillard.

Le 25 juin, un fort orage de nord-ouest fut accompagné de vents violents et de grandes lames qui prenaient d'assaut la plage à moins de quatre yards de la hutte.

À la fin de juillet et au commencement d'août, il y eut quelques jours clairs et calmes. Après que des vents de sud-ouest eurent chassé toute la glace, quelques rayons de soleil apparurent, et tous, soutenus par l'optimisme invincible de Wild, recommencèrent à scruter l'horizon à la recherche du bateau sauveur.

Les trois premières tentatives de secours coïncidèrent malheureusement avec des moments où la glace cernait l'île. À la deuxième, nous étions assez près pour tirer un coup de fusil qui leur apprendrait que nous étions sains et saufs. Mais ils étaient tellement accoutumés aux détonations provenant du glacier adjacent, qu'ils ne l'entendirent ou ne le remarquèrent pas. Le 16 août, le pack apparut à l'horizon, et le lendemain la baie était remplie de glaces flottantes qui se consolidèrent rapidement ; de grands glaçons de vieille glace et des icebergs s'y trouvaient pris.

« Le pack semble plus compact que jamais ; on ne voit aucune eau libre et la glace brillante ceint l'horizon. Le temps est pitoyable ; partout, dans l'air et sur l'océan, règne un calme stagnant. Un pack dense, qui ne laisse passage à aucune houle, recouvre les eaux, et le brouillard humide traîne comme un linceul sur la terre et la mer. Le silence est oppressant. Rien d'autre à faire que de rester dans son sac ou d'errer dans la neige molle, d'où l'on revient trempé de part en part. »

Pendant les vingt-quatre heures suivantes, il tomba quinze pouces de neige. Cela portait à deux pieds l'épaisseur de la couche tombée entre le 18 et le 21 août. Le jour suivant, une légère houle de nord-est agita la glace, mais pour peu de temps, et bientôt le pack se consolidait une fois de plus.

Le 27 août, un fort vent ouest-sud-ouest, poussant toutes les glaces hors de la baie, sauf quelques icebergs échoués, déblaya la mer, ce qui nous permit d'arriver jusqu'à l'île.

Aussitôt après notre départ pour la Géorgie, Wild avait fait tuer autant de phoques et de pingouins qu'il se put, pour le cas où l'attente se prolongerait plus qu'on ne l'espérait. Mais la température s'élevant soudain, une grande quantité de ces provisions se gâta, et la réserve de viande ne fut pas énorme.

Au début, la viande de phoque faisait les principaux frais des repas avec une boisson chaude par jour. On cuisinait en plein air, mais la neige et le vent, outre qu'ils étaient très désagréables au cuisinier, remplissaient de sable et de gravier toutes les gamelles ; aussi, pendant l'hiver, la cuisine fut faite dans la hutte.

Un peu de sel Cérébos ayant été sauvé, on put en distribuer à raison de trois quarts d'once par homme et par semaine. Un jour, un des hommes laissa tomber son sel de la semaine sur le sol de la hutte parmi les pierres et les saletés. L'ayant rapidement ramassé, il s'aperçut avec délices qu'il en avait maintenant suffisamment pour trois semaines. Inutile de dire que le trésor en question ne contenait pas que du sel.

Au commencement, la boisson chaude consistait en lait, fait avec du lait en poudre dont on ne mettait qu'un quart de la quantité voulue. Plus tard, on le dilua encore davantage, et parfois il était remplacé par une boisson faite avec un paquet de soupe aux pois et des rations Bovril. Pour la célébration du Midwinter Day, une cuillerée à thé d'esprit méthylique dans une pinte d'eau chaude aromatisée d'un peu de gingembre et de sucre fit une mixture destinée à nous rappeler le souvenir de quelques cocktails et de Veuve Cliquot.

Au déjeuner, chacun avait un morceau de phoque et la moitié d'un poitrail de pingouin. Le lunch consistait en un biscuit trois fois par semaine ; des noix le jeudi ; des morceaux de graisse, dont l'huile avait été extraite pour les lampes, deux fois par semaine ; et rien le septième jour. Ce jour-là, le déjeuner comprenait la moitié d'une ration de traîneau. Le souper se composait invariablement de phoque et de pingouin coupés en petits morceaux et frits dans un peu d'huile de phoque.

La moindre variante à ces menus était bien accueillie. Quelques *paddies* – petits oiseaux blancs évoquant le pigeon – pris au piège avec un nœud de ficelle et frits furent mangés à un lunch avec un biscuit détrempé. Il restait de l'orge et des pois pour un repas, et ce fut un grand jour que celui où on les servit. Quelquefois, au consentement général, on conservait le biscuit du lunch, et quand il y avait deux biscuits par homme, ils étaient pulvérisés et bouillis avec un peu de sucre dans un sac de toile. Cela faisait un pudding très satisfaisant.

Quand la graisse abondait, il y avait en permanence une casserole d'eau pour apaiser la soif. Pour cette eau, on récoltait les fragments de glace tombés du glacier dans la mer et rejetés sur la plage. L'expérience des explorateurs arctiques tendant à prouver que l'eau de mer donne une forme de dysenterie, Wild n'aimait pas que l'on en use. Cependant un plat de pingouins bouillis dans un quart d'eau de mer et trois quarts d'eau douce eut un grand succès, et personne ne s'en trouva mal.

Malgré tous les efforts tentés pour amasser une grande provision de viande et de graisse, à la fin du mois, le stock était si bas qu'on ne pouvait plus servir qu'un repas chaud par jour. On cuisait le matin du pingouin pour deux repas, et les tranches destinées au souper étaient conservées chaudes dans un pot enveloppé de vêtements.

«Aujourd'hui, Clark a mis une casserole pleine dans son sac de couchage pour garder la chaleur, et vraiment c'est un grand succès, malgré les poils de renne.

«Quand on a la bonne fortune de trouver des poissons non digérés dans le gosier des pingouins, on les fait cuire dans des boîtes en fer-blanc pendues autour du fourneau par des fils de fer.

«Lorsqu'il fait trop froid dehors, toute la viande de la journée est découpée dans la hutte. Comme l'opération se passe sur des planches qui nous servaient pour couper le tabac au temps où nous en avions encore, le hoosh a parfois un goût assez prononcé ; mais cela l'améliore plutôt.»

Le régime ne comportant presque que de la viande, et encore pas en très grande quantité, le besoin d'une nourriture hydrocarbonée, telle que farine ou orge, se fait vivement sentir. Tous les journaux en témoignent. Un homme écrit longuement sur les choux qui poussent dans les îles Kerguelen. Le 19 juin, il ne restait plus que neuf cents morceaux

Le poêle de Patience Camp

La vigie à Ocean Camp

Traînage des canots sur la glace

Les naufragés de l'île de l'Éléphant

Abords de l'île de l'Éléphant

Falaises de glace sur les côtes de Géorgie du Sud

Paysages de la Géorgie du Sud

Ceux de l'île de l'Éléphant devant leur home

30 août 1916 : arrivée des secours

Une caverne dans l'île de l'Éléphant

de sucre, quarante pour chacun. À cette même date, mes lecteurs connaissaient aussi le manque de sucre, mais pour une cause différente.

Dans de telles circonstances, il n'est pas étonnant que toutes les pensées et les conversations se tournent vers la nourriture, banquets passés et futurs, regret des plats qu'on a refusés à la seconde offre...

Un jour un recensement fut fait de ce que chacun eût aimé manger s'il avait pu avoir à l'instant l'objet de ses désirs. À une seule exception près, tous désiraient un pudding à la graisse de bœuf, le *duff* bien-aimé des marins. Macklin seul réclamait beaucoup d'œufs brouillés sur des toasts chauds et beurrés. Plusieurs votèrent pour un «prodigieux Devonshire *dumpling*» (sorte de pudding) et Wild souhaitait un dumpling aussi long que large. Dans son petit livre de cuisine d'un penny, Marston lisait une recette chaque soir, pour le faire durer. La recette était très sérieusement discutée, des améliorations et des changements suggérés. Puis chacun s'enfonçait dans son sac pour rêver à quelque repas merveilleux.

Je reproduis la conversation suivante, recueillie dans un journal.

«WILD – Aimez-vous les beignets?

«MCILROY – Assez.

«WILD – C'est très facile à faire. Je les aime froids avec un peu de confiture.

«MCILROY – Pas mauvais. Mais que pensez-vous d'une énorme omelette?

«WILD – Excellent (avec un geste convaincu).»

À l'étage supérieur, deux marins discutent quelque extraordinaire mixture de hachis, pommes, bière et fromage. Dans son hamac, Marston lit son livre de cuisine. En bas, quelqu'un fait l'éloge des petits pains écossais. Plusieurs des matelots parlent avec beaucoup de conviction de plats merveilleux. L'un mentionne les noix. La conversation devient alors générale, et nous décidons d'en acheter chacun la valeur d'une livre dès notre arrivée dans les pays civilisés et de nous retirer dans une maison de campagne pour les manger tranquillement.

Midwinter Day, la grande fête polaire, fut rigoureusement observée. Il y eut un magnifique déjeuner : du hoosh pris dans les rations de traîneau, pas dilué du tout et bien bouilli pour l'épaissir avec du lait chaud. Pour le lunch, on servit un splendide pudding – une invention de Wild – fait de biscuits pulvérisés bouillis avec douze noix moisies ; pour le souper, un hoosh de phoque coupé en petits morceaux et sucré.

Après souper, concert accompagné par Hussey sur son «indispensable banjo». Ce banjo fut le dernier objet sauvé du bateau avant renfoncement. Je l'emportai comme tonique mental ; il nous suivit jusqu'à l'île de l'Éléphant et fit beaucoup pour entretenir la gaieté. Presque chaque samedi soir il y avait un concert. Chacun composait une chanson sur l'un ou l'autre des assistants, et si cet autre faisait une objection, une chanson pire encore était composée pour la semaine suivante.

Depuis que le cuisinier avait été souffrant, chacun à tour de rôle faisait la cuisine pendant une semaine. Comme le cuisinier et son aide avaient le privilège de racler les casseroles, la place était enviée, surtout par ceux qui possédaient un fort appétit.

«Le 12 août, on but le reste de l'esprit méthylique, et à partir de ce moment-là, chaque samedi soir, c'est avec de l'eau chaude parfumée au gingembre qu'on portait des santés au roi, aux fiancées et aux épouses, au chef et à l'équipage du *Caird.*»

Les pingouins et les phoques, émigrés vers le nord au commencement de l'hiver, n'avaient pas encore reparu. Peut-être le pack de glace épais de six pieds qui entourait la petite presqu'île les empêchait-il de revenir sur la plage.

Nous étions si à court de viande que de vieux os de phoque, restes d'un repas, furent ramassés et cuits en ragoût avec de l'eau de mer ; même traitement pour les carcasses de pingouin. On se mit à la recherche des coquillages dans les flaques que la marée laissait entre les rochers. C'était là corvée plutôt froide. Pour chaque petit animal, il fallait plonger le bras dans l'eau glacée, et même une grande quantité ne suffisait pas pour un repas. On employait aussi des herbes marines bouillies dans de l'eau de mer. Le mets ne plaisait pas à tout le monde : évidemment il n'avait pas beaucoup de goût, de plus il augmentait l'appétit – chose sérieuse quand il n'y a rien pour le satisfaire. Un homme remarque dans son journal : «Avons eu aujourd'hui un repas somptueux : presque cinq onces de nourriture chacun.»

C'est bien grâce à Wild, à son énergie, à son initiative, à ses ressources, que la gaieté régna jusqu'à la fin et que tous sortirent de l'aventure vivants et en bon état. Assisté des deux chirurgiens, les Dr McIlroy et Macklin, il veillait sans cesse sur la santé de chacun. Son bel optimisme ne faiblit jamais, même dans les moments où la nourriture se faisait courte et où le secours semblait très problématique. Tous parlent de lui avec admiration – j'ai pu m'en rendre compte d'après les différents journaux ; je crois vraiment que tous les naufragés de l'île de l'Éléphant lui doivent la vie. Les démons de la dépression ne trouvaient pas de prise en sa présence. Il ne se contentait pas de parler, mais agissait autant et même plus que les autres. Il a révélé de merveilleuses capacités de chef et a plus que justifié l'absolue confiance que j'avais placée en lui. Hussey, avec sa gaieté et son banjo, était aussi un élément de vie et chassait toute tendance à la mélancolie.

Après l'installation dans la hutte, la santé générale parvint donc à se maintenir. Naturellement, tous étaient assez affaiblis et plus ou moins gelés ; quelques-uns battaient la campagne, et, dans la suite, d'autres eurent des troubles au cœur. Il fallut amputer cinq orteils à Blackborrow, dont les pieds avaient été si gravement gelés pendant le voyage en bateau. L'opération, pratiquée dans une hutte sombre et sale, avec des instruments insuffisants, aucun moyen de stérilisation, rien d'autre qu'un fourneau à graisse alors qu'il gelait dehors, en dit long sur l'habileté et l'initiative des chirurgiens. Je suis heureux de pouvoir dire que l'opération réussit parfaitement, et, qu'après un court traitement aimablement dispensé par les médecins chiliens à Punta Arenas, Blackborrow est maintenant complètement remis et marche – avec un léger boitement tout au plus. Hudson, qui souffrait de bronchite et d'un mal de hanche, était presque complètement guéri à notre arrivée. Toutes traces des terribles morsures de gel subies dans le bateau avaient disparu, quoique d'autres plus récentes persistassent encore sur quelques membres. Naturellement, après avoir été rationnés tellement et pendant si longtemps, tous étaient faibles, mais vivants et gais malgré tout – grâce à Frank Wild encore une fois.

Le 30 août 1916 est décrit dans les différents journaux comme « un jour merveilleux ». Il ne restait de la viande que pour deux jours, et aucun phoque ou pingouin ne s'annonçait. Tout le groupe avait été à la récolte des coquillages et des herbes marines pour allonger le ragoût d'os de phoque. Wild servait le lunch. Hurley et Marston, avant d'entrer dans la hutte, jetèrent encore un regard dans la direction d'où ils attendaient le bateau. Et voilà que le brouillard, s'entrouvrant, découvrit le navire attendu et espéré pendant plus de quatre mois ! Marston l'aperçut le premier. Immédiatement il cria : « Bateau O ! » Ceux qui étaient dans la hutte crurent à un appel pour le lunch et n'y prêtèrent aucune attention. Bientôt nous entendîmes ses pieds battant la neige dans une course précipitée. Sa voix haletante, anxieuse, étouffée par l'émotion, criait :

– Wild ! un bateau ! Faut-il allumer un feu ?

« Il n'y eut qu'un plongeon vers la porte étroite ; dans la hâte et l'émoi, on déchira la toile de tente pour passer plus vite. La gamelle de hoosh, avec les précieux coquillages et les herbes, fut renversée. Et au large, contournant l'île, nous vîmes un petit bateau portant le pavillon chilien.

«Nous voulions crier ; mais nous avions la gorge serrée par l'émotion. Macklin courut vers le drapeau placé bien en vue sur la pente de glace ; mais ce drapeau n'était plus qu'une masse de glace inerte. Alors, en guise de signal, il attacha son jersey au haut du mât. Wild, à l'aide d'une pioche, perça le dernier bidon de pétrole et, arrosant vêtements, gants et chaussettes portés sur la colline des Pingouins, il y mit le feu.

«Pendant ce temps, réunis sur la plage, nous guettions le bateau avec des yeux anxieux. Nous avait-il vus ? Répondrait-il à nos signaux ? Un instant, il sembla s'en retourner. Encore et encore nous poussions des cris, certainement trop faibles pour porter si loin. Soudain le bateau stoppa, un canot fut descendu, et nous reconnûmes la silhouette de Sir Ernest descendant l'échelle. Alors une acclamation générale éclata. Quelqu'un dit :

«– Dieu merci, le patron est vivant.

«Je crois que son sort les intéressait plus encore que le nôtre. Bientôt le bateau fut assez proche pour que le patron, qui se tenait à l'avant, criât à Wild :

«– Vous allez tous bien ?

«À quoi Wild répondit :

«– Tous bien, tous vivants !

«Un sourire éclaira la figure du patron comme s'il disait : "Dieu merci !" Avant d'atterrir, il jeta sur la plage des poignées de cigarettes et de tabac. Alors les fumeurs, qui depuis deux mois s'essayaient à l'usage des plantes marines, de la viande de phoque ou d'autres produits de substitution, fondirent dessus gloutonnement.

«Blackborrow, qui ne marchait pas, avait été porté au

sommet d'un rocher et, assis dans son sac de couchage, assista à la scène merveilleuse.

«Bientôt nous sautions dans le petit bateau. Les matelots chiliens riaient et semblaient aussi heureux que nous-mêmes de notre sauvetage. Le canot fit deux voyages, et moins d'une heure après l'apparition du bateau sauveur, nous avancions vers le nord, vers le monde vivant, dont nous n'avions aucune nouvelle depuis octobre 1914. Nous étions comme des hommes qui s'éveillent d'un long sommeil. Nous essayions d'embrasser d'un seul coup une perspective du monde à laquelle le reste des hommes s'était accoutumé graduellement pendant deux ans de guerre. Quantité d'événements survenus depuis notre départ nous resteront toujours inconnus.

«Pour le plus grand nombre, le premier repas se montra désastreux; notre faiblesse et l'état atrophié de nos estomacs en étaient cause. On avait improvisé des lits sur des matelas et des sofas, et l'officier de quart avait généreusement donné le sien à deux d'entre nous. Je crois que nous avons très peu dormi cette nuit-là. C'était simplement divin d'être couché et d'écouter le battement des machines au lieu du craquement des glaces, du battement du ressac sur la plage et du hurlement du blizzard.

«Tout le reste de notre vie, nous célébrerons le 30 août comme une fête!»

Lecteurs, vous pouvez imaginer mes sentiments, alors que, dans la petite cabine, je regardais manger mes camarades sauvés!

DANS LA MER DE ROSS

Je me tourne maintenant vers les aventures heureuses et malheureuses de l'expédition de la mer de Ross et de l'*Aurora*. En dépit des difficultés extraordinaires occasionnées par la dérive de l'*Aurora*, entraîné loin de ses quartiers d'hiver avant qu'un stock suffisant de provisions et d'équipement eût pu être débarqué, le capitaine Ænas Mackintosh et le détachement sous son commandement remplirent leur mission. Cette mission consistait à déposer des vivres sur la route du pôle; les dépôts furent faits aux places indiquées, et si l'expédition transcontinentale avait eu la bonne fortune de réussir, les vivres, condition vitale du succès, ne lui eussent pas fait défaut. La disette de provisions et d'équipement de traîneau rendit le voyage beaucoup plus lent et plus difficile qu'il n'avait été prévu. À cause de ces difficultés, il fut fait appel aux plus grandes qualités d'endurance, de sacrifice de soi-même et de patience : il y fut généreusement répondu, comme on le verra en lisant les pages suivantes. Il est plus que regrettable qu'après avoir supporté tant de mois de fatigue et de labeur, Mackintosh et Hayward aient trouvé leur perte. Pendant ces longs jours, Spencer Smith, tiré sur le traîneau par ses camarades, souffrant sans jamais se plaindre, peut servir d'exemple à

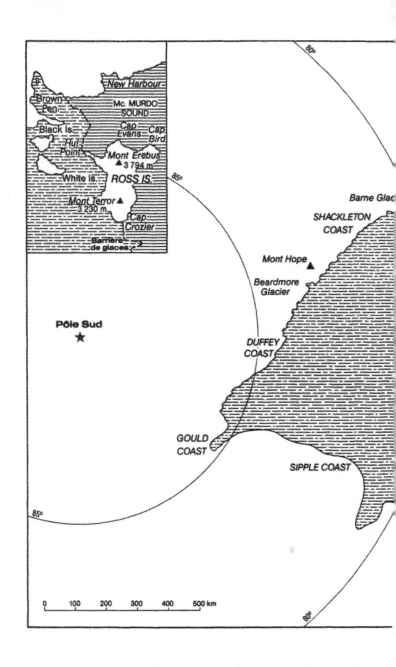

New Harbour

Brown Pen.

Black Is.

Mc. MURDO SOUND

Cap Evans

Cap Bird

Hut Point

Mont Erebus ▲ 3 794 m

White Is.

ROSS IS.

Mont Terror ▲ 3 230 m.

Cap Crozier

Barrière de glaces →

Barne Glac

SHACKLETON COAST

Mont Hope ▲

Beardmore Glacier

DUFFEY COAST

Pôle Sud ★

GOULD COAST

SIPPLE COAST

0   100   200   300   400   500 km

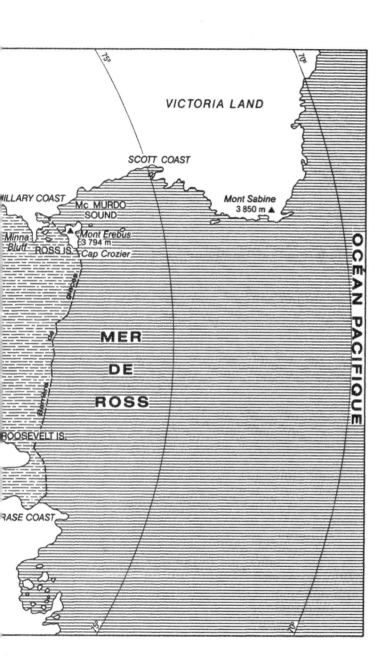

tous. Mackintosh et Hayward durent alors la vie aux soins inlassables et aux efforts exténuants de Joyce, de Wild et de Richards, qui, atteints aussi du scorbut, mais plus résistants que leurs camarades, les tiraient sur les traîneaux malgré la neige épaisse et les blizzards. Je ne pense pas qu'il y ait de plus remarquable exemple de labeur humain que celui de cette longue marche dont j'ai reconstitué le récit d'après les différentes feuilles de route. Malheureusement le journal du chef fut perdu avec lui.

Le voyage accompli par ces six hommes a donné à cette partie de l'expédition sa physionomie inoubliable.

Avant de poursuivre, je veux dire dans ces pages combien j'ai apprécié l'aide reçue en cette occasion d'Australie et surtout de Nouvelle-Zélande. Parmi les nombreux amis que j'ai là, il est naturel que j'insiste sur le nom de Leonard Tripp, mon mentor, mon conseiller et mon ami pendant de nombreuses années, qui, lorsque l'expédition se trouva dans des conditions précaires et difficiles, employa toute son énergie, sa pensée, son temps et ses conseils à servir notre cause. Je remercie aussi Edward Saunders, qui pour la seconde fois m'aida grandement à mettre au point le récit de l'expédition en vue de sa publication.

Au gouvernement du dominion j'offre mes plus vifs remerciements, ainsi qu'au peuple de la Nouvelle-Zélande et spécialement aux nombreux amis – trop nombreux pour les mentionner ici – qui nous aidèrent dans l'infortune. Leurs services seront toujours présents à ma mémoire. Si jamais homme eut sujet d'être reconnaissant pour l'assistance reçue dans les jours sombres, c'est bien moi.

L'*Aurora*, sous le commandement du capitaine Ænas Mackintosh, avait quitté Hobart le 24 décembre 1914 et fait voile aussitôt vers la mer de Ross. Le bateau, restauré à Sydney par les soins généreux de l'État et des gouvernements fédéraux, devait être capable de passer deux ans dans l'Antarctique si c'était nécessaire. En résumé, mes

instructions au capitaine Ænas Mackintosh étaient celles-ci :
traverser la mer de Ross, installer une base à quelque point
favorable de McMurdo Sound ou aux alentours, débarquer
provisions et équipement, établir enfin des dépôts de vivres
sur la grande barrière de glace dans la direction de Beardmore Glacier, au bénéfice de l'équipe que j'espérais amener
de la côte de la mer de Weddell. Ce programme comportait
quelques durs traînages, mais sur un terrain connu, et je
n'avais prévu aucune difficulté.

L'*Aurora* emportait les matériaux d'une hutte, un équipement très complet, provisions et vêtements de toutes espèces
et de nombreux traîneaux. Il y avait aussi des attelages de
chiens et un tracteur à moteur.

Si par hasard il avait été facile d'atterrir sur la côte de la
mer de Weddell, le voyage transcontinental aurait pu être
tenté dès 1914-1915. J'en avais prévenu le capitaine Mackintosh qui, de ce fait, se trouvait obligé d'établir ses dépôts
vers le sud dès son arrivée. Il devait prévoir pour la saison
1914-1915 un dépôt de provisions et d'huile combustible à
la latitude 80° S ; des monticules et des drapeaux aideraient
ceux qui viendraient du pôle à les repérer. En 1915-1916, il
établirait d'autres dépôts plus au sud.

Aucun événement ne marqua le voyage de l'*Aurora* vers
le sud. Le 7 janvier, à 9 heures du matin, mont Sabine, un
puissant pic de la chaîne de l'Admiralty, dans South Victoria
Land, fut aperçu à une distance de soixante-quinze milles.

Pendant l'hivernage, trois hommes devaient aller au cap
Crozier récolter des œufs de pingouins empereurs. À leur
intention, le bateau débarquerait au cap Crozier quelques
provisions, et une petite hutte devait être élevée en ce lieu.
Dans l'après-midi du 9 janvier, le navire se trouvait au
large du cap. Un canot, monté par Stenhouse, Cope, Joyce,
Ninnis, Mauger et Aitken, se mit à la recherche d'une place
propre à l'atterrissage, mais sans succès.

Mackintosh continua donc à avancer dans McMurdo

Sound. Un pack étendu retarda le bateau pendant trois jours. Il n'atteignit que le 16 janvier Cap Evans, où il débarqua dix tonnes de charbon et quatre-vingt-dix-huit caisses d'huile. Les jours suivants, le capitaine Mackintosh poussa l'*Aurora* vers le sud, et le 24 janvier, il était à moins de neuf milles de Hut Point. Là, il amarra le bateau à la banquise, qui se disloquait, et commença à organiser les différents détachements. Il avait l'intention de diriger lui-même l'installation des dépôts vers le sud et de laisser à son premier officier, le lieutenant J. R. Stenhouse, le commandement de l'*Aurora* avec des instructions pour choisir une base.

Le premier objectif à atteindre était Hut Point, où se dressait la hutte érigée par l'expédition du *Discovery* en 1902. Un premier groupe, comprenant Joyce (qui conduisait), Jack et Gaze, avec des chiens et des traîneaux chargés à plein, quitta le bateau le 24 janvier; Mackintosh, avec Wild et Smith, suivit le lendemain, et un groupe de soutien, formé par Cope (conducteur), Stevens, Ninnis, Hayward, Hooke et Richards, débarqua le 30 janvier. Les deux premiers avaient des attelages de chiens, le troisième disposait du tracteur à moteur, qui ne fournit pas le service que j'en espérais. Les semaines suivantes furent une période d'efforts énergiques pour les voyageurs. Ils manquaient d'entraînement; les chiens de même. Il est très regrettable que les chiens aient dû travailler dès leur débarquement : ils étaient en misérable condition et n'avaient pas l'habitude de tirer ensemble. Il en résulta la perte de beaucoup d'entre eux, ce qui eut de graves répercussions dans la suite.

La relation par le capitaine Mackintosh des premiers mois de traînage de 1915 est presque au complet. Nous ne suivrons pas ici les différents groupes dans toutes leurs pérégrinations; bien que les difficultés et les dangers ne leur aient pas manqué, ils marchaient sur un terrain déjà parcouru et rendu familier à beaucoup de lecteurs par les récits des expéditions antérieures.

Le capitaine Mackintosh et ses hommes quittèrent l'*Aurora* le soir du 25 janvier sous les acclamations de leurs camarades restants. Ils emmenaient neuf chiens et un traîneau très chargé. Le départ se fit rapidement. Les chiens étaient si ardents à tirer, après leur réclusion prolongée dans le bateau, qu'ils s'élancèrent à toute vitesse ; il fallut qu'un homme s'assît sur le traîneau pour les modérer. Mackintosh espérait atteindre Hut Point le soir même ; mais la chance était contre lui. Après un parcours d'environ cinq milles, le temps se gâta et la neige voila tout. Ils campèrent sur la mer de glace. Le matin suivant, le temps était encore obscur, et les voyageurs, partis après le déjeuner, se trompèrent de direction. Le 27 janvier à midi, le temps s'étant suffisamment éclairci, ils reprirent la route et atteignirent Hut Point à 4 heures. Le compteur du traîneau indiquait que la distance totale parcourue avait été de dix-sept milles.

Mackintosh trouva dans la hutte un mot de Joyce, passé le 25. Il rapportait qu'un des chiens avait été tué lors d'un combat avec ses compagnons. La hutte contenait quelques provisions laissées là par les expéditions antérieures. Les hommes y passèrent la nuit.

De bonne heure le matin suivant, Joyce revenait. Ayant rencontré de la mauvaise glace, il venait consulter Mackintosh sur la route à suivre. Mackintosh le dirigea sur Black Island, que l'on atteignait en traversant le haut de la baie, au-delà de Hut Point.

Le 28 janvier, après avoir laissé pour Stenhouse une note lui ordonnant de déposer des provisions dans la hutte au cas où les détachements des traîneaux ne reviendraient pas à temps pour retrouver le bateau, Mackintosh quitta Hut Point. Il prit quelques provisions supplémentaires, et mentionne que le traîneau pesait alors douze cents livres. Sa charge était lourde, mais les chiens tiraient bien.

Des difficultés se dressèrent sur le chemin dès le bas de la pente qui descendait de la hutte à la mer de glace :

le traîneau collait dans la neige molle ; il fallut l'alléger et
procéder par relais jusqu'à une meilleure surface. Les chiens
donnaient aussi des soucis ; ils tiraient déjà avec beaucoup
moins d'entrain. La distance couverte dans la journée
n'atteignait pas quatre milles. Le temps était chaud, et en
conséquence la neige molle. Mackintosh décida donc de
voyager la nuit. Le jour suivant, une chute de neige les retint
et ils ne quittèrent leur camp qu'un peu avant minuit.

« La surface était abominablement molle, écrit Mackintosh.
Nous attelant au traîneau avec les chiens, nous partîmes ;
mais c'était exténuant, et bientôt une neige plus épaisse
nous arrêta complètement ; tous nos efforts pour démarrer
n'aboutirent à rien. Alors, déchargeant le traîneau en partie,
nous recommençâmes les fastidieux relais. Malgré l'allége-
ment, le travail à fournir était épuisant, pour nous autant
que pour les chiens. Après quatre heures de peine, on dressa
le camp pour attendre le soir ; quand le soleil ne serait plus
si ardent, la surface durcirait peut-être. Je dois dire que je
me sens quelque peu découragé en voyant combien notre
avance est plus lente que je ne l'attendais. Décidément, la
réalisation de notre projet se révèle incomparablement plus
difficile qu'il ne semblait à la lecture. »

Ce jour-là, les deux détachements se rencontrent de
nouveau. Joyce aussi avait été obligé de procéder par
relais. Tous les hommes travaillaient vaillamment. Dans
la nuit du 30 janvier, ils atteignent le bord de la Barrière,
qu'ils gravissent en suivant une pente douce qui s'élevait
à environ trente pieds au-dessus de la mer de glace. Les
chiens montraient des signes de fatigue, et quand Mackintosh campa le 31 janvier à 6 h 30 du matin, il calcula que la
distance couverte en douze heures et demie avait été tout
juste de deux milles et demi. Un phoque tué sur la mer de
glace fut abandonné sur un monticule en prévision de l'avenir. On laissa aussi, avec une bonne provision de viande,
un chien qui refusait de tirer ; Mackintosh espérait qu'il les

rejoindrait. Quelques extraits du journal de route donneront une idée des jours qui suivirent.

« *Dimanche 31 janvier.* – Départ cet après-midi à 3 heures. Surface indescriptible. Nous enfonçons dans la neige parfois jusqu'aux genoux ; les chiens se débattent là-dedans, haletants, au prix d'incroyables efforts. Je pense que cette neige molle est due à un été exceptionnellement beau, avec très peu de vent. Après une avance d'environ mille yards, je remarquai quelques piquets à notre tribord ; c'était Safety Camp du capitaine Scott. Le traîneau y fut déchargé et retourna chercher la seconde charge. Il nous a fallu quatre heures pour franchir cette courte distance. C'est exaspérant. Ensuite, on s'occupa du lunch, puis, sous la neige qui tombait, nous creusâmes autour des piquets, et, à trois pieds environ, nous trouvions un sac d'avoine, puis en dessous deux boîtes de biscuits pour chiens et de la viande de phoque. Bonne trouvaille. À quarante pieds de là, une pièce de bois dépassait de la neige. Avec sa hache à glace, Smith la déblaya et découvrit bientôt un des traîneaux à moteur que le capitaine Scott employait ; tout était intact, les réservoirs à pétrole presque pleins et en apparence non détériorés. On planta un piquet pour marquer l'emplacement, puis l'averse de neige s'apaisant, nous repartîmes. Après un demi-mille dans la neige épaisse, le traîneau fut encore déchargé et nous retournâmes chercher la seconde charge. Le monticule érigé au nord de la Barrière était encore visible au loin ; près de lui, une tache noire – le chien probablement.

« *1er février.* – Levés à 7 h 30, après un bref repas, nous quittons le camp. Nous faisons deux milles et demi avant de relayer. Pendant ce trajet, le compteur du traîneau s'arrête. Peut-être jusqu'ici indiquait-il faussement notre trajet journalier.

« Pour transporter toute la charge à une distance de deux milles et demi, il nous faudra donc encore ce jour-là parcourir sept milles et demi. Après le lunch, la surface devenant meilleure, on essaya de prendre la charge complète. Mais ce travail nous brisait le dos. Wild dirigeait le traîneau pendant que Smith et moi tirions. La grande difficulté est de faire démarrer le traîneau après les nombreux et inévitables arrêts. De cette manière, un mille fut couvert. Cela vaut tout de même mieux que les relais. Puis on dressa le camp, les chiens étant complètement anéantis, pauvres brutes !

« *2 février.* – Cet après-midi, nous dormions dans nos sacs, lorsque l'aboiement des chiens de Joyce nous réveilla. Ils avaient bien marché et nous rattrapaient. Bientôt la voix de Joyce nous demandait l'heure. Il marche avec sa pleine charge. Un pari fut ouvert avec lui, à qui atteindrait le premier le pic Bluff. En nous levant, à 6 h 40 du soir, nous aperçûmes son camp à trois milles en avant. Départ vers 8 heures, après le hoosh. À 1 heure du matin, nous atteignions le camp de Joyce. Les chiens, excités par la vue du prochain site de halte, avaient bien tiré ; mais quand il fallut poursuivre, ils ne voulaient plus rien entendre. Ils repartirent cependant, mais pas pour longtemps. Le départ est toujours une affaire terrible. Il faut donner des élans au traîneau lourdement chargé tout en excitant les chiens de la voix. S'ils ne tirent pas avec ensemble, il n'y a rien à faire. Quand enfin ils sont partis, nous sommes dans des transes à la seule idée qu'ils risquent de s'arrêter à la prochaine pente molle, ce qui arrive souvent. Traîner est vraiment un dur travail, mais nous avançons. »

Le 2 février, la surface étant meilleure, les voyageurs couvrirent six milles sans faire de relais. Ils campèrent sur la neige molle. Le jour suivant, ils mirent deux heures à franchir cent cinquante yards en dédoublant le chargement. Puis ils suivirent la piste de Joyce et trouvèrent le trajet plus facile. Le matin du 4 février, Mackintosh rejoignait Joyce et le dépassait, traçant la route à son tour. Dans la nuit du 4, ils franchirent dix milles. La surface était plus dure, et, pendant la nuit du 5 février, Mackintosh couvrit onze milles vingt-cinq yards; mais il parcourut les derniers milles avec deux chiens sur le traîneau. Joyce préférait voyager le jour; aussi le groupe en marche dépassait-il régulièrement l'équipe qui se trouvait au repos.

Le 10 février, un blizzard s'éleva du sud et tous furent confinés dans la tente pendant plus de vingt-quatre heures. La tempête s'apaisa le matin du jour suivant, et, à 11 heures, Mackintosh campait à côté de Joyce. Il réorganisa alors des détachements. Un de ses chiens était mort le 9, et plusieurs autres ne valaient plus grand-chose; aussi a-t-il décidé de réunir les meilleurs chiens des deux attelages et de continuer la marche avec Joyce et Wild, pendant que Smith, Jack et Gaze retourneraient à Hut Point avec les autres chiens. Mackintosh gardait avec lui neuf chiens, et Smith cinq. Un dépôt d'huile et de combustible fut laissé à l'endroit où ils avaient résolu de se séparer, signalé par un monticule surmonté d'une perche en bambou de dix pieds. Smith s'en retourna sans attendre. La progression de l'autre équipe fut d'abord relativement rapide; les chiens tiraient sans qu'il fallût beaucoup les aider. Après chaque heure de marche, un monticule de neige était élevé, jalon destiné à indiquer la situation du dépôt – et qui servirait également de repère pour le voyage de retour. Le 12 février, un autre blizzard arrêta les hommes qui, blottis dans leurs sacs, souffrirent beaucoup du froid. Les jours suivants, les voyageurs avancèrent péniblement, couvrant de cinq à douze milles par jour, suivant l'état de la neige et le temps, et bâtissant des monticules à intervalles réguliers. Ils modifièrent leur route d'après la position des montagnes à l'ouest. Les chiens tiraient assez bien et, dans l'après-midi du 20 février, les trois hommes atteignirent la latitude 80° S. Mackintosh espérait trouver par là un dépôt laissé quelques années plus tôt par le capitaine Scott, mais il n'en parut aucune trace. La surface parcourue dans l'après-midi était très raboteuse. Le dépôt qu'ils firent là fut baptisé «dépôt de la Montagne rocheuse».

Il fallait placer les provisions au sommet d'une butte bien en vue, et disposer deux lignes de monticules à angle droit du dépôt, points de repère pour ceux qui viendraient du pôle.

«Après le déjeuner, écrit Mackintosh le jour suivant, Joyce et Wild s'éloignèrent vers l'est avec un léger traîneau et les chiens, pour construire de mille en mille les repères convenus et placer des fanions à chaque signal. Sur le monticule le plus éloigné, ils laissèrent un grand drapeau ainsi qu'une note indiquant la position du dépôt. Je restai au camp pour faire le point et établir notre position à l'aide du théodolite. La température étant très basse ce matin-là, ce ne fut pas une sinécure que de manier l'instrument ; mes moustaches gelaient sur le métal pendant que j'opérais mes visées. Joyce et Wild revinrent au bout de cinq heures, ayant fait dix milles aller et retour. Dans l'après-midi, on éleva à huit pieds d'altitude la butte destinée à abriter le dépôt : une solide construction carrée, capable de résister aux intempéries. Par-dessus, nous avons planté une perche en bambou avec un drapeau, ce qui porte la hauteur totale du signal à vingt-cinq pieds. C'est un exercice très réchauffant que de bâtir de tels édifices ; mais il faut parfois dix minutes pour dégeler la glace qui colle à nos moustaches. Demain nous espérons pouvoir dresser la ligne de repères qui doit courir vers l'ouest, puis continuer notre course sur Bluff.»

Pendant la nuit, le temps se gâta de nouveau. Le 21 février, un blizzard obligea les hommes à rester dans leurs sacs, et ce fut seulement dans l'après-midi du 23 que Mackintosh et Joyce tentèrent d'exécuter leur projet. Deux chiens étaient morts pendant la tempête ; il en restait donc sept. À un mille et demi à l'ouest, ils réussirent à ériger un premier monticule ; mais devant le temps très bouché, ils ne trouvèrent pas sage de s'aventurer plus loin. On ne voyait pas à plus de cent pas, et ils avaient rapidement perdu la tente de vue. De retour au camp, ils ne se remirent en marche qu'au matin suivant, sous une neige tombante.

«Avons quitté le camp, écrit Mackintosh. Mais nous avions fait à peine quatre cents yards que le brouillard tomba, si épais qu'il nous était impossible de voir à plus d'un pas. Il nous fallut donc dresser la tente de nouveau, et maintenant, assis dans nos sacs, nous attendons que le temps s'éclaircisse. Nous n'avons que huit jours de provisions pour le retour, ce qui signifie qu'il faut avancer avec toute la vitesse dont nous sommes capables. Ces retards sont vraiment alarmants. Les pauvres chiens souffrent de la faim ; ils mangent leur harnachement et tout ce qu'ils peuvent attraper. Nous ne pouvons rien leur donner de plus que leurs trois biscuits à chacun (nous-mêmes sommes à la ration réduite), or je suis certain qu'ils auraient besoin de beaucoup plus que leur livre de pitance quotidienne... Après le lunch, le temps s'étant un peu dégagé, nous décidons de continuer. C'est une expérience fantastique que de cheminer par cette lumière tamisée de brouillard ; il n'y a ni ombre ni contour, le ciel et le sol ne font qu'un, et il est impossible de discerner les obstacles sur lesquels nous butons, parfois avec des résultats désastreux. Par miracle, nous avons pu rejoindre le premier repère édifié hier. Le chemin accompli ensuite n'a jamais quitté la brume, et nous avons dû établir rapidement un nouveau camp – après avoir couvert sept milles sept cent trois yards. Les chiens dévorent tout ce qu'ils peuvent ; leur harnachement y passera, aux seules cordes près. Sans ce retard de trois jours, nous aurions déjà atteint le dépôt de Bluff, où ils auraient reçu une bonne nourriture ; mais en ce moment c'est impossible. Et il neige de plus en plus fort.»

Les aventures des quelques jours suivants furent plutôt malheureuses. Un autre blizzard amenant beaucoup de neige retint les hommes le 25 et le 26.

«Dehors, c'est le chaos : la neige, tourbillonnant dans le vent, obscurcit tout, les chiens sont complètement enseve-lis ; seule une bosse surmontée d'un ski indique la place du traîneau. Il nous tarde de reprendre la route ; mais le hurlement du vent nous en dissuade : ce serait pure folie. Les sacs de couchage ainsi que nos habits sont humides et raides. Heureusement il fait relativement doux. Entendant aboyer l'un des chiens, Joyce est sorti... pour constater que Major, affamé, s'était frayé un chemin jusqu'aux skis, dont il rongeait les courroies de cuir. Un autre avait dévoré tous ses harnais, toile, corde, cuir, cuivre et rivets ! Je crains que les chiens ne puissent plus tirer ; ils sont tous affreusement maigres, et ces blizzards n'améliorent rien. Il nous reste des provisions pour une semaine... et cent soixante milles à franchir. Apparemment, il nous faudra prendre des provisions au dépôt ; je voudrais pourtant l'éviter. Demain sera peut-être meilleur. Nous verrons. Naturellement, à Bluff, nous pourrons nous réapprovisionner.»

Un jour plus tard, Mackintosh reprend :

«Nous sommes maintenant réduits à un repas toutes les vingt-quatre heures. Et la privation de nourriture nous rend plus sensibles au froid. Cette attente est désastreuse. Outre que s'y ajoute la pitoyable perspective d'avoir à prendre au retour des provisions au dépôt que nous venons d'établir à l'intention de nos camarades de l'autre expédition, et pour lequel nous avons tant peiné.»

Le 27, le temps s'éclaircit ; dans l'après-midi Mackintosh et Joyce purent retourner au dépôt, pendant que Wild édifiait un repère, tout en s'employant à faire sécher tant bien que mal les sacs au soleil. Les provisions laissées au dépôt consistaient en deux boîtes de biscuits (quarante-deux livres par boîte), des rations pour trois hommes pendant trois semaines (réparties en trois sacs) et trois bidons d'huile. Mackintosh prit l'un des sacs et retourna au camp. Le matin suivant, les trois hommes reprirent la route du home, et avec une voile au traîneau pour profiter de la brise du sud ; neuf milles et demi furent franchis ce jour-là. Mais les chiens avaient atteint la limite de leur endurance ;

trois tombèrent pendant la marche, incapables de travailler plus longtemps.

Ce soir-là, pour la première fois depuis leur départ de l'*Aurora*, les voyageurs virent le soleil plonger à l'horizon, indiquant que l'été de l'Antarctique touchait à sa fin.

Le 2 mars, les quatre derniers chiens flanchèrent. «Après le lunch, nous avançâmes assez bien pendant une demi-heure, puis Nigger commença à chanceler; ses pattes se dérobaient sous lui. Il fut dételé, mais ne put pas nous suivre; il nous avait donné tout ce qu'il pouvait et il se coucha. Après Nigger, ce fut le tour de mon ami Pompey. La tempête, je pense, y était pour beaucoup. Pompey s'était montré splendide depuis quelque temps, tirant bien et régulièrement. Puis Scotty, l'avant-dernier chien, tomba lui aussi. La mort n'a pas l'air de les faire souffrir : ils se couchent en boule dans la neige et s'endorment d'un sommeil dont jamais ils ne s'éveilleront. Un seul chien nous restait donc, Pinkey. Bien qu'il ne fût pas des plus tireurs, il n'était pas à mépriser, et nous pouvions, maintenant qu'il était seul, lui donner des biscuits en quantité. Il fallait le soigner, essayer à tout prix de le maintenir en vie. À présent, nous tirons nous-mêmes, aidés de la voile (laquelle n'est autre que la toile du sol de la tente) et de Pinkey. Soudain une épouvantable rafale chavira le traîneau, et la voile fut emportée malgré ses vergues. Nous nous préparions à camper, quand le vent s'apaisa. Si bien qu'après avoir réparé le traîneau, nous nous empressâmes de reprendre la route.

«Il vente fort ce soir et le froid mord. Autre merveilleux coucher de soleil. Le ciel est illuminé d'or. Les beaux rayons de la lune se combinent à ceux, plus vifs, du soleil mourant. Si la vie était aussi belle que cette scène, nous pourrions vraiment nous croire dans quelque paradis; mais dans la tente il fait noir et froid, et je grelotte dans un sac de couchage gelé. La doublure de fourrure n'est qu'une masse de glace – formée par la condensation de mon haleine, que le gel durcit aussitôt. En se glissant dans son sac, que l'on entrouvre avec des doigts à demi gelés, on entend craquer le givre. Bientôt des gouttes fondantes vous tombent sur la tête, et vous vous mettez à grelotter. Vous vous frictionnez, vous vous retournez pour réchauffer le sac ; une flaque d'eau se forme sous votre corps. Au bout de deux heures de ce manège, vous réussissez à vous assoupir. Mais je me réveille toujours avec la sensation de n'avoir pas dormi un brin. »

Le 3 mars, les voyageurs ne firent que trois milles et demi. Le traîneau leur semblait excessivement lourd. Mackintosh prit le parti d'enlever les patins du bord et de débarrasser le fond. Pour réduire le poids, il abandonna aussi tout le matériel de réserve, y compris les harnais des chiens. Dès lors, le tirage fut moins pénible. Cette nuit-là, le thermomètre indiqua 33° sous zéro, la plus basse température enregistrée par nos voyageurs jusqu'à cette date.

« Nous avançons péniblement à raison d'un mille à l'heure, écrit Mackintosh le 5. Tirer sur cette neige collante est affreusement pénible. Pinkey nous suit encore. Nous espérons le conserver. On lui donne à manger tout ce qu'il veut ; aussi doit-il fournir sa part de travail. »

Le lendemain, les conditions changèrent. Un vent du sud permit l'usage de la voile. La difficulté était d'empêcher le traîneau de se bloquer contre les rudes *sastrugi* (aspérités en forme d'hameçon) et de chavirer. Le tirage et la manipulation de la voile exposaient les hommes aux morsures du gel. Dans l'après-midi, le dernier chien s'affaissa ; il fallut l'abandonner. Mackintosh n'osait pas ralentir l'allure. Le compteur du traîneau était détraqué ; donc impossible de relever la distance couverte ce jour-là.

Pendant la nuit le vent augmenta et, le matin du 7, il soufflait avec la force d'un blizzard. Impossible de bouger avant le matin du 8. Le traîneau semblait de plus en plus lourd, et la lenteur de l'avance était désespérante. Les voyageurs n'avançaient que de six à huit milles par jour. Le 10, ils aperçurent le pic Bluff sur la même ligne que Mount Discovery. Mes ordres étaient que le dépôt de Bluff fût établi sur cette ligne. À l'aller, ils l'avaient localisé légèrement plus au nord, dans la mesure où le temps bouché rendait impossible de rien repérer. Aussi Mackintosh comptait-il à présent le déménager et le transporter à la place indiquée – le drapeau du dépôt était visible, à quelque quatre milles de là. Après avoir dressé le camp à l'endroit où il comptait établir le dépôt définitif, il partit avec Joyce et Wild chercher les provisions, qu'il trouva en l'état où il les avait laissées.

« Le traîneau chargé des vivres et du drapeau, nous retournâmes vers notre tente, alors invisible. Il n'était certes pas prudent de partir ainsi sans tente ni sac. Nous avions parié sur la chance, car le temps promettait d'être beau. Mais, comme nous avancions, il s'assombrit de plus en plus, et bientôt, le soleil ayant disparu, la lumière des étoiles seule nous guidait. Après quatre heures et demie de marche, la petite tente verte nous apparut enfin. Les deux dernières heures, passées à haler le traîneau dans une obscurité sinistre, avaient été rudes. Nous avions fourni une sacrée journée : quatorze heures de marche ! Et maintenant, assis dans la tente, nous savourions un hoosh épais et excellent, de l'esprit méthylique et un vieux bidon nous faisant une lampe improvisée. »

Le lendemain, un furieux blizzard obligea les hommes à rester dans leur sac. Le 12 mars, le temps s'étant remis au beau, ils purent organiser le dépôt – soit un stock de biscuits pour six semaines et trois semaines de rations complètes pour trois hommes, plus trois bidons d'huile. Au début de l'après-midi, ils reprirent leur marche vers le nord, pour camper au bout de trois milles.

« Nos sacs sont en piteux état, écrit Mackintosh, il y a bien longtemps que nous n'avons pu les sécher. Nous parvenons tout juste à résorber l'humidité de nos chaussettes et de

nos sous-vêtements grâce à la chaleur de nos corps, en les
fourrant sous nos jerseys. Ainsi Wild porte sur lui toute une
garde-robe, et il est assez plaisant de le voir fouiller dans
son dos à la recherche d'une paire de chaussettes providen-
tiellement sèches.

« Le plus dur moment est le départ du matin. Enfiler
nos *finneskoe* (bottes de fourrure) est un cauchemar ; ils
sont raides comme de la pierre et il faut de grands efforts
pour y fourrer les pieds. C'est pour nous la misère jusqu'à
ce que nous soyons en marche : alors seulement le travail
nous réchauffe quelque peu. Quant à notre conversation,
elle n'est plus que conjectures sur le sort réservé aux autres
équipes de l'expédition. »

Le samedi 13 mars fut encore passé dans les sacs. Le
blizzard faisait rage, et tout était obscurci. Les trois
voyageurs décidèrent d'économiser leurs provisions en ne
prenant qu'un repas ce jour-là, mais ce fut au détriment de
leurs réserves d'énergie vitale. Pendant qu'ils étaient dans
leurs sacs, Joyce et Wild eurent les orteils gelés et la circulation fut difficile à rétablir. Wild en souffrit particulièrement. Le matin suivant, le temps s'éclaircit un peu ; mais la
neige recommença à tourbillonner avant qu'ils eussent pu
quitter le camp. Encore une journée à passer au fond des
sacs gelés...

Le 15 mars, la marche se résuma ainsi :

« Vers 11 heures du soir la nuit dernière, la température
s'abaissa et la tempête parut perdre de sa violence. Cette
chute de température fit geler les sacs humides ; impossible
de dormir : nous passâmes la nuit à nous tourner et retourner dans nos sacs. Le matin ramena quelque joie ; car le
hoosh réchauffant nous réconfortait – et le soleil brillait.
Le temps était beau et clair, mais froid. À 8 h 30, départ.
Il nous avait fallu un temps interminable pour enfiler nos
finneskoe ; nous avions pris la précaution de nous lever
plus tôt dans cette seule perspective. Près de quatre heures

avaient passé avant que nous fussions prêts à reprendre la route. Pour une fois, la surface était favorable à la marche ; cependant les progrès ne furent pas énormes, quatre milles avant le lunch, comme d'habitude. La température dépassait 30° sous zéro, et un mirage nous fit croire un instant que les sastrugi dansaient comme des lutins de glace – Joyce les appelle des "Jimmies dansants". Après le lunch, l'avance fut plutôt bonne ; cependant la distance parcourue ce jour-là se borna à sept milles quatre cents yards. Le compteur du traîneau n'était-il pas une fois de plus dans l'erreur ? On peut le penser, car il est extraordinaire que les jours où nous étions convaincus d'avoir bien marché, nous n'avancions pas plus que les jours où nous peinions comme des misérables.»

«La température, dans la matinée, avait dépassé – 37°, et la nuit précédente avait été l'une des plus pénibles de ma vie. Pour comble de malheur, je souffrais d'une terrible rage de dents, résultat probable de la morsure du gel sur mes joues. C'était vraiment une torture ; je grognais et gémissais, et aucun calmant ne se trouvait dans la boîte à pharmacie ! Joyce, qui s'était réveillé, avait suggéré un remède à base d'esprit méthylique. J'avais suivi son conseil, mais le coton imbibé qu'il m'avait suggéré de placer contre ma dent n'avait fait que me brûler l'intérieur de la bouche.

«Nous avons dû réduire nos rations journalières ; aussi le gel a-t-il davantage de prise sur nous. Dans l'après-midi, la surface devint très raboteuse et la lumière détestable à cause des cumulus massés devant le soleil. Nous tombions continuellement, incapables que nous étions de distinguer les bosses des creux. Nous cheminions sur nos skis. Après un parcours de six milles et cent yards, à 6 heures du soir, le camp fut dressé. J'écris assis dans mon sac. C'est la première fois que je puis le faire depuis quelque temps, car le froid était jusque-là trop pénétrant pour que l'on pût seulement songer à laisser son sac entrouvert. Cette nuit le thermomètre a un peu monté, bien qu'indiquant encore plus de 30° sous zéro. Je vois enfin que nos allumettes se font rares; nous ne les employons désormais à rien d'autre qu'à allumer la lampe Primus.»

Le lendemain, les voyageurs retrouvaient la même lumière voilée. Après avoir, pendant deux heures, trébuché parmi les sastrugi, ils enlevèrent leurs skis pour avancer plus facilement. Cela n'empêcha pas les chutes fréquentes, dans l'impossibilité où ils étaient de distinguer les irrégularités sur la surface grise et sans ombre de la neige. Ce jour-là les vit parcourir près de neuf milles et demi et le jour suivant, 17 mars, dix milles – l'une des meilleures avances du voyage, bien que le thermomètre, à 1 heure après midi, marquât encore 30° de gelée.

Le soir du 19 mars, les trois hommes campèrent sur l'emplacement de Corner Camp, où ils avaient été le 21 février. Le jour suivant, après avoir été retardés de quelques heures par le mauvais temps, ils tournèrent sur Castle Rock et s'aventurèrent à travers l'étendue bouleversée qui marque le point où la Barrière rejoint la terre. Le pied de Joyce enfonça dans une couche de neige qui masquait une large crevasse; il fallut changer de direction pour éviter ce danger. L'avance ne fut cette fois que de deux milles neuf cents yards pour la journée. Mackintosh déplorait la lenteur de cette allure : mais comment l'accélérer sur une surface si détestable? Bien que les hommes fussent réduits à la demi-ration, les provisions seraient épuisées dans deux jours. Le 20, les voyageurs franchirent sept milles cinq cent soixante-dix yards. Ce soir-là, le hoosh ne fut pas plus épais que du thé.

Le 22 mars, Mackintosh écrit : «Ma première pensée ce matin fut qu'il nous fallait faire une bonne marche. Si nous pouvons atteindre Safety Camp (à la jonction de la Barrière et de la mer de glace), nous sommes sauvés. Naturellement, en dernier ressort, nous pouvons toujours abandonner le traîneau et piquer une course jusqu'à Hut Point, à vingt-deux milles environ. Cet après-midi, profitant de la surface dure, nous avons couvert une distance tout à fait respectable. Avec cette nourriture réduite, le froid nous pénètre davantage. Après le lunch, pris à 1 heure après midi, il ne nous restait plus que la ration d'un repas et une petite quantité de biscuits. La température était alors remontée à − 20°. À l'horizon, le volcan Erebus émet de grandes volutes de fumée que le vent chasse vers le sud-ouest ; on discerne au sommet une lueur rouge. Après le repas, bonne marche encore. Le vent nous favorise pendant deux heures. Nous scrutons anxieusement l'horizon à la recherche de Safety Camp. La distance couverte aujourd'hui atteindra huit milles quinze cent vingt-cinq yards. »

« *23 mars 1915.* − Hier soir, nous n'étions pas plus tôt installés qu'un blizzard avec rafales se déchaîna, qui n'a pas cessé depuis. Le matin nous a trouvés prisonniers. Les rafales cinglent les côtés de la tente, dehors tout est obscurci. Ce temps est assez alarmant ; s'il continue, nous sommes en mauvaise posture. Nous n'avons fait aujourd'hui qu'un repas de cacao mêlé à des miettes de biscuits. Cela nous a un peu réchauffés ; mais si nous restons plus longtemps l'estomac vide, nous serons bientôt incapables de résister au froid. »

Dans l'après-midi, le temps s'éclaircit, mais trop tard pour que les voyageurs se mettent en route ce jour-là. Le 24, à 7 heures du matin, ils partent après un repas de cacao et de miettes de biscuits.

« Il reste à peine quelques débris de biscuits dans le sac, et c'est tout. Notre départ s'accomplit dans les plus pénibles circonstances, car nous nous trouvions tous les trois affreusement mordus par le gel. C'était une souffrance que de se découvrir les mains pendant un instant. Ce n'est qu'après bien des frictions pour ramener la circulation dans nos extrémités endolories que nous pûmes nous mettre en route. Wild surtout était atteint, mais tous autant que nous étions pouvions nous estimer en piteux état. Nous avancions péniblement, sans pour cela nous réchauffer. Au bout de deux heures, les yeux perçants de Joyce aperçurent un drapeau. Donnant tout l'effort dont nous étions capables, nous redoublâmes l'allure, et bientôt, sans doute possible, nous pouvions distinguer à l'œil nu les caisses de provisions du dépôt. Quel repas nous nous promettions ! Il ne s'écoula pas un long temps avant que nos capacités gastronomiques fussent mises à l'épreuve. On prépara sans tarder un ragoût de pemmican avec de la farine d'avoine pour l'épaissir et du sucre. Mais pendant que Wild allumait la Primus, il nous cria qu'il ne sentait plus son oreille. C'était la seule partie intacte de son visage : nez, joues, cou, tout était attaqué. L'oreille virait déjà au vert pâle. Vite, je mis la paume de ma main dessus pour la réchauffer. Puis ses doigts y passèrent : pour les ramener à la vie, le malheureux dut les mettre sur la flamme – moyen terrible qui le mit à la torture. Déjà son oreille reprenait couleur. Bientôt le hoosh brûlant nous apporta sa chaleur vivifiante. Nous nous sentions devenir des êtres nouveaux. Gamelle après gamelle, nous mangeâmes jusqu'à n'en plus pouvoir. Enfin, complètement rassasiés, nous remîmes en ordre les boîtes du dépôt et reprîmes notre marche. Au moment de partir, Joyce découvrit une note laissée par Spencer Smith et Richards, qui disait que les deux autres groupes étaient retournés à la hutte, et que jusque-là tout allait bien. Au bord de la Barrière, les falaises de glace se dressaient sur une banquise nouvellement formée et pas assez sûre pour nous porter. Il nous fallait donc faire un détour le long de la Barrière et, si la mer de glace ne se montrait pas praticable, chercher un chemin par Castle Rock. À 7 heures du soir, n'ayant pas trouvé de passage qui nous permît de descendre sur la mer de glace, nous campâmes. Toute la nuit, la lampe Primus resta allumée pour nous permettre de lutter contre le gel. J'espère atteindre Hut Point demain.»

Le matin du 25 mars, Mackintosh et ses compagnons levèrent donc le camp. Le thermomètre enregistrait 32° de gel. Après avoir encore cherché inutilement un chemin pour descendre sur la mer de glace, ils se dirigèrent vers Castle Rock. Pendant cette course, ils relevèrent des traces de traîneau qui les conduisirent à un passage praticable. Mackintosh décida de laisser le traîneau sur une éminence bien en vue et de continuer sans équipement. Un peu plus tard, après être venus à bout de l'ascension des falaises de Hut Point, les trois hommes atteignirent la porte de la hutte.

«Nous criâmes. Aucune réponse. Nous hurlâmes de plus belle. Alors un objet sombre apparut qui ressemblait à Cope. Il était là tout seul, ses compagnons étant partis rechercher l'équipement de leur traîneau, qu'ils avaient eux aussi abandonné. Cope, malade, n'avait pu se joindre à eux. Bientôt nous nous racontions nos aventures. Nous apprîmes que le bateau avait relâché ici le 11 mars et pris Spencer Smith, Richards, Ninnis, Hooke et Gaze, l'équipe préposée à la garde de Hut Point se composant dès lors des seuls Cope, Hayward et Jack. Un repas fut bientôt préparé. Nous trouvions là un feu de graisse – quelle volupté! Mais quelle couche de crasse aussi! Qu'importe! Manger et avoir chaud étaient nos seuls désirs. Pendant le repas, Jack et Hayward apparurent... Tard dans la soirée, nous nous retirions dans des sacs secs. Comme il n'y avait en tout et pour tout que trois sacs en convenable état, nous décidâmes de les occuper à tour de rôle, et notre groupe eut le privilège de commencer... J'ai trouvé ici une lettre de Stenhouse donnant un résumé de ce qui s'était passé depuis que nous l'avions quitté. Ceux du bateau n'ont pas eu non plus une vie couleur de rose...»

Mackintosh apprit ainsi que Spencer Smith, Jack et Gaze, qu'il avait laissés derrière lui le 10 février, avaient atteint Hut Point sans difficulté. Le troisième groupe, conduit par

Cope, avait tenté pendant ce temps de dépasser lui aussi la Barrière, mais sans pouvoir faire grand-chose. Il avait essayé d'employer le tracteur à moteur ; mais la machine se révélait parfaitement inefficace, et ils ne s'étaient pas aventurés bien loin. L'engin se trouvait pour l'heure remisé à Hut Point, où les deux détachements s'étaient retrouvés avant la fin de février.

Les six hommes à présent isolés à Hut Point se trouvaient séparés par une étendue d'eau libre de McMurdo Sound et des quartiers d'hivernage de l'expédition, installés à Cap Evans. Mackintosh, naturellement, avait hâte de faire la traversée pour retrouver les gens du bateau et les autres membres de l'expédition établis sur la côte, mais il ne pouvait rien entreprendre avant que le bras de mer fût solidement pris par la glace. Les événements firent qu'il ne put rejoindre Cap Evans qu'au commencement de juin. Le 29 mars, avec Cope et Hayward, il partit à la recherche de son traîneau et le ramena jusqu'à Pram Point, au sud de Hut Point. Mais il dut le laisser là, car l'état de la mer de glace interdisait le passage. Lui et ses compagnons furent ensuite réduits à mener, dans leur retraite de la hutte, une existence primitive, parfaitement dépourvue d'événements.

Le temps était mauvais et, bien que les températures enregistrées fussent basses, la mer n'était jamais complètement prise. Le fourneau à graisse en usage dans la hutte produisait suie et graisse avec l'abondance habituelle ; hommes et vêtements en étaient largement couverts. Le blanc des yeux contrastait violemment avec le noir profond qu'arborait la peau des habitants de l'endroit.

Wild et Joyce avaient beaucoup d'ennuis avec leurs blessures. Les mains et les pieds de Joyce étaient couverts d'ampoules, et ses genoux terriblement enflés. Pour améliorer la condition de ses malheureux compagnons, Jack avait imaginé et fabriqué quelques lampes à graisse qui produisirent une lumière incertaine et beaucoup de fumée par-dessus le marché. Mackintosh rapporte que les hommes, malgré leurs souffrances, étaient relativement satisfaits de leur état, mais inexprimablement sales, et il parle avec désir de bains et de vêtements propres. Dès le commencement d'avril, la provision de graisse de phoque baissa dangereusement et tous les hommes se mirent en chasse. Le 15 avril, plusieurs phoques furent abattus. L'opération qui consistait à les saigner et à les dépouiller ne contribuait pas peu, on s'en doute, à entretenir une aimable couche de graisse noire sur les vêtements.

Il est à regretter que, malgré toute la littérature de valeur qui existe sur les voyages dans les régions polaires, les chefs des différents détachements n'aient pas mis à profit les longues heures de l'hiver pour lire et accroître leurs connaissances à cet égard. Naturellement Joyce et Mackintosh avaient déjà l'expérience de l'Antarctique; mais ils eussent pu à cette occasion étudier plus soigneusement les renseignements détaillés publiés à l'issue des trois dernières expéditions effectuées dans ces parages.

HIVERNAGE À MCMURDO SOUND

L'*Aurora*, après avoir embarqué six hommes à Hut Point le 11 mars, était donc retourné à Cap Evans en vue de la hutte érigée par le capitaine Scott pendant sa dernière expédition. Le 14 mars, le bateau se trouvait à environ quarante yards du rivage, l'avant tourné vers la rive. Deux ancres de terre avaient été scellées à de gros rocs, et six haussières d'acier les rattachaient au bateau. Ces haussières retenaient le navire par l'arrière, tandis que les ancres ordinaires assuraient la sécurité de l'avant. Dans la suite, quand de la glace nouvelle se fut formée autour de l'*Aurora*, un câble qui courait sur la surface gelée fut encore fixé à la côte. Le 23 mars, Mr Stenhouse débarqua Stevens, Spencer Smith, Gaze et Richards, détachement chargé de relever différentes observations journalières le long de la côte. Ces quatre hommes installèrent leurs quartiers dans la hutte du capitaine Scott. Ils avaient ordre d'abattre des phoques autant qu'ils le pourraient. Il n'y avait aucune hâte à débarquer les provisions, les équipements et le charbon, puisqu'il était certain que le bateau resterait à l'amarre tout l'hiver. En avril, on déchargea quelques tonnes de charbon ; mais la plus grande partie resta sur la plage, et il s'en perdit une bonne quantité lorsque la glace s'en alla. Le détachement de terre était placé sous la conduite de Stevens. Le rapport de ce dernier, qui me parvint plus tard, donne un récit succinct des événements de cet hiver-là, tels que les vécurent les hommes de la hutte. Il porte cet intitulé et cette date : « Cap Evans, Ross Island, 30 juillet 1915. »

« Le 23 mars 1915, un détachement comprenant Spencer Smith, Richards et Gaze fut débarqué à la hutte de Cap Evans sous ma direction. Des instructions spéciales invitaient Spencer Smith à consacrer tout son temps à la photographie. Des ordres verbaux m'avaient donné pour première mission d'augmenter autant que possible notre approvisionnement en phoques – c'est-à-dire en nourriture et en combustible. Nous devions également procéder à différentes expériences scientifiques.

« Les instruments météorologiques furent immédiatement installés. Nous établissions les principaux relevés à l'aide de thermomètres en cuivre, afin de suppléer au manque d'instruments en notre possession pour l'observation des températures terrestres, glaciaires et marines. D'autres travaux furent accomplis, et les membres scientifiques eurent tout leur temps occupé. On captura tous les phoques que l'on put repérer. Une ou deux fois les membres du détachement côtier furent appelés à travailler sur le bateau.

« En général, le temps était instable. Le blizzard soufflait fréquemment, interrompant les communications par la glace avec le bateau. Il n'avait été débarqué qu'un petit stock de provisions et aucun vêtement. Une partie seulement de l'équipement scientifique avait pu être transféré sur la plage ; quelques-uns en avaient conclu qu'il ne valait pas la peine de débarquer tout leur attirail personnel.

« Le bateau, amarré par l'arrière à la côte, en était éloigné, au début, de quelque cent yards. On avait disposé deux ancres à l'avant, et deux autres à l'arrière – fixées au rivage par sept câbles de métal. On entretenait la tension de ces amarres en resserrant de temps en temps celles qui venaient à se détendre, et on relâchait dans le même temps les câbles de l'avant ; de cette manière, le bateau fut bientôt amené tout près de la côte, un câble relié à l'ancre sud du rivage passant dans un conduit sous le pont à bâbord pour venir se fixer aux bittes de plat-bord à l'avant. La pression de la glace et du vent sur le bateau devait provoquer plus tard la rupture de trois de ces filins métalliques. Je crois qu'à bord, bien que l'on fût enclin à considérer que le bateau était encore en sécurité, on ne dissimulait pas une vive anxiété. En tant d'autres occasions, des ancres de ce type avaient mal rempli leur office, et la puissance de la pression de la glace sur le navire sautait aux yeux.

« Depuis que le bateau était amarré, la surface de la baie avait souvent gelé, mais à chaque fois la glace s'en était allée, chassée par les blizzards. Cela dit, la dérive de la glace n'était pas le seul fait du vent ; courants et marées avaient aussi leur rôle à jouer ; il nous arriva même à plusieurs reprises de voir une énorme portion de mer gelée s'enfuir vers le large alors que le blizzard était presque complètement tombé.

« Le 6 mai, la glace couvrait la baie et l'on circulait librement entre la plage et le bateau. À 11 heures du soir, le vent soufflait du sud à quarante milles à l'heure ; le bateau était toujours à la même place. Le 7, à 3 heures du matin, sans que le vent eût augmenté, glace et bateau avaient disparu ! Comme nous ne l'avons pas vu revenir depuis, nous sommes incapables de dire s'il a été endommagé par cette débâcle. La tête des câbles fixés au rivage avait subi un double mouvement de torsion, et les fils en étaient brisés. Dans l'après-midi du 7, le temps s'éclaircit quelque peu ; mais rien ne signalait le bateau à l'horizon. Le blizzard n'avait duré que douze heures à peine. Le lendemain, le vent tourna au nord. Mais le 10 soufflait du sud-est le plus rude blizzard que nous eussions jamais éprouvé. Depuis, l'on n'a rien vu ni entendu de l'*Aurora*, bien qu'une vigie fût établie à la côte.

«Immédiatement après le départ du bateau, l'on procéda à un inventaire aussi précis que possible de toutes les provisions débarquées; et le train de la consommation fut réglé de telle manière que le stock pourrait alimenter dix hommes pendant au moins cent semaines. Le charbon fut désormais employé avec la plus stricte économie. On pouvait peu pour en réduire la consommation; le transfert, dans le voisinage de la hutte, du combustible débarqué sur la rive fut rondement mené. La viande aussi pouvait venir à manquer. Il était évident que ni viande ni charbon ne dureraient deux ans. Aussi la première chose à faire l'été suivant serait d'assurer une provision suffisante de viande et de graisse, car l'hiver n'en offre pas les moyens. Dans cette optique, viande et charbon furent donc consommés aussi économiquement que possible.

«A. STEVENS.»

Les hommes cependant ne désespéraient pas de voir revenir le bateau avant que le détroit gelât complètement, et les quelques jours suivants, les yeux fixaient ardemment l'horizon pendant le crépuscule diffus de midi; mais la mer était couverte d'un brouillard dense et sombre, et rien n'apparut. Le 8 mai, un vent du nord s'éleva qui persista pendant quelques heures, mais sans rien amener. Enfin, le 10 mai, souffla le plus violent blizzard qu'on eût vu depuis le début de la saison : dès lors l'espoir des hommes faiblit. Trois jours durant, la tempête fit rage, avec des pointes de vent de soixante-dix milles à l'heure. La neige était très épaisse et le thermomètre tomba brutalement à 30° sous zéro. À cet instant, les naufragés de la côte éprouvèrent les plus sombres craintes pour le salut du bateau, livré désormais aux glaces de la mer de Ross.

Après un examen attentif de la situation, Stevens et ses compagnons comprirent qu'il fallait envisager de sérieuses difficultés. Aucun approvisionnement, aucun vêtement du genre requis pour un voyage en traîneau n'avait été débarqué. D'ailleurs, la plupart des traîneaux étaient restés à bord. Heureusement la hutte contenait encore les provisions et les vêtements laissés là par l'expédition du capitaine Scott. Les hommes tuèrent autant de phoques que possible et emmagasinèrent viande et graisse. Le 2 juin, ceux qui avaient dû rester bloqués à Hut Point, la glace jusqu'alors n'étant pas assez solide pour autoriser la traversée du bras de mer, vinrent grossir le groupe et furent les bienvenus. La traversée de Mackintosh et de ses compagnons n'avait pourtant pas été sans quelques risques, de l'eau libre ayant été aperçue peu auparavant sur leur route par les gens de la côte. Pour finir, dix hommes se trouvaient désormais réunis à Cap Evans.

L'hiver enveloppait l'Antarctique, et l'on ne pourrait pas tenter un mouvement avant le commencement de septembre. Les naufragés passèrent ce temps à recenser les provisions et l'équipement, à dresser des plans pour le travail du printemps et de l'été; ils vécurent enfin la vie sévère, mais pas toujours sans joie, des hivernages polaires. Le 5 juin, Mackintosh écrivait :

« La décision de Stenhouse de choisir cette baie comme lieu d'hivernage pour le bateau ne fut prise qu'après beaucoup de réflexions et de considérations. Stenhouse avait déjà essayé Tongue Glacier et plusieurs autres emplacements; partout le bateau s'était trouvé en position exposée. Dans cette baie, il avait supporté de rudes blizzards qui n'avaient pas toujours provoqué de débâcles; et si par hasard la glace venait à dériver, on avait pu voir que les amarres jouaient convenablement leur rôle. Le navire était amarré tourné vers le nord, et outre les ancres mouillées à l'avant, il en possédait deux autres à l'arrière, retenues à la terre par sept câbles de métal. Tout cela mis en ligne de compte, il était normal que Stenhouse eût cru son bateau en sécurité. Le blizzard qui avait entraîné le bâtiment et la glace où il se trouvait pris n'était pas plus violent que les précédents. Cet accident prouve l'instabilité des conditions dans ces régions. Je prie seulement pour que le bateau et ceux qu'il porte soient saufs, et j'ai bon espoir. Je suis certain qu'ils auront une émouvante histoire à nous raconter quand nous les aurons rejoints.»

L'*Aurora* aurait pourtant trouvé des quartiers d'hiver plus sûrs vers Hut Point; mais il aurait alors couru le risque d'être emprisonné par la glace jusqu'à l'été suivant, et j'avais donné à Mackintosh des instructions pour qu'il veillât à ne point s'exposer à un tel danger.

«Nous procédons à tous les préparatifs d'un séjour prolongé, poursuit Mackintosh. Les vêtements surtout nous manquent; les hommes qui arrivent de Hut Point portent les mêmes qu'en quittant le bateau le 25 janvier. Depuis ce temps nous ne nous sommes pas lavés, et l'on ne saurait imaginer une assemblée plus sale. Depuis notre retour, nous avons bien tenté de nous livrer à un grand nettoyage; mais à cause du vent de ces deux derniers jours, il n'y a pas eu moyen. On travaille tout doucement, et chacun accepte la situation avec beaucoup de philosophie. Le lendemain de mon arrivée, j'en ai donné un aperçu et expliqué la nécessité d'économiser au maximum combustible, lumière et provisions, car il est possible que nous soyons bloqués ici pour deux ans. De toute façon, il n'est pas question d'envisager les préparatifs d'un voyage en traîneau avant de savoir à quoi nous en tenir quant au sort de l'*Aurora*. J'ose simplement penser qu'aucun désastre n'est arrivé.»

La fin de juin fut occupée à laver et à réparer les vêtements, à tuer des phoques, à faire de petites excursions dans le voisinage et à discuter les plans d'avenir. Il ne restait que six chiens, dont deux femelles non habituées au traînage. L'une de ces chiennes eut des petits ; mais elle se montra pauvre mère, car les chiots se révélèrent incapables de survivre.

Le 26 juin, Mackintosh réunit tous les hommes pour la discussion des plans qu'il avait préparés en vue du transport des dépôts de secours vers le sud, expédition qui devait être entreprise au printemps suivant.

Le détachement désirait vivement visiter Cap Royds, au nord de Cap Evans ; mais, à la fin de juin, l'eau restée libre rendait toute traversée impossible. À Cap Royds se trouvait en effet la hutte qui avait abrité l'expédition Shackleton en 1907-1909, et les provisions et les équipements qu'elle contenait auraient pu être très utiles. Joyce et Wild confectionnèrent des finneskoe avec des sacs de couchage de réserve. Mackintosh mentionne que la nécessité d'économiser les habits et les chaussures empêchait les hommes de prendre autant d'exercice qu'il eût fallu. Par chance, on disposait d'une bonne provision de toile et de cuir, et quelques hommes s'essayèrent à fabriquer des chaussures. Enfin, les phoques abattus fournirent un stock de viande et de graisse largement suffisant pour les besoins présents.

En juillet, Mackintosh entreprit plusieurs excursions au nord sur la mer de glace ; mais jamais il ne put aller loin. Une fissure irrégulière courait depuis Inaccessible Island jusqu'à Barne Glacier, et en cet endroit la glace semblait faible et disloquée. La lumière renaissante nous annonça le retour du soleil. Le 1er août, depuis la colline située derrière la hutte, Mackintosh vit de l'eau libre s'étendre à l'ouest d'Inaccessible Island. Il note que McMurdo Sound n'est sans doute jamais complètement gelé. Une semaine plus tard, la surface de l'eau libre sembla s'être étendue, et les hommes commencèrent à désespérer de parvenir jamais à Cap Royds. Les blizzards demeuraient fréquents et persistants. Grâce à la lumière, quelques objets utiles purent être découverts dans le voisinage, entre autres choses des chaussettes et des vêtements de dessous laissés là par les membres de l'expédition Scott, ainsi qu'une caisse de pelures confites dont on se servit pour les gâteaux.

Le 12 août un petit incendie éclata dans la hutte. L'appareil d'éclairage à gaz acétylène installé par le capitaine Scott avait été rempli et l'on venait d'y déceler une fuite. Quelqu'un chercha la fissure avec une bougie allumée ; il en résulta une explosion qui mit le feu à quelques boiseries. Les flammes furent vite éteintes, heureusement !... car la perte de la hutte eût été pour le coup une tragédie.

Le 13 août, Mackintosh et Stevens gagnèrent Cap Royds en passant par Barne Glacier. Ils passèrent le jour suivant dans la hutte érigée en cet endroit et firent un recensement complet des provisions qui se trouvaient là. Ils découvrirent à côté de la hutte une pile de caisses contenant viande, farine, légumes secs et diverses autres denrées, approvisionnement suffisant pour six hommes pendant au moins un an. À défaut de vêtements neufs, ils en récoltèrent de vieux qui pouvaient être réparés et servir encore. Emportant leur butin, ils reprirent le chemin de Cap Evans le matin du 15 août par la mer gelée. Une étendue de glace très faible leur barrant le chemin, ils durent longer les côtes ; malgré cela, après deux heures de route, ils étaient de retour. En leur absence, Wild et Gaze avaient escaladé Inaccessible Island, ce qui avait valu à Gaze d'avoir une oreille gelée. Ce soir-là, on partagea le reste du tabac. Le lendemain, le blizzard faisait fureur, et Mackintosh se félicita d'avoir choisi le bon moment pour son excursion.

La fin du mois d'août ne fut pas très mouvementée. Tous s'occupaient aux préparatifs de l'expédition en traîneaux, et l'on se réjouissait du retour progressif de la lumière. On goûta les rations de traîneau spécialement préparées d'après mes instructions ; tous convinrent que c'était «excellent comme volume et comme goût». Le 19 août on captura trois pingouins empereurs, les premiers aperçus depuis l'atterrissage. À cette époque, le soleil renaissant dorait les pics des

Western Mountains et faisait apparaître le relief abrupt et la forme massive de l'Erebus. Le volcan émettait une énorme quantité de fumée, et le feu de sa gueule éclairait parfois les nuages en suspension au-dessus du cratère.

Le 20, Stevens, Spencer Smith et Cope se rendirent à leur tour à Cap Royds. Ils y étaient encore le 28, quand le soleil fit sa première apparition au-dessus de l'Erebus. Les jours précédents, vu le temps nuageux, le soleil, bien qu'au-dessus de l'horizon, était resté invisible.

«Le jour venait de se lever, clair et beau, écrit Mackintosh. Au-dessus de l'Erebus les rayons du soleil perçaient les cumulus amassés et produisaient dans les nuages les effets les plus magnifiques. La lumière, qui nous fit tous cligner des yeux, provoqua parmi nous une grande exubérance. Nous nous sentions comme des hommes sortant de prison. Je restai dehors pour contempler le paysage alentour, réellement merveilleux. Les Western Mountains étaient superbes dans leur grandeur sauvage. La silhouette des pics, distants de quatre-vingts à quatre-vingt-dix milles, se découpait sur le ciel ; les immenses pentes glacées étincelaient, blanches comme l'albâtre. À l'ouest, au-dessus des montagnes, le ciel était clair ; seules les terrasses basses au pied des pentes de Mount Discovery restaient encore dans l'ombre. Vers le sud, d'épaisses lignes de stratus s'accumulaient au-dessus de l'horizon. Puis l'Erebus commença à émettre des volutes de fumée qui s'élevaient à des centaines de pieds avant de s'étirer vers le nord-ouest. Une lourde masse de nuages enveloppait vers le sud les pentes sud du volcan.»

Les voyageurs rentrèrent de Cap Royds dans l'après-midi, fauteurs de déception, car ils rapportèrent n'avoir pas trouvé la moindre trace de tabac.

Le 1er septembre devait commencer le transport des approvisionnements vers Hut Point. Auparavant, Mackintosh avait discuté le détail de ses plans avec les autres. Il considérait qu'il y avait à Cap Evans des provisions de traîneau suffisantes, le stock débarqué par le bateau ayant été augmenté de ceux laissés par l'expédition Scott en 1912-1913 et par l'expédition Shackleton en 1907-1909. L'approvisionnement en vêtements et en tentes était plus problématique ; les vieilles hardes trouvées à Hut Point et à Cap Evans pouvaient à la rigueur faire l'affaire. Les burberrys imperméables et les autres vêtements de dessus étaient vieux et en misérable état, surtout dans la perspective d'une saison de traînage. Dans les vieux sacs de couchage on avait taillé des finneskoe, et l'on avait soigneusement réparé les autres sacs. Trois tentes étaient disponibles : l'une débarquée de l'*Aurora* ; les deux autres, assez usagées, laissées par le capitaine Scott. Les traîneaux étaient finalement en nombre suffisant, mais il ne restait plus que quatre chiens en mesure de les servir, pas même un attelage complet. On les emploierait seulement comme auxiliaires des hommes.

Après discussion de différents projets, Mackintosh adopta celui-ci : neuf hommes, divisés en trois groupes de trois membres chacun, partiraient en voyage avec les traîneaux. Un seul homme resterait à Cap Evans pour continuer les observations météorologiques pendant l'été. Le tracteur à moteur laissé à Hut Point serait ramené à Cap Evans, et si possible remis en état. Mackintosh estimait que la quantité de provisions requises pour la consommation des voyageurs et pour les dépôts du sud se monterait à quatre mille livres. Le premier dépôt serait fait à Minna Bluff, et les autres à chaque degré de latitude vers le sud, jusqu'au dépôt final au pied de Beardmore Glacier. La première tâche consisterait à haler tout l'approvisionnement de Cap Evans jusqu'à Hut Point, soit sur une distance de treize milles. Mackintosh proposa de laisser en ce dernier endroit quelques réserves supplémentaires, au cas où un détachement, revenant tard de la Barrière, aurait à passer les mois d'hiver à Hut Point.

La première équipe, comprenant Mackintosh, Richards et Spencer Smith, quitta Cap Evans le 1er septembre avec un traîneau chargé de six cents livres de provisions. À mi-chemin, sur la mer de glace, ils dressèrent une tente qu'ils laissèrent à l'intention de tous ceux qui auraient à sillonner ces parages pendant le reste du mois. À Hut Point, après avoir enlevé la neige qui recouvrait le tracteur, ils firent quelques essais pour le remettre en route. Le 3, ils retournèrent à Cap Evans.

Pour le deuxième trajet à Hut Point, ce furent neuf hommes qui prirent la route, répartis entre trois traîneaux : deux d'entre eux, tirés par les hommes, furent chargés de mille deux cent soixante-dix-huit livres de provisions ; le plus petit, tiré par les chiens, portait les sacs de couchage. Une rude brise de sud, accompagnée d'un froid vif, éprouva la patience des voyageurs, alors peu entraînés, et ils souffrirent beaucoup du gel. Joyce et Gaze eurent les talons couverts d'ampoules ; Mackintosh fut atteint au visage, et la plupart des autres eurent les doigts et les oreilles attaqués. Au retour, Gaze dut voyager sur un traîneau, incapable qu'il était de poser un pied par terre. Ils essayèrent alors de haler le tracteur jusqu'à Cap Evans ; mais au bout d'un demi-mille, ils décidèrent d'abandonner la machine : elle ne fonctionnait pas et se révélait affreusement lourde à tirer.

Huit hommes furent de la troisième course à Hut Point, Gaze et Jack restant au camp de base. Ils emmenaient avec eux six cent soixante livres d'huile et six cent trente livres de provisions. Le jour suivant, 14 septembre, ils continuèrent avec les traîneaux de Hut Point à Safety Camp, au bord de la Barrière. Ce camp serait le point de départ de la marche vers Minna Bluff, où serait établi un premier dépôt. Pour l'heure, on laissait à Safety Camp les deux traîneaux avec six cent soixante livres d'huile et cinq cents livres d'avoine, de sucre et de diverses autres denrées, et les hommes s'en retournèrent à Hut Point. Le jour suivant Mackintosh et ses compagnons halèrent jusqu'à Cap Evans le moteur, dont la grande roue posait sur un traîneau. Après une pose due au mauvais temps, huit hommes conduisirent le 24 septembre une autre charge à Hut Point, et le jour suivant à Safety Camp. Ils étaient de retour à Cap Evans le 26. Pendant ce temps Richards avait examiné le tracteur et essayé quelques courses sur la mer de glace ; mais la machine ne fonctionnait pas d'une manière satisfaisante, et Mackintosh décida de l'abandonner.

« Chacun est plongé jusqu'aux yeux dans sa besogne, relate le dernier passage du journal laissé par Mackintosh à Cap Evans. Tous les appareils sont vérifiés et les derniers points faits aux vêtements. Nous avons improvisé quelques modes de souliers pour remplacer les finneskoe, dont nous sommes terriblement à court. Wild s'est confectionné une excellente chaussure dans une vieille couverture en peau de cheval trouvée ici, et son modèle est copié par les autres. J'avais quant à moi réussi à me tailler une paire de moufles dans un vieux sac de couchage. Hier soir enfin j'ai pris un bain, le second depuis mon arrivée…

« Je termine ce journal, aujourd'hui 30 septembre, et le laisse ici avec mes papiers. Demain nous partons pour Hut Point. Neuf d'entre nous iront établir les dépôts : Stevens, Spencer Smith, Joyce, Wild, Cope, Hayward, Jack, Richards et moi. Gaze, qui souffre encore de ses pieds, reste et sera probablement rejoint par Stevens au retour du premier voyage. Nous emportons trois mois de provisions pour vivre à Hut Point. Je continuerai ce journal sur un autre livre que j'emporte. »

Les neuf hommes atteignirent Hut Point le 1er octobre. Ils transportaient avec eux les derniers chargements. Trois traîneaux et trois tentes furent amenés jusqu'à la Barrière. Les équipes étaient ainsi composées : 1° Mackintosh, Spencer Smith et Wild ; 2° Joyce, Cope et Richards ; 3° Jack, Hayward et Gaze. Les 3 et 4 octobre, on ramena à Safety Camp quelques provisions laissées à mi-chemin. Le mauvais temps retarda jusqu'au 9 octobre le départ de l'expédition.

SUR LA ROUTE DU PÔLE

Le rapport de Mackintosh sur les marches entreprises pour établir les dépôts de provisions, dans l'été 1915-1916, est malheureusement perdu. Le chef tenait un journal de route ; mais il l'avait sur lui quand, l'hiver suivant, il se perdit sur la mer de glace. Le récit des différents voyages a été reconstitué en compilant les notes prises par Joyce, Richards et quelques autres. Je puis dire ici que ce récit témoigne d'efforts magnifiques, déployés avec une persévérance inlassable face aux mille embûches et aux terribles dangers de la route. Il est toujours facile d'être prévoyant quand les événements sont passés ; il n'en reste pas moins que c'était une faute que d'avoir employé des chiens non entraînés, amollis par l'inactivité du bateau, lors du bref voyage entrepris sitôt après l'atterrissage en 1915. Il en avait résulté la perte de presque tous les animaux, qui devaient manquer cruellement dans les longues courses prévues pour cette saison de 1915-1916. Pendant quelque six mois, les hommes allaient passer le plus clair de leur temps à tirer ; ils eurent à souffrir du gel, du scorbut, de l'aveuglement provoqué par la réfraction de la lumière sur la neige et touchèrent bien souvent aux dernières limites de l'épuisement. Ce qui ne les empêcha pas d'effectuer les dépôts aux endroits convenus, et si les explorateurs venus de la mer de Weddell avaient pu réussir la traversée du continent antarctique, comme il avait été prévu, provisions et combustible les attendaient là où ils pensaient les trouver.

Le 9 octobre, la situation était celle-ci : les neuf hommes alors à Hut Point avaient avec eux toutes les provisions nécessaires pour les dépôts et pour leur propre consommation pendant l'été. Les chiens restaient à Cap Evans avec Gaze, lequel, blessé au talon, fut temporairement remplacé par Stevens. Mackintosh comptait former un grand dépôt devant Minna Bluff, à soixante-dix milles de Hut Point. Ce projet nécessiterait plusieurs trajets avec de lourdes charges. Enfin, le dépôt de Bluff servirait de base pour le grand voyage vers Mount Hope, au pied de Beardmore Glacier, où serait placé le dernier dépôt.

Les neuf hommes quittèrent Hut Point le matin du 9 octobre, halant tous ensemble à la corde les trois traîneaux lourdement chargés. De bonne heure l'après-midi, ils atteignirent Safety Camp et, après avoir entassé sur les traîneaux un chargement de quelque deux mille livres, ils commencèrent le voyage sur la Barrière. Le tirage se montra d'emblée excessivement dur, et il leur fallut camper au bout d'un demi-mille. Le jour suivant, on décida de séparer les traîneaux ; chacun d'eux serait tiré par trois hommes. Mackintosh espérait obtenir de la sorte de meilleurs résultats. La distance parcourue ce jour-là ne fut que de quatre milles, et celle du jour suivant ne valut pas mieux. Joyce mentionne n'avoir jamais fait de plus dur tirage de toute sa vie ; la surface était molle, et la charge pouvait s'évaluer à cent vingt livres par homme. Ce nouvel arrangement, à l'évidence, n'était pas un succès ; et puis il y avait trop d'inégalité dans la capacité de traction des différentes équipes et dans la charge des traîneaux. Le matin du 12, après un bref conciliabule, Mackintosh décida de pousser en avant avec Wild et Spencer Smith en tirant un traîneau relativement

peu chargé, tandis que Joyce et les cinq autres véhicule-
raient de leur mieux le reste du matériel sur deux traîneaux
à pleine charge – principe qui devait d'ailleurs être retenu
pour les voyages suivants. À certaines heures, la température
tombait au-dessous de – 35°, et comme les hommes transpi-
raient abondamment en tirant leurs lourdes charges sous le
soleil, ils se trouvaient très mal à l'aise dans leurs vêtements
humides qui gelaient la nuit. Le 13, Joyce réduisit sa charge
en déposant quelques rations et vêtements de rechange, et
l'avance fut meilleure. Il bâtissait de loin en loin des monticules de neige destinés à servir de points de repère pour le
voyage de retour. Le jour suivant, il mentionne avoir passé
quelques grandes crevasses. Les vents debout persistaient,
parfois violents, rendant la marche difficile et causant de
vives morsures du gel. Enfin, pour peu qu'une surface dure
facilitât occasionnellement le tirage, les hommes glissaient
et tombaient à tout bout de champ.

Le 20, un vent du nord permit l'usage de la voile, et le
détachement de Joyce fit de rapides progrès. Dans l'après-
midi Jack aperçut au loin une perche de bambou et Joyce
découvrit un dépôt qu'il avait personnellement aménagé
lors de ma précédente expédition « Farthest South » en
1908. Espérant trouver là quelques provisions, il creusa ;
mais la réserve était vide. Le soir du 21, le dépôt de Bluff fut
atteint. Mackintosh était passé là le 19 et avait déposé cent
soixante-dix-huit livres de provisions. Joyce laissa sur place
les deux cent soixante-treize livres de son chargement.

L'incident le plus intéressant du voyage de retour fut la
découverte d'une note laissée par Mr Cherry Garrard pour
le capitaine Scott et datée du 19 mars 1912 – soit quelques
jours avant la mort de ce dernier dans son lointain camp du
sud. À cet endroit, un traîneau retourné indiquait un dépôt
de biscuits pour chiens et d'huile à moteur, laissé là par les
équipiers de l'infortuné capitaine. Dans l'après-midi du 27,
Joyce atteignait Safety Camp et, après y avoir laissé tout le

matériel de réserve, continuait jusqu'à Hut Point malgré le blizzard.

Pour le deuxième voyage, Mackintosh décida d'employer les chiens. Il pensait qu'avec leur aide on pourrait prendre de plus lourdes charges. Ce plan impliquait la nécessité d'envoyer chercher à Cap Evans du pemmican pour les bêtes. Le 29 octobre, Mackintosh, avec Wild et Spencer Smith, repartit donc vers le sud. Sur la pente qui descend vers la mer de glace, leur traîneau se retourna et le cercle de leur tente fut brisé; mais le dommage n'était pas sérieux, et bientôt le groupe disparut derrière Cap Armitage. Les autres restaient à Hut Point, sous la conduite de Joyce. Celui-ci avait ordre de retourner chercher à Cap Evans la nourriture destinée aux chiens, et de partir aussitôt après pour le sud. Le lendemain, il envoya Stevens, Hayward et Cope à Cap Evans, et lui-même s'occupa à réparer les traîneaux. Le 1er novembre, Cope, Hayward et Gaze étaient de retour, Stevens étant resté à la base. Un blizzard retarda le départ vers le sud jusqu'au 5 novembre. Les hommes attelés tiraient avec les quatre chiens, mais la surface molle et les charges très lourdes des deux traîneaux empêchaient l'avance d'être rapide. Le 6, ils couvrirent cinq milles et sept cents yards; le 7, quatre milles et trois cents yards, et le 9, huit milles et dix-sept cents yards, aidés d'un léger vent du nord. Le même jour, ils dépassèrent un énorme bergschrund, monstrueuse chute de glace de soixante-dix pieds de haut. «Nous prîmes quelques photographies, écrit Joyce. C'était là une chute vraiment extraordinaire, avec ses falaises de glace bleue profondément crevassées et festonnées de rideaux de neige. On eût très bien pu passer par-dessus bord et dégringoler de là-haut en venant du nord par temps bouché.»

Le 11, un autre bergschrund, entouré de glace crevassée, fut encore longé. Le soir du 14, Joyce atteignit le dépôt de Bluff et put y laisser six cent vingt-quatre livres de son chargement. Mackintosh y avait fait halte plusieurs jours auparavant, déposant quant à lui cent quatre-vingt-huit livres de provisions.

Le 20 novembre, Joyce regagna Hut Point après une journée assez périlleuse. Le matin, les hommes avaient avancé rapidement sur une bonne surface. Vers 10 h 30, ils rencontraient de la glace fortement comprimée et pleine de crevasses, et eurent bien de la peine à s'en tirer. Lorsqu'ils atteignirent Hut Point, à 6 h 30 du soir, Joyce et Hayward étaient tous deux à demi aveuglés par la neige. Le 24, les deux hommes étant remis, ils décidèrent d'entreprendre dès le lendemain un troisième voyage vers Bluff. Mackintosh, une fois de plus, avait pris quelque avance, mais les deux groupes se rencontrèrent le 28 et purent confronter leurs plans. Mackintosh comptait cette fois dépasser le dépôt de Bluff : il avait résolu de déposer un chargement à la latitude 80° S dès cette première saison de traînage. Joyce, après avoir laissé sa troisième charge à Bluff, retournerait à Hut Point en prendre une quatrième et dernière, et les détachements se réuniraient alors pour le grand voyage vers le sud à destination de Mount Hope.

Le 2 décembre, Joyce quitta donc le dépôt de Bluff, et atteignit Hut Point le 7. Après un bon repos, le 13 décembre, hommes et chiens reprenaient le chemin du sud. Ce fut la plus pénible des marches entreprises par ce détachement. Des crevasses amenèrent beaucoup de difficultés, et les 16, 18, 19, 22, 23, 26 et 27 décembre des blizzards arrêtèrent les voyageurs. Noël se passa à peiner dans la neige molle et à lutter contre un vent glacé et violent. Le 28 décembre, le dépôt de Bluff fut atteint. Mackintosh, très retardé par le mauvais temps, l'avait quitté deux jours plus tôt. Il se proposait d'atteindre le 80ᵉ degré de latitude S, mais n'avait pas beaucoup avancé, car son camp était en vue. Des ordres laissés par lui indiquaient à Joyce de le rejoindre sans attendre. Le dépôt de Bluff était maintenant bien approvisionné : quelque deux mille huit cents livres de provisions y avaient été acheminées, à quoi il fallait ajouter celles que l'on avait déposées là au commencement de l'année.

Joyce quitta le dépôt de Bluff le 29 décembre ; deux jours plus tard, il rejoignait Mackintosh qui lui donna ses instructions ; celui-ci avait combiné ses plans de manière que les détachements pussent se prêter main-forte. Les chiens tiraient bien et, malgré leur nombre réduit, ils étaient d'un grand secours. Il y avait maintenant quatre-vingt-dix jours que les hommes avaient quitté Cap Evans, et tous se sentaient « en forme ».

Seul incident de quelque importance : l'apparition d'un défaut dans l'une des lampes Primus. Ces lampes, employées par Joyce, avaient déjà servi à l'un ou l'autre des détachements du capitaine Scott, et elles n'étaient pas toutes neuves. La fêlure de l'une d'elles causa un moment d'anxiété. Il était impossible qu'un groupe voyage sans se donner les moyens de faire fondre de la neige et de préparer de la nourriture chaude. Si Joyce emportait cette lampe au-delà du 80e degré, il pourrait se trouver dans l'obligation de retourner sur ses pas, ce qui compromettrait le succès de l'entreprise. Il décida donc de renvoyer trois hommes dès qu'il aurait atteint le dépôt du 80e degré de latitude S, ce qui fut fait le 6 janvier 1916 : Cope, Gaze et Jack s'en retournèrent avec la Primus défectueuse et une légère charge, et à force de dures étapes retrouvèrent Cap Evans le 16 janvier.

Joyce, Richards et Hayward poursuivaient pendant ce temps leur route avec une charge de douze cent quatre-vingts livres. Ils bâtissaient des monticules assez rapprochés pour baliser leurs dépôts. Joyce veillait surtout à bien nourrir ses chiens et leur donnait un hoosh chaud tous les trois soirs. « Cela en valait largement la peine, devait-il écrire, si l'on considère la merveilleuse somme de travail qu'ils fournissent. Si nous pouvons les amener jusqu'au 82e degré de latitude S, je pourrai dire sincèrement que c'est grâce à leur labeur que nous y sommes parvenus. »

Le 8 janvier, Mackintosh et lui se rejoignaient et dès lors les deux équipes, qui comptaient six hommes énergiques, avancèrent de conserve. Les 10, 11 et 12 janvier, par temps bouché, ils jalonnèrent leur route de monticules surmontés chacun d'un lambeau de tissu sombre. On pouvait, en se guidant sur ces repères construits en vue l'un de l'autre, marcher approximativement en ligne droite. Le soir du 12 fut ainsi atteinte la latitude 81° S, où l'on s'empressa d'édifier un imposant tas de neige destiné à abriter le dépôt : de quoi approvisionner douze hommes pendant cinq jours. Cette réserve était destinée pour moitié aux voyageurs venus du pôle, pour moitié au détachement de Mackintosh dans son voyage de retour.

« Le 13 janvier, par mauvais temps, on reprit la route du sud. Après un court conciliabule, nous décidâmes de continuer, écrit Joyce. Bien que le temps soit bouché et que la neige tombe, c'est le moment de marcher. S'il le faut, nous bâtirons des monticules tous les deux cents yards ; il semble que ce temps pourri ne cessera jamais. Nous avons découpé un vieux pantalon de Richards pour signaler bien clairement la position de nos repères. Il est vraiment surprenant de voir comme nous avançons malgré la neige et la surface en croûte de pâté. Nous avons fait cinq milles et soixante-quinze yards avant le lunch. Les chiens marchent splendidement. Je ne sais vraiment pas comment nous nous en tirerions sans eux… La distance parcourue aujourd'hui a été au total de dix milles et sept cent vingt yards, splendide résultat si l'on considère la surface et le temps. »

Le 14, le temps s'éclaircit, découvrant de hautes montagnes à l'ouest. Les jours suivants, les voyageurs avancèrent assez rapidement, la distance journalière variant de dix à douze milles. Le 18 janvier, ils atteignaient la latitude 82° S. Ce dépôt, comme celui du 81e degré, devait offrir des provisions à douze hommes pendant cinq jours. Mackintosh avait des ennuis avec sa lampe Primus et, de ce fait, il devenait impossible de diviser le groupe. Il fut décidé que tous avanceraient jusqu'au prochain et dernier dépôt, à la base de Mount Hope, au pied de Beardmore Glacier, à la latitude 83° 30' S.

Le soir du 18, le camp fut dressé à cinq milles du dépôt. Les charges des traîneaux étaient maintenant relativement légères, et le 19 treize milles et sept cents yards furent couverts. Mais la situation n'en était pas moins délicate : Spencer Smith, qui souffrait de ses jambes enflées et douloureuses, était incapable de tirer davantage. Le 22, Joyce relate que Smith va de plus en plus mal et que Mackintosh montre des signes d'épuisement.

Devant eux, à trente milles environ, se dressait une montagne qu'ils pensaient être Mount Hope. Spencer Smith, qui avançait péniblement et bravement sans aucune plainte inutile, partit avec les autres le matin suivant, et marcha jusqu'à près de midi. Il s'avoua alors incapable de continuer et Mackintosh ordonna une halte. Spencer Smith proposa de rester là avec des provisions et une tente pendant que les autres pousseraient jusqu'à Mount Hope, et courageusement il assura Mackintosh que le repos le remettrait et qu'il serait prêt à reprendre la route à leur retour. Après un bref conciliabule, on arrêta le plan suivant : Mackintosh se sentait l'obligation d'établir vers le sud un autre dépôt, et il savait que tout délai serait dangereux ; Spencer Smith fut donc abandonné avec une tente, un traîneau et des provisions, et on l'assura que le retour se ferait à peu près dans une semaine. La tente fut arrangée aussi confortablement que possible et la nourriture placée à portée du malade. Après le lunch, Spencer Smith fit à ses compagnons un courageux adieu, et avant le soir ceux-ci étaient déjà à six ou sept milles de là. Cinq hommes durent donc s'empiler dans une seule tente pour la nuit ; mais, la température étant au plus bas, ils n'y firent pas d'objection.

Le 23 janvier, un épais brouillard voilait tout, et comme il fallait se guider d'après les montagnes, le camp fut établi à 11 heures du matin après quatre milles seulement. Le 24, le temps obscur durait toujours. Les hommes ne bougèrent pas avant le matin du 25. Ce jour-là, ils firent dix-sept milles et campèrent à 6 heures du soir en bordure de la glace «la plus bouleversée» que Joyce eût jamais vue. Dans leur route vers les montagnes, il leur fallait désormais affronter l'effroyable chaos créé par l'écoulement du Beardmore Glacier.

Un blizzard avec neige épaisse les obligea à camper le 27 à 3 h 30 après midi. Puis, le temps s'éclaircissant, ils avancèrent sur la surface crevassée jusqu'à 7 heures du soir. Joyce souffrait d'un aveuglement provoqué par la neige. Ils étaient alors au bout du chemin, séparés du home (Cap Evans pour la circonstance) par quelque trois cent soixante-cinq milles. Le 28, ils firent seize milles et demi sur la voie du retour. Joyce, complètement aveugle, se guidait d'après la direction des harnais et tirait encore avec une belle vigueur. Dans l'après-midi suivant, ils atteignirent le camp de Spencer Smith, qu'ils trouvèrent dans son sac de couchage, tout à fait incapable de marcher. Le journal de Joyce à ce moment donne un aperçu plutôt sombre de la situation. Il devinait que Mackintosh serait lui aussi incapable d'accomplir le voyage de retour.

«Les chiens se maintiennent, ajoute-t-il. Si seulement ils résistent jusqu'au 80e degré, nous trouverons là de quoi les rassasier, et alors, quand le bateau nous reprendra, je garantis qu'ils vivront confortablement tout le reste de leurs jours.»

Le 30, un blizzard furieux empêcha toute avance. Le 31, les voyageurs firent huit milles, tirant sur l'un des traîneaux Spencer Smith emmitouflé dans son sac de couchage. Il était incapable de se mouvoir, mais son courage ne l'abandonnait pas. Il parlait toujours gaiement, malgré ses souffrances et sa faiblesse. Le 12 février, la distance parcourue fut de douze milles. Le matin suivant, on abandonna l'un des traîneaux pour alléger la charge. L'autre devait servir à transporter Spencer Smith, étendu par-dessus les provisions et l'équipement. Ce jour-là, vingt-cinq milles et demi furent franchis.

Le 3 février, les hommes arrivèrent au dépôt de la latitude 82° S et prirent des provisions pour une semaine, laissant deux semaines de rations à ceux qui devaient venir du pôle. Joyce, Wild, Richards et Hayward se sentaient en bon état; mais Mackintosh était faible et boitait. L'état de Spencer Smith quant à lui était franchement alarmant. De forts vents du sud aidaient les voyageurs; la distance couverte journellement variait de treize à dix-huit milles. Le 7, à 10 h 30 du matin, le dépôt du 81ᵉ degré fut atteint et des provisions prises pour une semaine.

La marche vers le dépôt suivant fut peu accidentée. Les voyageurs avançaient bien, malgré les surfaces mauvaises et le temps bouché. Ils furent rendus à l'étape dans la soirée du 12 février. Le dépôt était amplement pourvu et les hommes y prirent des rations pour une quinzaine. Spencer Smith semblait un peu mieux, et la rapide avance encourageait chacun. Les 14, 15 et 16 février furent très pénibles. Les hommes enfonçaient parfois jusqu'aux genoux dans la neige molle. Les chiens avaient beau fournir un rude travail, la distance parcourue journellement était tombée à huit milles. La faiblesse de Mackintosh devenait très inquiétante. Le 18, alors que le détachement était à moins de douze milles du dépôt de Bluff, un furieux blizzard arrêta la marche. Pendant cinq jours, ce blizzard fit rage et, dès le deuxième jour, il fallut réduire les rations.

«Il blizzarde toujours, écrit Joyce le 20. La situation est grave avec notre malade et l'approvisionnement réduit. Les rations des chiens sont presque à leur bout, et il nous faut encore les réduire de moitié. Nous en sommes maintenant à une tasse de hoosh pour trois avec un biscuit et six morceaux de sucre. La plus sérieuse des calamités, c'est que l'huile aussi manque. Nous avons du thé en quantité, mais pas de combustible pour le chauffer ! »

Dans la tente de Mackintosh, cela n'allait pas mieux. Mackintosh lui-même était en mauvais état et n'était pas sûr de pouvoir continuer la marche, mais déterminé à essayer.

« Il blizzarde toujours, écrit encore Joyce le 22. Nous sommes étendus dans de véritables mares formées par la chaleur de nos corps, tant il y a longtemps que nous sommes à la même place. Je ne sais pas ce que nous ferons si cela continue. La tempête souffle sans une accalmie. Depuis deux jours, la nourriture consiste en un bol de pemmican pour trois. Il n'y a plus de kérosène ; mais Richards a su improviser une lampe en versant un peu d'alcool dans un gobelet et en tenant un autre gobelet au-dessus de la flamme. De cette façon, il lui faut tout de même une demi-heure pour faire fondre un gobelet de neige.

« Toujours la même chose. Ce blizzard ne cesse pas, note encore Joyce vingt-quatre heures plus tard. Comme provisions, il ne nous reste plus que du thé et du sucre. Après une longue conversation, nous avons décidé, Richards, Hayward et moi, de partir à tout prix, autrement le même sort que celui du capitaine Scott nous attend.

« L'autre tente semble calme ; de temps en temps éclate un chant de Wild, qui nous apprend qu'ils sont encore en vie. Ce soir nous avons donné aux chiens la fin de leur nourriture, aussi nous faudra-t-il activer, car l'entreprise dépend beaucoup d'eux. »

Quelques citations du journal de Joyce suffiront à évoquer la suite de l'histoire.

« *23 février. Mercredi.* – Vers 11 heures, éclaircie dans les nuages, le soleil brille. Nous avons décidé de prendre un repas et de partir. J'en ai prévenu le capitaine. Il pourra conserver dans sa tente un sac de farine d'avoine, quelques cubes Bovril, un sachet de chocolat et dix-huit biscuits ; ainsi seront-ils en meilleure passe que nous. Après le repas, il fallut dégager le traîneau, ce qui nous prit deux heures. On aurait peine à croire combien nous étions faibles. Deux coups de pelle nous mettaient hors d'haleine. Cet état provenait du manque de nourriture. Après avoir dégagé le traîneau, nous l'amenâmes près de la tente du capitaine. En route vers 2 h 20. Obligés à beaucoup d'arrêts à cause de la voile. Vers 3 h 20, le capitaine, qui s'était attaché à l'arrière du traîneau, ne peut plus avancer. Après un conciliabule avec Wild et les autres, nous décidons de dresser la tente et, laissant Wild prendre soin du capitaine et de Spencer Smith, de tenter d'arriver le plus vite possible au dépôt, qui n'est plus qu'à une douzaine de milles. Nous les quittons à 3 h 40 après les avoir bien installés. Je fais savoir à Wild que nous reviendrons le 26 ou le 27, si le temps le permet. Au moment du départ, neige épaisse ; le soleil a disparu. Nous nous rendons compte que, même avec les quatre chiens, il nous est impossible de faire plus d'un demi ou trois quarts de mille à l'heure. La surface est tellement molle que parfois on enfonce jusqu'à la ceinture. En dépit de tout cela, nous continuons jusqu'à 6 h 35. Campé sous un blizzard furieux. Mon pied gauche est vilainement gelé. Après la marche, le banquet : une tasse de thé et la moitié d'un biscuit. Couchés à 9 heures, la situation n'est pas réjouissante. Je n'ai jamais traversé de surface plus détestable dans tous les voyages qu'il m'est arrivé de faire dans ces régions.»

Mackintosh était resté debout aussi longtemps qu'il est humainement possible. Le récit du voyage de retour prouve clairement qu'il était incapable de continuer au-delà du 82e degré. Les autres auraient voulu qu'il restât avec Spencer Smith à la latitude 83 ; mais la responsabilité de l'expédition lui incombait et il ne voulait pas l'abandonner. Depuis de longues semaines, il souffrait de ce qu'il appelait courageusement « une jambe foulée », affection qui n'était rien d'autre qu'une manifestation du scorbut. Le 23 il avait réussi à marcher pendant une demi-heure, soutenu par Richards, puis s'était affaissé. Spencer Smith déclinait. Wild, qui restait chargé des deux invalides, était en assez bon état. Joyce, Richards et Hayward montraient eux aussi des symptômes de scorbut à différents degrés. Ils avaient les jambes faibles, les gencives enflées. La décision de laisser les deux malades camper avec Wild pendant que Joyce et les deux autres pousseraient jusqu'au dépôt de Bluff était pleinement justifiée par les circonstances. Joyce, Richards et Hayward eurent toutes les peines du monde à atteindre le dépôt avec un traîneau presque vide. La charge de deux hommes impuissants aurait pu entraîner leur perte à tous.

« *24 février. Jeudi.* – Debout à 4 h 30. Déjeuner : une tasse de thé, la moitié d'un biscuit. Départ après 7 heures. Neige, vent comme hier. Durant l'après-midi, sommes obligés d'arrêter tous les quarts d'heure pour reprendre haleine. Épuisés, nous campons à 12 h 10. Lunch : le quart d'un biscuit et une demi-tasse de thé léger, qu'il nous faut presque une demi-heure pour préparer. Richards et Hayward sortent de la tente pour organiser le départ ; mais la force du vent et de la neige les oblige à rentrer ; la vitesse du vent est de soixante-dix à quatre-vingt-dix milles à l'heure. Jusqu'à 7 heures, la tempête déploie une fureur inlassable, puis survient une accalmie. Nous sortons tout de suite ; mais il neige si fort qu'il est impossible d'avancer, faibles comme nous le sommes. Il ne fallait pas risquer la chance. Nous nous recouchons. À 8 h 30, le vent se lève de nouveau avec violence. Malgré tout, mes camarades de tente sont très gais et voient le beau côté de toute chose. Après un conciliabule, on décide d'attendre et l'on se recouche. Nous faisons des rêves vraiment merveilleux, où il est grandement question de nourriture. Nous espérons de la Providence un peu de beau temps pour demain.

« *25 février. Vendredi.* – Levés à 4 h 45. Richards prépare notre banquet habituel : une demi-tasse de thé, le quart d'un biscuit. Prêts à 7 heures, nous avançons en faisant halte toutes les dix minutes ou tous les quarts d'heure. Neige et vent comme hier. Nous sommes très faibles. Nous parlons souvent du pauvre capitaine Scott et du blizzard qui l'acheva, lui et les siens. Si nous étions restés dans notre tente un jour de plus, je ne crois pas que nous eussions jamais pu repartir et nous aurions subi le même sort. Mais si le pire arrive, au moins nous avons décidé de continuer et de mourir dans les traits. Si quelqu'un nous voyait, il serait étonné : trois hommes chancelants, quatre chiens au bout de leurs forces, un traîneau vide sous un bon vent... tout cela se traînant misérablement. Nos vêtements sont élimés, nos finneskoe et nos sacs de couchage déchirés. La tente est encore le point le plus faible, littéralement lacérée par-devant ; nous appréhendons de camper et il fait trop froid pour la réparer. Nous faisons halte à midi pour le lunch. En cinq heures de marche pénible, nous avons dû faire à peine trois milles. Après le lunch, assis dans notre tente, nous discutons la situation et décidons de continuer aussitôt qu'il y aura une éclaircie. La neige et le vent s'envolent à une vitesse de soixante milles à l'heure.

« *26 février. Samedi.* – Richards était sorti prendre l'air vers 1 h 10 du matin. Le temps s'éclaircissait un peu. Nous décidâmes de reprendre aussitôt la route. Vers 2 h 35, Richards aperçut le dépôt droit devant nous. Notre camp ne devait pas en être à plus de trois quarts de mille. Les chiens, du coup, semblaient électrisés. À 3 h 25, arrivée au dépôt que nous trouvons tout délabré, les caisses répandues. Je ne crois pas qu'on ait jamais vu au nord ou au sud troupe plus exténuée. Au prix de grands efforts nous parvenons à dresser le camp. Les chiens quant à eux reçoivent pour récompense une bonne quantité de pemmican. »

Plus tard : « Le temps ne nous permet pas encore de nous remettre en route. Réparé notre tente avec des sacs à provisions, après plusieurs heures de labeur. Nous donnons à manger aux chiens toutes les quatre heures. Richards et Hayward réorganisent le dépôt. Il est réellement surprenant qu'il faille deux hommes pour soulever une caisse de cinquante livres ; cela prouve notre faiblesse. Toujours le même temps. Vitesse du vent, de soixante-dix à quatre-vingt-dix milles à l'heure. Il est vraiment étonnant que le mauvais temps puisse durer à ce point.

« *27 février. Dimanche.* – Toute la nuit le vent a continué de souffler avec furie. Nous nous attendons à chaque instant à voir la tente emportée. Debout à 5 heures. Le blizzard est si fort qu'on ne peut pas sortir de la tente. Nous sommes encore très faibles. Nous espérons cependant pouvoir couvrir les douze milles qui nous séparent de nos camarades en une seule étape. Si seulement le temps daignait s'éclaircir l'espace d'une journée ! C'est le plus long blizzard que j'aie jamais enduré. En onze jours, nous n'avons pas pu marcher un seul jour plein, et la quantité de neige tombée est stupéfiante. »

Plus tard : « Repas à 10 h 30. Sommes décidés à marcher malgré vent et neige. En route à 12 heures. Nous avons sur le traîneau cent soixante livres de provisions pour nous et cinquante livres pour les chiens. Tout compris, le poids est d'environ six cents livres. Pris aussi un autre traîneau pour ramener le capitaine Mackintosh. À notre étonnement, nous pouvions à peine le mouvoir. Après une demi-heure, nous n'avions pas même franchi dix yards ! Le traîneau fut retourné, les patins raclés. Après quoi cela allait un peu mieux ; mais je crains que notre faiblesse ne soit beaucoup plus profonde que nous ne pensons. Hayward est en assez mauvais état ; ses genoux l'inquiètent et sont très douloureux. Au camp ce soir nous lui ferons un bon massage. Les chiens ont perdu tout cœur à tirer. On dirait qu'ils trouvent que ce n'est pas bon pour eux de retourner vers le sud. Ils vont cahin-caha, tout doucement, et l'on n'y peut rien. Je suppose que nous ne faisons pas plus d'un demi ou trois quarts de mille à l'heure. Lunch vers 4 h 30. Marché jusqu'à 11 h 20, puis campé. Il faisait trop noir pour préparer le repas, mais on se tira d'affaire. Richards passa une heure à frictionner Hayward avec de l'esprit méthylique, ce qui lui fit grand bien. S'il s'arrêtait maintenant, je ne sais ce que nous ferions. Couchés vers 1 h 30. Le temps est à présent plutôt calme, avec une légère neige.

« *28 février. Lundi.* – Debout à 6 heures, on aperçoit à peine la ligne d'horizon. En route à 9 heures seulement, à cause de la réparation des finneskoe, qui sont dans un état lamentable. J'ai eu hier les pieds gelés. Vers 11 heures, il s'est mis à neiger. Tout est recouvert. Nous devions atteindre nos pauvres compagnons en trois ou quatre heures, mais le sort en décida autrement ; un violent blizzard s'éleva vers 11 h 45. Campé à midi. Je crois que nous sommes à une très courte distance du but ; mais impossible de continuer, nous risquerions de dépasser le camp, et nous n'avons que notre boussole pour déterminer la position… Il a blizzardé tout l'après-midi et toute la nuit.

« *29 février. Mardi.* – Debout à 5 heures. Temps encore très obscur. Vers 8 heures, une éclaircie au sud. Richards aperçut alors une chose noire au nord, mais ne put distinguer ce que c'était. Le camp nous apparut un peu plus au sud, et nous repartîmes sans attendre. Arrivés à 11 h 45. Wild vint à notre rencontre. Il fut accueilli par un hourra. Nous pensions les trouver tous couchés. Il nous dit avoir pris chaque jour un peu d'exercice. Il ne leur restait plus aucune provision. Le capitaine sortit de la tente, très faible, faisant ce qu'il pouvait pour marcher, et nous déclara :

« – Je veux vous remercier de nous avoir sauvé la vie.

« Je conseillai à Wild de donner un peu de nourriture à ses malades, mais pas trop. Nous voulions nous remettre en marche tout de suite après le repas. Sitôt le lunch avalé, le capitaine partit en avant pour prendre un peu d'exercice.

Il nous fallut une heure pour déblayer tout le matériel. En soulevant Smith, nous nous aperçûmes qu'il avait creusé un grand trou fondu sous lui, étant resté douze jours à la même place. On se remit en marche. Il fallut bientôt secourir le capitaine qui, trop faible pour marcher, était tombé. On l'installa sur le second traîneau que nous avions ramené avec nous. Campé vers 8 heures. Je suppose que nous avons fait environ trois milles. Distance relativement satisfaisante avec deux hommes sur le traîneau et Hayward en très mauvais état. Je ne crois pas qu'il y ait jamais eu au nord ou au sud un détachement en tel embarras : trois hommes sur le flanc et trois autres à bout de forces ; mais les chiens semblent habités par une vie nouvelle depuis que nous marchons vers le nord ; ils doivent comprendre qu'ils sont sur le chemin du home. Je suis heureux de les avoir conservés malgré le manque de vivres. Nous espérons maintenant des vents du sud, et je crois que notre attente ne sera pas vaine à ce moment de l'année. Nos sacs de couchage sont complètement humides et usés, tous nos vêtements pleins de trous et nos finneskoe déchirés. Il est évident que, dans un pays civilisé, on ne voudrait pas sortir par un jour modérément froid avec les vêtements élimés que nous portons. Couchés à 11 heures complètement mouillés, mais en meilleur état d'esprit. Nous comptons atteindre le dépôt demain, même s'il faut marcher davantage.

« *1er mars. Mercredi.* – Debout à l'heure habituelle. Un bon vent du sud ; mais, par malchance, une forte neige s'est mise à tomber. Établi la voile. Installé le capitaine sur le traîneau. La température a baissé ; il fait très froid. Le pic Bluff en vue. Nous avançons bien. Un bon parcours avant le lunch. Plus tard, vent un peu plus fort. Hayward s'accroche au traîneau. Le capitaine est tombé deux fois. Atteint le dépôt à 5 h 45. Nous nous apercevons que nous avons perdu une tente. Richards retourne en arrière et avec la lunette aperçoit l'objet à environ un demi-mille. Il le rapporte.

« *2 mars. Jeudi.* – Levés à l'heure habituelle. Fort vent sud-ouest avec neige. Pris au dépôt deux semaines de provisions. Je pense que cela nous suffira, car il y a un autre dépôt à cinquante milles environ au nord. Je ne suis pas la ligne droite à cause des crevasses ; on ne prend jamais trop de précautions avec deux hommes sur le traîneau et un impotent. En route vers 10 heures. Lunch à midi sous la neige. Établi la demi-voile sur le premier traîneau. Sommes en marche à 3 h 30. L'avance est parfaite ; les traîneaux glissent si bien que parfois ils nous rejoignent sans que nous ayons à tirer. Campé à 8 heures. L'avance de la journée est excellente : de onze à douze milles, cela donne du cœur à l'ouvrage. Espérons seulement pouvoir continuer ainsi sur tout le parcours. Obligés de cuisiner dans l'obscurité ; mais c'est sans importance. Couchés vers 11 heures, contents de nous, mais trempés à cause de la neige qui passe par tous les trous de nos vêtements ; les sacs de couchage sont dans un état épouvantable.

« *3 mars. Vendredi.* – Debout comme d'habitude. Toute la nuit, un furieux blizzard a soufflé. À notre désespoir, il est impossible d'avancer.

« *4 mars. Samedi.* – Debout à 5 h 20. Il blizzarde toujours, mais nous avons décidé de partir malgré tout. Hayward va de plus en plus mal, et on ne sait pas ce que sera demain. Sans aucun doute, il est gravement atteint par le scorbut, et la seule cure possible serait de la nourriture fraîche. J'espère sincèrement que le bateau est revenu. S'il ne l'est pas, il nous faudra passer les collines près de Castle Rock, ce qui est assez difficile et nous retardera de deux jours. Smith fait toujours preuve d'un beau courage. Il a à peine bougé depuis des semaines et ne peut rien faire par lui-même. En route à 9 h 35. Il a fallu deux heures pour déblayer chiens et traîneaux, complètement ensevelis. C'est maintenant la même chose chaque matin. Établi la voile. Marchons assez bien. Hayward monte sur le traîneau de temps en temps.

Pendant le lunch, les traîneaux sont de nouveaux enterrés. Dans l'après-midi, le vent se calme un peu et la neige cesse. C'est très dur de tirer avec trois hommes sur le traîneau ; Hayward y a été tout l'après-midi. Le vent à présent tourne au sud, ce qui est excellent pour nous. Quand nous avons campé, l'Erebus et le Terror étaient en vue : nouvelle bien accueillie. Nous espérons que ce petit vent continuera. La neige est la pire chose à supporter. Elle traverse les vêtements, qui sont alors complètement trempés. Campé à 8 heures. Cuisiné dans l'obscurité, et vers 10 heures couchés dans nos sacs humides. Distance parcourue : de huit à neuf milles.

« *5 mars. Dimanche.* – Levés à 6 h 15. Nous avons un peu dépassé l'heure, étant très fatigués par la journée d'hier. Le soleil brille. Aucun vent. Il nous semblait étrange cette nuit de ne pas entendre claquer la toile de la tente. Vers 8 heures, il a recommencé à neiger. Départ à 9 h 20. Les deux voiles ont été établies, mais le traînage est dur, surtout sur les places molles. Si Hayward n'avait pas flanché, nous n'aurions pas tant de poids à tirer. Lunch à 12 h 45. Départ à 3 heures. Vent et neige sont de retour. Cela dit, c'est une bonne affaire qu'il vente, sans quoi nous serions obligés de procéder par relais. Tout est obscurci. Distance parcourue : de dix à onze milles. Très bon résultat. Campé à 7 h 10 dans l'obscurité. Les malades ne sont pas en meilleur état. J'espère arriver dans quatre jours, à moins d'un accident.

« *6 mars. Lundi.* – Départ à 9 h 20. À 11 heures, j'établis que nous sommes à trente-deux milles du dépôt. Bonne avance dans la matinée grâce au vent, qui faiblit un peu après le lunch. Le tirage ensuite se fait dur. Si le vent tombe tout à fait, je crois qu'il nous faudra déposer quelqu'un. Nous avons parcouru aujourd'hui environ huit milles.

« *7 mars. Mardi.* – En route à 9 heures, bien que nous nous soyons levés à 5 heures. Il faut longtemps pour se mettre en route. Il y a double travail à faire maintenant avec nos invalides. Voici le jour le plus calme que nous ayons eu depuis des semaines. Le soleil brille et l'on découvre tout le pays. L'avance est très pénible. Petite brise vers 11 heures. Établi la voile ; mais le travail est encore très dur. S'aidant de cannes, Hayward et le capitaine partent devant à pas lents ; l'exercice leur fait du bien. Si l'on pouvait seulement avoir de la nourriture fraîche ! Vers 11 heures, nous campons. Nous abandonnons tout ce qui n'est pas indispensable.

« Départ de nouveau à 2 heures. Mais la surface est trop collante, et la progression toujours aussi pénible. Après un conciliabule, le capitaine décide de rester derrière dans une tente avec des provisions pour trois semaines, pendant que nous continuons avec Smith et Hayward. C'est dur, alors que nous ne sommes plus qu'à trente milles du but ; mais il ne peut plus nous donner aucune aide. Notre matériel est absolument à bout. La nuit dernière, aucun sommeil ; nous n'avons pas cessé de grelotter dans nos sacs humides. Je me demande quel sera le résultat de tous nos efforts. Espérons en la Providence. Distance parcourue aujourd'hui évaluée à trois milles et demi.

« *8 mars. Mercredi.* – Départ à 9 h 20 avec Smith et Hayward sur le traîneau. Disons adieu au capitaine. Bon vent. L'avance est satisfaisante. Espérons arriver à Hut Point en quatre jours. Lunch au dépôt n° 2. Distance parcourue évaluée à quatre milles et demi. Après le lunch, vent debout, travail très dur, jusqu'à 6 h 30. Parcours total de huit à neuf milles.

« *9 mars. Jeudi.* – Très mauvaise nuit. Froid intense. Toute la nuit, le thermomètre a indiqué – 34°. À 4 heures, Spencer Smith nous appela, disant qu'il se sentait dans un état étrange. Wild lui parla. Puis, à 5 h 45, Richards dit soudain :

« – Je crois qu'il est mort.

« Pauvre Smith, pendant quarante jours, tiré sur le traîneau, il n'a jamais fait entendre un gémissement ni une plainte. Il lui a fallu de la vaillance pour supporter le séjour dans son sac humide et les cahots du traîneau avec son cœur à bout de forces. Quelquefois, sur le traîneau, il semblait près de s'évanouir ; cependant, de tout le voyage, il ne s'est jamais plaint, même à Wild qui le soignait depuis le début. À 9 heures, nous l'avons enterré à la position : Ereb. 184° – Obs. Hill 149°. Nous avons élevé sur sa tombe une sorte de monument fait de neige, sur lequel nous avons planté une croix en bambou.

« Nouveau départ. Hayward sur le traîneau. Le tirage est très dur. Le vent du nord nous fouette le visage et la température est proche de 30° sous zéro. Nous souffrons tous des morsures du gel. Les chiens eux-mêmes semblent à bout. Ce raid vers le sud a duré trop longtemps. Et rien en perspective pour nous réconforter qu'une hutte froide et triste. Avons franchi à peu près deux milles et demi dans la matinée. Hayward part devant à petits pas chaque fois que nous faisons halte. Pendant le lunch, le vent tourne au sud avec neige, cè qui nous permet d'établir la voile. Continué avec Hayward sur le traîneau, et campé vers 8 heures dans l'obscurité. Couchés à 10 heures, soucieux, épuisés, tristes. Espérons atteindre le dépôt demain.

« *10 mars. Vendredi.* – Levés à l'heure ordinaire. Très bon vent. Avançons bien. Très froid. Vers 3 heures trouvons une surface molle ; arrivés à Safety Camp à 5 heures. Sur le bord de la Barrière, trouvé passage pour descendre dans la baie pleine de phoques. Les chiens très excités, difficiles à retenir. À la lunette, la glace semble praticable dans la direction de Cap Armitage, qui est à quatre milles et demi. Arrivés là à 8 heures. De l'eau libre nous oblige à un détour ; mais nous sommes si fatigués qu'il nous faut trimer jusqu'à 11 h 30 pour haler les traîneaux au haut d'une pente de cent cinquante yards ; tous les trois pas, nous sommes obligés d'arrêter pour reprendre haleine. Enfin nous pouvons camper vers 2 heures et dormir.

« *11 mars. Samedi.* – Debout à 7 heures. À la lunette j'inspecte les alentours du cap. À ma surprise la glace semble praticable. Annoncé aux autres cette bonne nouvelle. Le trajet par les collines nous coûterait encore deux bons jours de peine ; or nous sommes trop faibles et je crains que l'un d'entre nous ne flanche. Richards et Wild vont inspecter la baie : la glace leur paraît solide. Départ à 10 h 30. Contourné le cap ; la glace est très molle en surface. Nous continuons cependant : il est trop tard pour faire demi-tour. Peu après, d'ailleurs, nous retrouvons de la glace dure. Enfin, vers 3 heures, arrivée à Hut Point ! Comme cela semble étrange, après nos aventures, de retrouver cette vieille hutte ! Elle se tient là depuis que nous l'avons bâtie en 1901, point de départ de tant de courses. En descendant dans la baie, je me rappelai le *Discovery,* quand Scott revint de son expédition Farthest South en 1902 : le bateau décoré de toutes les couleurs ; le lieutenant Armitage nous annonçant que le capitaine Scott avait atteint 82° 17' S. Ce jour-là, nous étions fous d'enthousiasme. Maintenant, notre retour est bien différent. La hutte est pleine de neige entrée par une fenêtre laissée ouverte ; mais elle reprend bientôt bonne tournure et on y installe Hayward. J'allume le feu et mets à cuire des légumes en quantité, car il y a là un bon stock de légumes secs. Après le repas, Richards et Wild descendent dans la baie et abattent deux phoques. Le soir nous faisons honneur à un bon menu de viande fraîche, et nous nous couchons vers 11 heures, rassasiés – trop même. Comme nous n'avons trouvé aucune nouvelle du bateau et que celui-ci n'est pas en vue, nous supposons qu'il a sombré corps et biens. Sinon il serait ici. Je ne sais pas comment le capitaine supportera cette nouvelle.

«Toute la nuit suivante, des gémissements sortent des sacs de couchage, suite attendue d'un trop copieux repas.»

Les 12 et 13 mars, les hommes préparèrent le départ, qui eut lieu le 14. «Nous formons, écrit Joyce, le groupe le

plus déguenillé qui se puisse voir; nos vêtements sont irrac-
commodables et nous avons des visages comme des nègres.
Nous sommes de l'espèce de ces gens dont on s'éloigne en
courant.»

«Le 16, ils sont de retour au camp où ils avaient laissé le
capitaine, qui ne les attendait que le 17. Ils le trouvent debout
malgré sa faiblesse. Un banquet de phoque, de légumes et de
confitures de cassis lui rend bientôt quelques forces.

«Le 18 à 17 heures, la petite troupe ralliait Hut Point.
«Maintenant que nous sommes arrivés et que nous avons
ramené le détachement, il ne nous reste qu'à nous refaire
une santé. Beaucoup d'exercice et de la nourriture fraîche
feront des miracles. Nous avons été absents cent soixante
jours et nous avons franchi une distance de quinze cent
soixante et un milles – un bon record. Je pense à l'ironie
du sort qui voulut que le pauvre Smith mourût un jour
avant de toucher au but. Je crois que nous serons bientôt
tous remis. Couchés à 10 h 30. Avant de se mettre au lit, le
capitaine nous a serré la main avec émotion en nous remer-
ciant de lui avoir sauvé la vie.»

«Ce rapport ne serait pas complet sans une mention
spéciale des services dévoués rendus par Wild à ses deux
camarades malades. Depuis ce jour du 23 février où nous
l'avions laissé en arrière pour veiller sur les éclopés, à la
suite d'un terrible blizzard, jusqu'à la mort de Spencer
Smith, il veilla sur deux impotents et, malgré son propre
état, il était toujours prêt nuit et jour à leur prodiguer ses
soins – et lorsque le thermomètre accusait 35° sous zéro, ce
n'était pas une tâche facile.

«Les cinq hommes réunis à Hut Point s'aperçurent vite
qu'il leur faudrait passer là quelques-uns des mois d'hiver.
Ils n'avaient aucune nouvelle du bateau et présumaient
qu'il n'était pas revenu dans la baie, sinon quelque message
les eût attendus à la hutte. La mer de glace disloquée avait
dérivé vers le nord, à moins d'un mille du camp, et il fallait

attendre que la nouvelle glace devînt ferme pour gagner Cap Evans. Il y avait sur place de la viande de phoque en abondance ainsi que des légumes secs, et la nourriture fraîche améliora très rapidement l'état des malades.

Un inventaire des provisions de la hutte prouva qu'avec des rations raisonnables le stock durerait jusqu'au milieu de juin. Richards et Wild abattirent beaucoup de phoques et quelques pingouins. Mais il n'y avait pour faire la cuisine et chauffer la hutte qu'un fourneau de brique improvisé, recouvert de deux feuilles de tôle, dressé là par les expéditions précédentes. Ce fourneau produisait une épaisse fumée qui enveloppait tout, hommes et équipement, d'une couche de suie collante, ce qui nuisait quelque peu au confort.

Il était impossible d'être propre, ce qui accroissait encore l'impatience des hommes. En avril, quelques jours de temps calme firent que la mer gela ; mais les vents eurent tôt fait de balayer cette glace. Le 23, Joyce fit quatre milles vers le nord, en partie sur de la jeune glace de deux pouces d'épaisseur. Il pensait alors que l'on pourrait atteindre Cap Evans dans les prochains jours. Mais à la fin d'avril, un blizzard prolongé chassa de nouveau la glace, et l'eau libre s'étendit jusqu'au pied de Vinies's Hill. Suivit une période de temps calme et, pendant la première semaine de mai, la glace se reforma rapidement. Les hommes tentèrent plusieurs courts trajets vers le nord. Au milieu d'avril, le soleil avait disparu à l'horizon et ne réapparaîtrait plus avant quatre mois.

Le désastre qui suivit est décrit par Richards et Joyce.

«Le matin du 8 mai, avant le déjeuner, le capitaine Mackintosh fit part à Joyce du projet qu'il formait de partir pour Cap Evans avec Hayward. Le capitaine considérait la glace comme sûre, et il faut dire que cette belle matinée incitait assez à abandonner les tristes installations de la hutte pour le confort prometteur de Cap Evans. Naturellement, il avait hâte aussi de savoir comment allaient les hommes de la base et s'ils avaient des nouvelles du bateau.

Il n'était pas prudent du tout de courir un tel risque en pareille saison ; la glace, quoique ferme, était toute nouvelle et le premier blizzard pouvait l'emporter. »

Vers 1 heure, bien que le temps menaçât de se gâter, Mackintosh et Hayward partirent, après avoir promis de revenir si le vent se levait. La dernière fois que les habitants de la hutte aperçurent les deux voyageurs, ils étaient à environ un mille et marchaient droit sur Cap Evans. À 3 heures, un blizzard modéré se mit à souffler, qui bientôt devint furieux. Dans la hutte on eut dès lors les plus grandes craintes.

Le 10 mai (le premier jour où ce fut possible), les trois hommes restés sur place se risquèrent à leur tour sur la glace nouvelle pour essayer de découvrir quelques traces des deux voyageurs. Bientôt les empreintes de ces derniers apparurent clairement sur la surface blanche. On pouvait les suivre pendant deux milles en direction de Cap Evans. Après quoi elles s'interrompaient brusquement, et, dans la lumière diffuse, les trois hommes purent apercevoir une large étendue d'eau recouverte de glace toute fraîche, qui s'étendait à perte de vue. Il était évident que la glace sur laquelle les voyageurs avaient cheminé avait cédé avant d'être emportée vers le large.

Les trois survivants comptaient, si le temps s'était maintenu au beau, tenter le passage vers le 16 mai, pendant la pleine lune. À la date du départ de Mackintosh et de Hayward, il était impossible qu'un traîneau pût traverser la mer de glace, la surface étant alors trop molle. De là la décision prise par ces derniers de partir seuls et de laisser les autres les suivre plus tard avec le traîneau et l'équipement, quand la surface le permettrait. Ce ne fut que le 15 juillet, date à laquelle ceux de Hut Point atteignirent enfin Cap Evans, que la tragique issue de l'aventure s'imposa sans l'ombre d'un doute. Le journal de Joyce prouve qu'il avait prévu le drame. Il avait supplié Mackintosh et Hayward de ne pas tenter l'aventure, car la glace était encore mince et le temps incertain. Mais Mackintosh restait convaincu qu'en voyageant rapidement et sans bagage, ils atteindraient Cap Evans avant que l'orage eût le temps d'éclater. Si le blizzard était survenu deux ou trois heures plus tard, ils auraient probablement été sauvés. Les deux hommes étaient équipés pour aller vite : ils n'emportaient pas de sac de couchage, mais seulement un léger repas de chocolat et de viande de phoque.

En juin, le temps fut continuellement mauvais. Les hommes de Hut Point avaient dû renoncer à partir le 16 mai, la glace ayant cédé entre-temps. Joyce décida d'attendre la prochaine pleine lune. Quand elle arriva, il faisait un temps épouvantable, et ce fut seulement vers la pleine lune de juillet que la traversée se révéla possible. À cette période de l'année, les phoques se faisaient rares et l'approvisionnement en graisse commença à poser problème. Les repas consistaient en un peu de viande de phoque et de porridge. Le petit stock de sel était épuisé, mais les hommes réussirent à s'en procurer deux livres et demie en faisant bouillir des fragments de glace formés sur la mer.

Les chiens avaient repris rapidement leurs forces, et de temps à autre chassaient les phoques pour leur propre compte.

Les hommes partirent donc pour Cap Evans le 15 juillet ; ils espéraient profiter de la pleine lune, mais, par une malchance étrange, le moment choisi correspondait à une éclipse, et l'astre nocturne ne montra qu'une face assombrie tout le temps que dura la traversée. Les trois hommes atteignirent le camp de base sans difficulté, ne rencontrant sur leur route que de la glace ferme. Ils trouvèrent Stevens, Cope et Jack à la hutte, et apprirent par eux que le capitaine Mackintosh et Hayward n'avaient pas donné de leurs nouvelles. Il fallait donc, à contrecœur, accepter l'évidence : ils étaient perdus.

Les naufragés de Cap Evans n'avaient plus qu'à prendre leurs dispositions dans l'attente d'un secours. Quand ce fut possible, Joyce emmena quelques hommes à la recherche des corps ou d'éventuelles traces laissées par les disparus, mais sans résultat.

En septembre, Richards fut forcé de rester à la hutte, car son cœur donnait des signes de faiblesse, probablement consécutifs aux efforts fournis pendant le voyage en traîneau. Au début d'octobre, Joyce, Gaze et Wild passèrent plusieurs jours à Cap Royds, où ils dépouillèrent des animaux pour en emporter des spécimens. Ils ramenèrent des provisions à Cap Evans, pour le cas où il serait nécessaire d'y passer un autre hiver. En septembre, Joyce, Gaze et Wild allèrent sur la tombe de Spencer Smith, où ils érigèrent une solide croix en bois. Le bateau de secours arriva le 10 janvier 1917.

Mais opérons plutôt un retour en arrière, jusqu'à ce jour de mai 1915 où l'*Aurora*, brisant ses amarres, avait déserté sans crier gare le mouillage de Cap Evans.

LA DÉRIVE DE L'« AURORA »

Quand Mackintosh avait quitté l'*Aurora*, le 25 janvier 1915, Stenhouse s'était employé, non sans difficulté, à maintenir le bateau au large de Tent Island. Les ancres à glace ne tenaient pas, le pack étant continuellement en mouvement. Le plus souvent, il fallait avancer à la vapeur, avec beaucoup de précautions, pour résister à la dérive des glaces.

Pendant le mois de février, Stenhouse fit des sondages et chercha une position plus sûre pour amarrer l'*Aurora* pendant l'hiver. Il fallait autant que possible protéger le bateau contre les glaces dérivantes, les icebergs menaçants et les blizzards.

Le 21 février, alors que le navire se tenait sous le vent de Tongue Glacier, par suite d'un brusque changement de vent, il fut serré rudement contre la base du glacier.

Le 12 mars, une forte tempête s'éleva, et l'*Aurora*, alors ancré à Cap Evans, chassa sur son ancre et dériva hors de la baie jusqu'au-delà de Cap Barne et de Cap Royds. L'écume, en gelant, avait recouvert de glace tout le bateau. Stenhouse passa plusieurs heures dans l'angoisse, jusqu'à ce que la tempête se modérât. La glace nouvelle, qui se formait continuellement par basse température, avait contribué à

calmer la mer, et le soir du 13 l'*Aurora* était de retour à
Cap Evans, où la baie se couvrait déjà de glace. Le matin
du 14, Stenhouse mit le bateau en position pour l'amarrage
d'hiver, auquel on procéda comme il a été dit. Mais la glace,
sous l'influence du vent et de la marée, commença bientôt
à exercer une forte pression sur le bateau, d'où une grande
tension des amarres. Le 20, Stenhouse avait éteint les feux
et renversé le bouilleur ; les soutes contenaient encore cent
vingt-huit tonnes de charbon.

Le 23, la glace se mit à dériver entre Cap Evans et Cap
Barne ; tout autour du bateau la pression s'exerçait à grand
fracas, tandis que les amarres d'arrière vibraient. Une
couche de glace nouvelle, épaisse d'environ six pieds, fut
emportée ce jour-là. La pression cependant avait repoussé
le bateau tout près du rivage : l'arrière n'était plus désormais qu'à quatre brasses et demie de la rive. Stenhouse
resserra les amarres, ajouta un câble métallique aux ancres
de terre et continua à surveiller ses ancres, lesquelles furent
soumises aux assauts de la glace pendant toute la fin d'avril
et les premiers jours de mai. La rupture, tout à fait impré-
vue, se produisit dans la nuit du 6 mai.

Le 7 mai, l'*Aurora* était à la dérive, incapable de gouver-
ner sa route. Le matin du 8, le temps s'éclaircit un peu et les
Western Mountains apparurent indistinctement. On apercevait aussi Cap Bird. Le bateau était entraîné vers le nord par
les glaces. La lumière se bornait alors à un court crépuscule
de deux heures à peine. On remplit le bouilleur avec de la
glace qu'il fallut monter à bord, briser et passer à l'intérieur
par un petit sabord, puis porter dans les cuves. Dans la nuit,
le vent se changea en une tempête de sud modérée, avec
neige dense, et cette tempête continua le lendemain 9.

« Cap Bird, qui se dresse au nord-est à environ huit
milles, est la seule terre en vue, écrit Stenhouse dans
l'après-midi du 9. Ainsi finit notre essai d'hivernage à
McMurdo Sound. Malchance ! Voici quatre mois que nous

sommes dans ces parages, dont les sept dernières semaines
à l'amarre. Notre situation actuelle demande une vigilance
grandissante. L'hiver règne depuis cinq semaines. Il n'y a
pas de soleil. La lumière est courte et diffuse, et il faut nous
attendre à de nombreux blizzards. Nous n'avons, en guise
de provision d'eau potable, qu'une très petite quantité de
glace douce.

«L'*Aurora* est emprisonné dans le pack et dérive, Dieu
sait où. J'ai peu d'espoir de revenir à Cap Evans. Nous
avons peu de charbon et sommes solidement retenus dans
la glace. J'espère simplement que la dérive nous mènera
rapidement vers le nord-est. Dans ce cas, nous pourrons
tenter de sortir du pack et gagner la Nouvelle-Zélande afin
de prendre du charbon et de retourner vers la Barrière,
à l'est du cap Crozier. Cela pourra se faire, je pense, au
début du printemps, en septembre sans doute. Il faut qu'à
ce moment nous soyons en mesure d'aider nos camarades à
l'établissement des dépôts.»

Les 10 et 11 mai, un violent blizzard faisait rage. «Je ne
me souviens pas avoir jamais vu une telle force du vent, note
Stenhouse. Il est presque impossible de longer le pont.»
Le 12, le temps se modéra et il fut possible de relever la
position du bateau.

Les 13 et 14, les ancres furent levées à grand-peine. La
glace se formait sur le câble pendant qu'on le hissait par un
trou découpé dans la banquise. Les deux ancres, à ce jeu,
furent bientôt brisées; il ne restait plus maintenant à bord
qu'une petite ancre à jet.

Le rapport des premiers mois de la longue dérive de
l'*Aurora* dans la mer de Ross est peu fécond en événements. La cuisine était bien approvisionnée, mais l'eau
fraîche restait un problème; les hommes récoltaient la neige
tombée. Hooke et Ninnis travaillaient avec acharnement
à l'appareil de TSF, avec l'espoir d'entrer en rapport avec
Macquarie Island et peut-être d'envoyer des nouvelles du

bateau à Cap Evans. Ils mirent en marche la dynamo et ajustèrent longuement les appareils et les antennes. Mais leurs efforts furent vains. Des pingouins empereurs approchaient parfois du bateau, ce qui permettait d'entretenir les provisions de viande fraîche. Outre cela, les hommes, prisonniers comme leur bateau des serres de la banquise, se trouvaient réduits à la plus parfaite impuissance. Une fois de plus, on vida les bouilleurs : il n'y avait plus aucune chance de mouvoir le bateau et le stock de charbon, limité, nous incitait à l'économie.

Vers la fin de mai, le bateau avait dérivé de quelque quarante milles au nord-est. À cause de la pression menaçante, Stenhouse fit tous les préparatifs nécessaires pour débarquer avec les traîneaux au cas où il faudrait abandonner le navire. Celui-ci, par bonheur, n'avait subi aucun dommage. Il n'en demeurait pas moins prisonnier, situation qui dura jusqu'au milieu de juillet. Le 18 de ce mois, un terrible mouvement de pression annonça la dislocation générale de la banquise. Sous le choc, le gouvernail se courba vers tribord, puis se brisa comme une allumette. Des chenaux s'ouvraient et se fermaient alentour, et Stenhouse ne cachait plus son anxiété.

À partir de ce moment et jusqu'au milieu d'août, des vents du sud «coupés de furieux blizzards» rapprochèrent le bateau du bord du pack. Du 2 au 6 août, la dérive fut de cent milles et, du 6 au 10, de quatre-vingt-huit milles.

Profitant de rares jours d'un calme relatif, Stenhouse avait fait fabriquer un gouvernail de fortune destiné à remplacer l'ancien que l'on amena sur la glace – tâche peu aisée si l'on sait que l'engin pesait quatre tonnes et demie. Septembre commença par un blizzard qui fit tomber le mât d'artimon, qui portait l'antenne de TSF. Pendant l'hiver, Hooke avait essayé d'établir des communications avec la station de Macquarie Island; mais sans succès. Le 27 septembre, à contrecœur, il se décida à démonter son appareil.

En octobre, la dérive de l'*Aurora* fut peu accidentée. Stenhouse mentionne que l'eau libre apparaissait souvent à l'horizon nord et est. Mais les yeux anxieux cherchaient en vain des signes de délivrance proche. Hooke remonta l'appareil de TSF. et essaya journellement d'entrer en rapport avec Macquarie Island, éloignée alors de huit cent cinquante milles. Si les communications pouvaient être établies, on demanderait un bateau de secours. À ce moment, si tout avait bien marché pour l'*Endurance*, ceux qui entreprenaient la traversée du continent devaient déjà avoir quitté les parages de la mer de Weddell.

Vers la fin du mois, on put observer un mouvement considérable dans les glaces, des canaux s'ouvraient et se fermaient; mais le glaçon de quelques acres dans lequel l'*Aurora* était emprisonné resta ferme jusqu'aux premiers jours de novembre, même si des fissures apparaissaient parfois tout près du bateau. Sous l'influence du soleil, la température était maintenant plus haute et la glace moins dure. Le dégel rendait inconfortable l'installation du bord. Le 17 novembre, Stenhouse fit un sondage à la latitude 66° 40' S., longitude 154° 45' E., et trouva cent quatre-vingt-quatorze brasses. De la boue et quelques petites pierres furent ramenées du fond. La sonde indiquait alors un assez fort courant sous-marin de nord-ouest. «On tamisa un peu de cette boue, écrit Stenhouse, et dans les graviers restants on trouva plusieurs menues parcelles d'or.»

Deux jours plus tard, la direction du courant virait au sud-est. Le 22, le dégel s'accentua. L'eau gouttait dans les cabines; bientôt la neige fondue se mit à courir sur le pont en petits ruisseaux. Tous étaient ravis de cet état de choses qui, malgré son désagrément, promettait une prochaine délivrance.

Stenhouse pensait qu'un bon blizzard disloquerait bientôt le pack. Plus la saison avançait, plus son anxiété grandissait. Son livre de loch témoigne de son impatience d'être promptement libéré, afin de pouvoir de nouveau se rendre utile. Mais l'emprise du pack devait se révéler inexorable...

Le travail ne manquait pas à bord de l'*Aurora*, qu'il fallait réorganiser après les assauts des tempêtes d'hiver. Des phoques et des pingouins apparaissaient souvent, grâce auxquels l'approvisionnement en viande fraîche ne faisait pas défaut.

«Aucun changement appréciable dans nos alentours, est-il noté le 17 décembre. Maintenant, chaque jour écoulé réduit nos chances de sortir à temps pour aller au nord chercher gouvernail, ancres et charbon. Si nous sommes délivrés avant le 15 janvier, nous pourrons atteindre la Nouvelle-Zélande et retourner à Cap Evans juste à temps pour recueillir nos camarades. Passé cette date, nous ne pouvons qu'essayer d'aller directement au sud; mais avec nos avaries, et à court de charbon – il n'y en a plus que pour neuf jours – nous avons peu de chance d'avancer dans cette direction si nous rencontrons pack ou blizzard. Cependant, c'est un risque à courir. La chance peut être avec nous. Maintenant, Shackleton doit avoir passé le pôle. Ah, comme je voudrais que notre message sans fil soit parvenu à une oreille amie!»

Noël avec son dîner et ses douces joies passa, et la glace restait toujours ferme. Plusieurs fois des menaces de tempête ranimèrent l'espoir d'une délivrance prochaine; mais le blizzard – probablement le premier blizzard antarctique qui fût jamais souhaité – n'arriva pas. Le premier de l'An trouva Stenhouse et quelques autres se remettant d'une attaque d'aveuglement contractée en faisant sans lunettes vertes une excursion sur les glaces.

À la fin de la première semaine de janvier, le bateau était à la latitude 65° 45' S. À un mille de là, le pack se disloquait et les glaces roulaient dans la houle. À l'avant et à l'arrière, des flaques d'eau s'élargissaient et s'étendaient à l'ouest en longs canaux. Le 6, un phoque monta pour respirer près de la poupe, preuve qu'il y avait là quelque ouverture. Stenhouse économisait les provisions. On ne servait pas de déjeuner, et phoques et pingouins faisaient les frais de l'un des deux repas du jour. Tous les hommes manquaient de vêtements ; mais Stenhouse gardait intact l'équipement destiné aux détachements débarqués.

Le 9, de forts vents changeants ranimèrent l'espérance ; mais le matin du 10 la glace entourait le bateau dans toutes les directions.

Le milieu de janvier passa sans que l'*Aurora* fût délivré. La période du jour continu tirait à sa fin ; à minuit, le ciel n'était plus éclairé que par une sorte de crépuscule. À l'horizon nord apparaissait un sombre ciel chargé d'eau. Le 24 janvier, la latitude était de 65°39'5" S. Vers la fin du mois, Stenhouse fit faire un inventaire des provisions et ordonna des préparatifs pour un mouvement. La farine et le beurre ne manqueraient pas ; mais d'autres articles se raréfiaient et l'équipage ne perdait aucune occasion de capturer phoques et pingouins. Des adélies en nombre considérable passaient au large, allant vers le sud-est ; mais bien qu'ils approchassent le bateau de près, on ne pouvait pas les prendre, la glace étant trop molle pour permettre aux hommes de s'aventurer jusqu'à eux.

L'appareil de TSF fut de nouveau gréé, et, le 2 février, Hooke reprit ses appels en direction de Macquarie Island ; il attendit en vain une réponse. Le mouvement du pack s'accentuait ; mais le glaçon tout autour du bateau restait ferme.

Enfin, le 12 février, la rupture tant attendue se produisit. De forts vents de nord-est et de sud-est mirent la glace en mouvement et la houle devint sensible. Le bateau faisait eau légèrement. Tous les hommes passèrent la journée aux pompes, et l'eau fut réduite de trois pieds à douze pouces, malgré les tuyaux gelés. Ce travail était à peine terminé que la glace se brisa à l'arrière et, sous l'influence de la houle, se dispersa rapidement. Les hommes purent sauver un peu de viande de phoque qui avait été amassée près de la passerelle. Mais l'on perdit le mât de pavillon établi sur la banquise comme porte-antennes – on parvint toutefois à sauver les antennes. Le bateau flottait maintenant parmi les fragments du pack qu'il heurtait au gré de la houle. Le vent du sud souffla pendant toute la nuit, mais le bateau, sans voiles, avançait lentement. Le 13, à 8 h 30, Stenhouse fit établir la voile de misaine et le petit mât de hune, et l'*Aurora* avança vers le nord. La navigation dans de telles conditions, sans vapeur et sans gouvernail, était excessivement difficile ; mais Stenhouse désirait garder autant que possible le reste du charbon jusqu'à la sortie du pack, afin de pouvoir marcher alors rapidement vers McMurdo Sound. L'*Aurora* faisait eau à raison de trois pieds et demi en vingt-quatre heures, quantité facilement épuisée par les pompes.

Le 14, le navire put faire quelque progrès vers le nord, à travers un pack assez dense. Parfois des manœuvres de vergues ou une ancre à glace jetée aidaient le bateau à sortir d'un passage difficile. Le bout-dehors du gouvernail de fortune fut mis en position dans l'après-midi, mais on n'établirait le gouvernail lui-même qu'en eau libre ou quand le pack serait suffisamment disloqué.

Toute la journée du 14, le bâtiment se maintint à la latitude 64° 38' S. ; dans toutes les directions de grands glaçons barraient le chemin. On tenta de manœuvrer en orientant les voiles et en touant à l'aide des ancres à glace ; mais la manœuvre ne put être assez rapide pour permettre au navire de profiter des canaux qui s'ouvraient et se refermaient. Cet état de choses se prolongea pendant la journée du 16. Cette nuit-là, une lourde houle roulait sous la glace et le bateau passa des heures pénibles. Un glaçon en pointe, épais de dix ou douze pieds, heurtait avec persistance le côté tribord ; il avait un recul de trois pieds et les défenses à glace du bateau n'amortissaient pas complètement le choc.

«Il n'aurait servi à rien d'attaquer ce pack à la force de la vapeur, écrivait Stenhouse. Nous consommerions notre petit stock de charbon pour atteindre les limites de la glace en vue, et après nous nous trouverions sans lest ni combustible. Mais si cet état de stagnation se prolonge une semaine encore, alors il nous faudra amener la vapeur et employer notre charbon pour atteindre les eaux navigables. Je crains que maintenant nos chances de pouvoir retourner au sud ne soient des plus minces.»

Pendant les jours suivants, le pack tour à tour se resserra et se disloqua. Le bateau, ballotté par la houle, eut à souffrir de rudes chocs au voisinage des glaçons environnants. Pour le sortir de cette dangereuse situation, Stenhouse fit allumer les feux et établir à l'arrière une gaffe qui servirait temporairement de gouvernail. Quand le vent n'était pas favorable, on avançait à l'aide des ancres à glace, manœuvre très délicate, on le devine.

Le 4 mars, une tempête se leva qui souffla pendant deux jours. Dix-sept icebergs étaient en vue; quelques-uns menaçant directement l'*Aurora*, qui roulait dans la grande houle, heurtant les glaces.

«Toutes les théories qui soutiennent que la houle n'existe pas dans le pack sont fausses, écrivait le chef anxieux. Le ciel seul nous indique l'eau libre; le bateau roule jusqu'aux dalots et monte parfois lui-même sur les glaçons.

«Sans gouvernail (aucun gouvernail de fortune ne peut être employé parmi ces glaces tournoyantes et roulantes), la navigation demande une grande surveillance. On peut diriger l'avant au moyen des ancres à glace et des touées, ou bien en s'amarrant à une banquise et en la contournant à la vapeur. Notre course, dirigée vers le nord, entre deux icebergs, fut assez bonne, et nous avions fait environ cinq milles avant que l'obscurité tombante empêchât les hommes de s'aventurer plus avant sur la glace pour fixer les ancres.»

Suivirent trois jours de grande anxiété : deux icebergs

approchaient l'*Aurora* emprisonné. Le matin du 10, l'ice-berg le plus proche était à moins de trois encablures (soit quelque six cents yards) du bord. Mais le pack s'entrouvrit, et à 9 h 30 du matin le bateau sortait enfin de la zone dange-reuse et mettait le cap au nord-nord-est.

Ce ne fut que le 14 mars à 2 heures après midi, après bien des difficultés, bien des efforts, bien des tentatives infructueuses, que l'*Aurora* sortit enfin du pack, à la latitude 62° 27' 5" S, longitude 157° 32' E. « Nous bûmes un bon coup, raconte Stenhouse, et l'on donna trois coups de sifflet pour dire adieu au pack. »

L'*Aurora* n'était pas au bout de ses difficultés ; mais point n'est besoin de décrire en détail le voyage vers la Nouvelle-Zélande. Il ne pouvait plus être question maintenant d'atteindre McMurdo Sound : le bateau était avarié et sans gouvernail, et il ne restait plus dans les soutes que quelques tonnes de charbon. Stenhouse avança donc péniblement vers le nord, contre des vents adverses persistants et des lames debout. Le gouvernail de fortune demandait de constantes réparations, et, vu le manque de charbon, il était impossible d'obtenir des machines le meilleur rendement. Par moments, le navire était incapable d'avancer, ballotté par la houle, ou bien restait en panne entre d'énormes vagues. L'équipage était réduit, et le moral des hommes posa d'ailleurs parfois quelques problèmes. Mais Stenhouse déploya un talent de marin consommé et sa persévérance ne fit jamais défaut. On peut dire qu'il sut conclure avec succès l'un des plus difficiles voyages jamais entrepris à travers cette partie d'océan, renommée pour être orageuse et perfide entre toutes.

Le 23 mars, il parvint enfin à établir des communica-tions sans fil avec Bluff Station et la Nouvelle-Zélande. Le jour suivant, il était en rapport avec Wellington et Hobart. L'officier de marine préposé à la surveillance des eaux de la Nouvelle-Zélande lui offrit aussitôt assistance et envoya le remorqueur *Plucky*, de l'Otago Harbour Board, à sa rencontre au large de Port-Chalmers. Il y eut encore de mauvais moments à endurer : le gouvernail fut un jour presque emporté et il fallut s'en débarrasser, dans une mer forte qui ne se prêtait guère à pareille opération.

Enfin, le 12 avril à l'aube, l'*Aurora* rencontrait le *Plucky*, qui le prit en remorque. Le bateau atteignit Port-Chalmers le matin suivant et reçut l'accueil chaleureux que la Nouvelle-Zélande a toujours réservé aux explorateurs antarctiques.

AU SECOURS DU DERNIER
DÉTACHEMENT

Quand, au début de décembre 1916, j'arrivai en Nouvelle-Zélande, toutes les dispositions étaient prises pour secourir les hommes restés sur le continent antarctique. Au début de l'année, avant même que je me fusse mis en rapport avec le monde extérieur, le gouvernement local avait pris la tâche en main. Les gouvernements britannique et australien apportaient pour leur part une aide financière à notre projet de sauvetage.

L'*Aurora* avait été réparé et rééquipé à Port-Chalmers et approvisionné pour le voyage à McMurdo Sound. Mon vieil ami le capitaine John K. Davis, qui avait fait partie de ma première expédition en 1907 et qui ensuite avait commandé le bateau du Dr Mawson dans le cadre de l'expédition antarctique australienne, avait reçu des gouvernements le commandement de l'*Aurora* et avait engagé officiers, ingénieurs et équipage. Il vint à ma rencontre à Wellington et me fit un rapport de la situation. J'eus aussi une conversation avec le ministre de la Marine d'alors, feu Robert McNab, un généreux et sympathique Écossais qui prit à l'expédition un profond intérêt personnel. Stenhouse aussi était à Wellington, et je peux redire ici que son rapport du voyage et de la dérive de l'*Aurora* me remplit d'admiration :

force m'est de louer son courage têtu, ses talents de marin et ses grandes qualités d'homme.

Après avoir discuté à fond la situation avec le Dr McNab, j'acceptai tous les arrangements déjà prévus. Il importait d'aller vite, et tout changement de plan au dernier moment aurait soulevé des difficultés. Le gouvernement consentit à mettre l'*Aurora* à ma disposition, libre de tout engagement jusqu'à son retour à la Nouvelle-Zélande. Il fut donc décidé que le capitaine Davis conduirait le bateau à McMurdo Sound et que je l'accompagnerais pour diriger les opérations côtières qui pourraient être nécessaires. Je signai mon engagement aux appointements de un dollar par mois, et le 20 décembre 1916 l'*Aurora* quittait Port-Chalmers. Une semaine plus tard, nous apercevions de nouveau la glace. L'*Aurora* traversa le pack assez rapidement, et le 7 janvier 1917 entra dans l'eau libre de la mer de Ross.

Le matin du 10 janvier, le capitaine Davis amena le navire à Cap Royds, près de la Barrière. J'allai à terre avec quelques hommes pour voir si aucune indication n'était déposée dans la hutte érigée là lors de mon expédition en 1907. J'y trouvai une lettre exposant que le détachement de la mer de Ross était établi à Cap Evans. Je retournais au bateau lorsque apparurent six hommes avec chiens et traîneaux, venant de Cap Evans. À 1 heure de l'après-midi, ils arrivaient à bord et nous apprenaient que des dix membres débarqués par l'*Aurora*, sept seulement survivaient : A. Stevens, E. Joyce, H. E. Wild, J. L. Cope, R. W. Richards, A. K. Jack, I. O. Gaze. Tous étaient bien portants, même s'ils gardaient quelques traces des épreuves par lesquelles ils étaient passés. Ils nous firent le récit de la fin de Mackintosh, de Spencer Smith et de Hayward, et celui de leur anxieuse attente.

La seule chose qui restait à faire était d'entreprendre une dernière recherche des corps de Mackintosh et de Hayward. Il était absolument impossible qu'ils soient encore vivants ; le blizzard qui avait emporté la glace sur laquelle ils s'étaient risqués les avait surpris sans équipement ; ils n'avaient certainement pas pu survivre plus de quelques jours, or huit mois s'étaient écoulés depuis leur disparition. Joyce avait déjà fouillé le sud de Tongue Glacier. Il me sembla que des recherches pouvaient encore être faites dans deux directions : la surface nord de Tongue Glacier et l'ancien dépôt de Butler Point. Je fis à cet effet un rapport au capitaine Davis.

Le 12 janvier, le bateau arriva à cinq milles et demi à l'est de Butler Point. Traversant avec quelques hommes la glace parsemée de pierres et de flaques d'eau, je tentai d'atterrir ; mais les hautes falaises et la glace disloquée et fondante m'en empêchèrent. À la hauteur du dépôt, le banc de glace s'était rompu et avait dérivé. On pouvait voir encore deux grands icebergs échoués au nord du cap Bernacchi, mais aucune trace du dépôt ni d'aucun être humain dans les alentours. Nous retournâmes au bateau, qui se dirigea ensuite vers le cap Bernacchi.

Le jour suivant, j'emmenai sur la côte un détachement dans le but de faire des recherches au nord de Tongue Glacier et de Razorback Island. Nous dirigeâmes les recherches autour des deux îles, mais en vain, et à 7 heures nous rentrions à la hutte. Le 14, je repartis avec Joyce pour fouiller le côté nord de Tongue Glacier, mais sous l'influence d'un vent du sud-est, la glace dérivait, et devant l'étendue d'eau qui s'élargissait entre la hutte et Inaccessible Island, je décidai de ne pas continuer. Le jour suivant un blizzard de sud-est nous retint à la hutte, que nous passâmes la journée à mettre en ordre.

Le 16, le temps était de nouveau clair et beau. À 4 h 20, je partis avec Joyce vers le sud aussi vite que possible. Nous atteignîmes Tongue Glacier à un mille et demi environ de son extrémité, au bord de la mer. Là où ne se dressaient pas de falaises escarpées, une pente de neige unie s'étendait. Du sommet, nous scrutâmes le terrain à l'aide de la lunette ;

mais on ne voyait rien que la glace bleue crevassée. Moitié courant, moitié marchant, nous descendîmes de trois milles vers la base du glacier. Là où les falaises étaient accessibles, il n'y avait pas la plus petite chance de rien trouver, car d'énormes amas de neige occupaient tout le terrain. À la base des falaises, la neige atteignait de dix à quinze pieds de haut. À 9 h 40, nous étions de retour à la hutte ; presque aussitôt après, nous retournions à bord. J'estimais que toutes les places susceptibles de garder les corps de Mackintosh et de Hayward avaient maintenant été fouillées. Aucun doute ne subsistait dans mon esprit : ils avaient trouvé la mort quand la glace mince s'était rompue sous leurs pas, malmenée par le blizzard, le 8 mai 1916.

Pendant mon absence, Wild et Gaze avaient érigé une croix à la mémoire des trois hommes qui avaient perdu la vie au service de l'expédition.

Le 17 janvier, le capitaine Davis mit la barre sur le nord après avoir longé la côte jusqu'à Granite Harbour sans retrouver le moindre vestige des disparus ; le cercle antarctique fut passé le dernier jour du mois, et le 9 février l'*Aurora* mouillait à Wellington. Nous fûmes accueillis par les Néo-Zélandais comme des frères retrouvés.

ULTIME ÉPISODE

Telle est l'histoire de notre expédition. Nous avons échoué en n'atteignant pas le but que nous nous proposions ; j'ose assurer qu'aucune négligence, qu'aucun manque d'organisation n'en est cause ; mais les obstacles auxquels nous nous étions affrontés devaient se révéler accablants, obstacles d'autant plus rudes que l'été dans la mer de Weddell avait connu, en cette année 1914-1915, une rigueur sans précédent. Cependant, par-delà l'échec évident, je crois pouvoir affirmer que cette expédition fut aussi à sa façon un succès. Elle avait donné lieu à quantité d'importants travaux scientifiques. Nos observations météorologiques, en particulier, avaient une portée économique indéniable. Enfin nos travaux hydrographiques dans la mer de Weddell ont fait beaucoup pour éclaircir le mystère de cette étendue d'eau, la moins connue de toutes celles que compte la planète.

On peut dire sûrement, à l'honneur de l'entreprise, que la camaraderie et les qualités dont firent preuve les membres des différentes équipes furent dignes des hautes traditions des voyages polaires. C'est un privilège pour moi que d'avoir eu sous mon commandement des hommes qui, à travers les jours sombres, dans l'angoisse et la tension d'un danger continuel, gardèrent leur entrain et accomplirent leur tâche avec désintéressement et une exemplaire insouciance devant le péril. Je dois dire enfin que l'énergie et l'endurance qu'ils déployèrent dans l'Antarctique, ils les apportèrent ensuite dans la grande guerre qui faisait rage parmi les nations de l'Ancien Monde.

Ayant suivi notre fortune dans le Sud, il vous intéressera peut-être de savoir que chaque membre de l'expédition servit dans l'une ou l'autre branche des forces actives combattantes. Plusieurs à l'heure qu'il est sont encore au loin, et pour cette raison il m'a été impossible d'obtenir à leur sujet des informations précises.

Des cinquante-trois hommes qui revinrent sur les cinquante-six qui partirent pour le Sud, trois ont été tués depuis et cinq blessés; plusieurs ont été cités dans les communiqués et onze décorations leur ont été décernées. McCarthy, le meilleur et le plus capable des matelots, toujours gai dans les circonstances les plus pénibles, et que pour ces raisons mêmes j'avais pris à bord de mon canot lors de mon voyage à la Géorgie du Sud, fut tué à son canon dans le Pas-de-Calais. Cheetham, le vétéran de l'Antarctique, qui avait passé le cercle polaire plus souvent qu'aucun homme, coula avec le vaisseau sur lequel il servait, torpillé quelques semaines avant l'armistice. Ernest Wild, le frère de Frank Wild, fut tué sur un dragueur de mines en Méditerranée. Mauger, charpentier sur l'*Aurora*, fut gravement blessé en servant dans l'infanterie de Nouvelle-Zélande; maintenant, incapable d'exercer son métier, il est employé par le gouvernement de son pays. Les deux chirurgiens, Macklin et McIlroy, servirent en France et en Italie. McIlroy reçut une grave blessure à Ypres. Frank Wild, à cause de son expérience unique des glaces, fut immédiatement envoyé dans le nord du front russe, où son zèle et ses capacités lui attirèrent les plus hauts éloges, ses états de service en temps de guerre et son rôle reconnu dans notre aventure lui valant une rapide promotion. Macklin servit d'abord avec les

Yorks, et ensuite dans les tanks. Affecté au front italien avec
son bataillon, il gagna la Military Cross pour sa vaillance à
secourir les blessés sous le feu.

James joignit le corps des Royal Engineers et reçut le
commandement d'une école du génie où il enseigna aux
autres officiers les derniers perfectionnements scientifiques
dans l'art de la guerre. Wordie suivit en France le Royal Field
Artillery et fut grièvement blessé à Armentières. Hussey
lui aussi servit en France ; attaché pendant dix-huit mois
à la Royal Garrison Artillery, il prit part à chaque grande
bataille de Dixmude à Saint-Quentin. Quant à Worsley,
ses succès dans la lutte contre les sous-marins allemands
lui valurent le Distinguished Service Order and Bar – avec
trois sous-marins à son actif. Stenhouse, qui commanda
l'*Aurora* après Mackintosh, était à son bord dans l'une de
ces circonstances et fut lui-même décoré pour sa conduite
sous le feu ; après quoi il reçut le commandement d'un
«*mystery ship*» et livra à son tour plusieurs combats sous-
marins. Plus tard, en Russie du Nord, il gagna encore deux
autres décorations.

Clark servit sur un dragueur de mines et Greenstreet
sur les chaloupes du Tigre. Rickinson fut employé comme
lieutenant-ingénieur. Kerr retourna comme technicien
dans la marine marchande. Le major T. Order Lees servit
en France et en Méditerranée avant de s'engager dans
l'aviation, où il gagna lui aussi une décoration. Quant aux
matelots de l'*Endurance*, qu'on sache que la plupart d'entre
eux reprirent du service sur les dragueurs de mines.

Parmi les hommes du détachement de la mer de Ross,
Mackintosh, Hayward et Spencer Smith moururent pour
leur pays aussi sûrement que ceux qui ont donné leur vie
sur les champs de bataille de France et de Flandre.

J'appris plus tard que Hooke, l'opérateur de TSF, avait
reçu le commandement d'un dirigeable. Enfin, presque tous
les membres de l'équipage de l'*Aurora* rejoignirent l'armée

active de la Nouvelle-Zélande et servirent sur l'un ou l'autre des théâtres de la guerre. Plusieurs ont été blessés; mais il m'a été impossible d'avoir des détails à leur sujet.

À mon retour de la mer de Ross, j'avais moi-même offert mes services au gouvernement, qui m'envoya en mission en Amérique du Sud. Après quoi j'allai, en qualité de major, au nord de la Russie pour commander un *Arctic Equipment and Transport*. J'avais avec moi Worsley, Stenhouse, Hussey, Macklin et Brocklehurst. Ce dernier avait songé à nous accompagner dans l'Antarctique, mais, en sa qualité d'officier régulier, il avait dû rejoindre son unité quand la guerre avait éclaté. Il fut blessé trois fois et fit la retraite de Mons. Worsley, envoyé sur le front d'Arkhangel, fit là-bas de l'excellent travail. Les autres servirent avec moi sur le front de Mourmansk. Les colonnes mobiles que nous animions avaient exactement le même équipement, le même habillement et les mêmes rations que nous dans notre équipée antarctique. Je préciserai que rien ne fut épargné pour assurer le bien-être de ces soldats – parmi lesquels on ne compta pas un seul cas grave de morsure de gel.

Considérant l'expédition comme une unité, sur cinquante-six hommes, trois étaient morts dans l'Antarctique, trois furent tués en action et cinq blessés. Des pertes qui pèsent lourd dans nos souvenirs.

Mais bien que quelques-uns soient morts, je sais qu'il en reste assez pour former le noyau d'une prochaine expédition, quand les temps troublés seront clos et qu'une exploration scientifique pourra de nouveau être entreprise dans ces régions.

TABLE

DU MÊME AUTEUR

Aux Éditions Phébus

DANS LA COLLECTION D'AILLEURS

Au cœur de l'Antarctique, 1994 ; Libretto n° 321, 2010.
L'Odyssée de l'« Endurance », 1989 ; Libretto n° 47, 2000.

Aux Éditions de l'Amateur

Au cœur de l'Antarctique, 2010, édition reliée.

Cet ouvrage
a été mis en pages par In Folio,
reproduit et achevé d'imprimer
en mai 2012
dans les ateliers de Normandie Roto Impression s.a.s.
61250 Lonrai
N° d'imprimeur: 12-2008

Imprimé en France

Dépôt légal: mars 2011